國家出版基金項目
NATIONAL PUBLICATION FOUNDATION

「禮學新論」叢書／楊華 主編

黃以周禮學研究

任慧峰 著

武漢大學出版社
WUHAN UNIVERSITY PRESS

本叢書爲國家社會科學基金重大項目

"中國傳統禮儀文化通史研究"（18ZDA021）階段性成果

關於黃以周在清代學術定位中的幾個問題(代前言)

黃以周(1828—1899)是晚清經學、禮學大家，其學問人品備受時人推崇，繆荃孫、唐文治等都曾撰文表彰之①。但能從學術史的角度對黃氏加以定位的則要首推章太炎。章氏於1890年就學於杭州詁經精舍時，就曾數次拜謁黃以周，並在著作中多次褒揚其學術成就，其中最爲重要的當數《黃先生傳》。此文對黃氏學術作了較爲全面的評斷，至今仍具啓示意義。但需要注意的是，在此文中，章氏的一些觀點帶有鮮明的個人印記，並非定論。後來的一些著作在評價黃以周時，又對章氏觀點加以删簡，就更容易引起誤解，尤其是在黃以周與四明之學的關係、黃以周對陸王之學的態度以及黃以周的學派歸屬幾個方面，還存在不少問題，因此需要深入地加以辨析。

一、黃以周與四明之學

1924年，由陳訓正、馬涯民編纂的《定海縣志》刊印，此書體例新穎，史料可靠，得到學術界的高度贊揚。書中對黃以周的學術評價是：

> 生平篤守顧亭林經學即理學之説，而以執一端立宗者爲賊道。蓋四明之學自萬斯同、全祖望以來，獨以周爲最醇云。②

此評語的前一句采自繆荃孫的《中書銜處州府學教授黃先生墓誌銘》"以執一端

---

① 參見繆荃孫：《藝風堂文續集》卷1《中書銜處州府學教授黃先生墓誌銘》，《續修四庫全書》第1574冊，上海古籍出版社，2002年，第169~170頁；唐文治：《茹經堂文集》(第一編)卷2《黃元同先生學案》，《民國叢書》第五編，上海書店出版社，1989年，第10~12頁。

② 陳訓正、馬涯民：《民國定海縣志·人物志第十》，臺灣成文出版社，1970年，第365頁。

立宗旨爲賊道……先生以經學爲理學，即以禮學爲理學，顧氏之訓至先生而始闡"①。儘管繆氏認爲黃以周在顧炎武"經學即理學"的基礎上有所發展，即"以禮學爲理學"，但《定海縣志》的總結並不錯，尤其是"以執一端立宗者爲賊道"一語，更是繆氏在與黃以周的實際接觸過程中的真實體會，是對黃以周及其父黃式三學術的準確概括。此評語的後一句取自章太炎的《黃先生傳》，原文是：

> 初宋世四明之學，雜采朱、陸。及近世萬斯同、全祖望學始端實，至先生益醇。②

對照兩文可以看出，《定海縣志》對《黃先生傳》作了刪減而導致了原意的改變③。依章氏之意，四明之學在歷史中曾發生過性質上的變化。但經《定海縣志》的減省後，萬斯同、全祖望之前的四明學術不見了，似乎四明之學是從萬、全二人開始的，而至黃以周則達到了"最醇"的程度。這實在是對四明之學及黃氏學術的誤解。

"四明之學"一般指的是南宋以來存在於浙東四明山一帶的一種儒學流派，其主要代表人物爲"甬上四先生"，即楊簡(1141—1225，號慈湖)、袁燮(1144—1224，學者稱"潔齋先生")、舒璘(1136—1199，學者稱"廣平先生")、沈煥(1139—1191)。四人皆爲陸九淵的弟子，但也有學者將同時的王應麟、黃震的學術也納入四明之學。因此後人對四明之學的劃分大致來説可分爲兩種。一種認爲四明之學"祖陸氏而宗楊袁"④，如元代的黃溍，這顯然是從"甬上四先生"的角度立論，可稱之爲狹義上的四明之學。一種則認爲四明之學兼有朱子之學的特徵，如明代的貝瓊説："四明之學惟尚書之廣

---

① 繆荃孫：《藝風堂文續集》卷1《中書銜處州府學教授黃先生墓誌銘》，《續修四庫全書》第1574冊，上海古籍出版社，2002年，第169頁。

② 傅傑編校：《章太炎學術史論集》，中國社會科學出版社，1997年，第387頁。

③ 相較之下，洪煥椿先生在引述章氏之語時就比較忠實。他説："宋代四明之學，雜采朱、陸，至清初萬斯同、全祖望，學始端實。以周推而廣之，而益醇粹。"見洪煥椿：《定海黃以周的經學著作》，洪煥椿編著：《浙江文獻叢考》，浙江人民出版社，1983年，第250頁。

④ (元)黃溍：《金華黃先生文集》卷33續稿30《將仕佐郎台州路儒學教授致仕程先生墓誌銘》，元抄本。

博精深。"①這裏的尚書指南宋學者王應麟。王氏學宗朱熹，走的是道問學的路子。清代的納蘭性德也説："始四明之學多宗象山，惟黃震、史蒙卿實爲朱子之學。"②這就將宗朱子的王應麟、黃震等人也算作了四明之學，故可稱爲廣義上的四明之學。

不過，由於廣義上的四明之學主要是從地域着眼，沒有統一的學術理論，所以後世所提及的"四明之學"多爲狹義上的。而對於這種狹義的"四明之學"，歷來學者根據自己的立場與理解，評價也各不相同。早在南宋，朱熹就批評説："浙中朋友，一等底只理會上面道理，又只理會一個空底物事，都無用。"③這裏的"浙中朋友"所指並不明確，清代的夏炘則推定其指的就是四明之學："楊、袁、舒、沈四先生雖所造各不同，而皆傳金溪之宗旨。朱子謂浙中朋友一等底只理會上面道理，又只理會一個空底物事，都無用，蓋指此也。是爲四明之學。"④這當然是針對四先生傳象山之學而説的。但也有學者，如全祖望對於時人視四先生之學爲空談無根、流入頓悟大不以爲然。他指出，"四先生皆以持守爲本，而從事於擇識以輔之，其致功之次第，歷然可考也"，並進而爲四明之學正名：

> 四明之學，正不敢於方寸澄然之後，怠其致知格物之務，此所以不流於頓悟也。然則其殊途而同歸者，總所以求至於聖人而已。⑤

在全祖望看來，四先生的學問是先立其大，後下格物致知之工夫，雖與朱子爲學從入之途有異，但殊途同歸。此外，全祖望還指出，四先生之學在陸學中特出，還在於家學的熏陶："四先生自其始志學之時，已早得門內之圭臬而由之，況又親師取友，徧講習於乾、淳諸大儒，而去短集長，積有層累，及其摳

---

① （明）貝瓊：《清江文集》卷30《故福建儒學副提舉王公墓誌銘》，四部叢刊影清趙氏亦有生齋本。

② （清）納蘭性德：《通志堂集》卷12《程積齋春秋序》，清康熙三十年徐乾學刻本。

③ （宋）黎靖德編，王星賢點校：《朱子語類》卷121《訓門人九》，中華書局，1986年，第2939頁。

④ （清）夏炘：《述朱質疑》卷9《朱子同時浙學考·四明楊敬仲袁潔齋舒元賓沈叔晦之學》，清鍾豐景陽山房刻本。

⑤ （清）全祖望：《鮚埼亭集外編》卷14《祠堂碑·淳熙四先生祠堂碑文》，朱鑄禹彙校集注：《全祖望集彙校集注》，上海古籍出版社，2000年，第1004頁。

衣陸子之門，遂登首座，固其所也。"①

那麼，黃以周與四明之學的關係到底是怎樣的呢？已出版的《黃以周全集》中對此已難覓蹤迹，不過幸運的是，在一封黃氏給其摯友譚獻(1831—1901)的信中②，他詳細地敘述了爲黃震(1213—1280，字東發，號文潔)建書院從祀之事的原委，其中也談及了對四明之學的看法：

> 前説岱山書院商立家東發先生文潔公主。先生本貫定海(今鎮海)之靈緒鄉澤山，後徙慈溪。宋亡，餓死於寶幢，學林私議爲文潔。……吾四明講學以淳熙四先生爲最著。慈湖、潔齋兩先生爲象山高弟子，才學、名位皆足以振動一時；廣平、定川兩先生師友朱陸之間，學之純正過楊、袁而廣大未之及，其學遂微。文潔生四先生後，力崇朱子，《日鈔》中多斥心學語，然説經傳、談時事又不專主建安，實事求是之學可於此見。而一孔之儒轉以是少之，鄞中四先生從祀獨遺文潔，謝山先進謂儒林之月旦亦有未平。先明經公在陳學使幕，嘗與慈邑士子議請文潔從祀兩廡，事中沮，不克請，後嘗憾之。周考元至正時靈紕學士嘗建澤山書院以祀文潔，今圮已久，止基莫尋。吾邑岱山有蓬萊書院，創於宋之中葉，度宗時文潔爲史館檢閱，嘗爲之記《記》，後圮於元，重建於明，明末又圮。今岱地紳士鄔某、方某等重建蓬山書院，前後參楹，共十有餘間，商議中楹東祀文潔。恭請學憲大人重爲之記，爲具事之始末及《學案·本傳》以閲。③

此信寫於同治乙巳年(1869)，之前徐樹銘(1824—1900)於同治六年(1867)督學浙江，時譚獻赴進士試不第，入徐氏藩幕，黃以周此信乃是希望通過譚獻獲

---

① (清)全祖望：《鮚埼亭集外編》卷14《祠堂碑·淳熙四先生祠堂碑文》，朱鑄禹彙校集注：《全祖望集彙校集注》，上海古籍出版社，2000年，第1006頁。

② 此信收藏在錢基博所編《復堂師友手劄菁華》中，在《題記》中，錢氏簡述了這批信劄的由來：譚獻的兒子譚瑜通過妻弟徐彦寬(錢氏同窗好友)，請錢基博爲摯友袁昶的夫人寫一篇壽文，事後錢氏不受潤筆，於是譚瑜將所藏其父譚獻"師友存劄一巨束，相授以爲報"。見錢基博整理編纂：《復堂師友手劄菁華》，人民文學出版社，2015年，第4頁。

③ 錢基博整理編纂：《復堂師友手劄菁華》，人民文學出版社，2015年，第670~672頁。

得徐樹銘對重建蓬山書院的支持。① 在信中他對淳熙四先生的學術特徵作了簡要的概括：楊簡、袁燮才高位重，相較之下，舒璘、沈煥“學之純正過楊、袁而廣大未之及”。但他說這些爲的是突出黃震在學術思想史上的重要性，並特別指出“實事求是之學可於此見”，評價可以說遠超四先生。爲表彰東發學術，他和其父黃式三才爲從祀文潔而多方努力。但不管後來結果怎樣，從這封信中可以看出，黃以周對本鄉先賢的學術是極爲熟悉的，而且有意識地對其加以總結，尤其對朱子後學的黃震以及王應麟，更是推崇不遺餘力。

與黃以周同學於詁經精舍的袁昶對黃氏與四明先賢，特別是黃震和王應麟之間的學術傳承認識頗深，曾作詩贊美云：

> 論事常病粗，析理常病迂。解故失之碎，尊心又多誣。護朽党枯竹，人人自言嫮。誰爲哄市平，融貫無攣拘。大哉四明學，汲緶資先儒。深甯與東發，康莊絕歧趨。合經誼治事，實大華亦葐。冥冥背時利，穰穰解饑劬。睎從鮚埼後，復得静者徒。②

在詩中，袁昶認爲四明之學的代表是王應麟與黃震，故其特徵爲“合經誼治事”。如果要在全祖望之後再找四明學的代表，那就是黃以周了。他推重黃以周，是因爲黃氏能夠將“論事”“析理”融貫起來，沒有“解故失之碎，尊心又多誣”的毛病。

很明顯，袁昶對於四明學的界定受到了清代漢學的影響，因而不能接受之前“祖陸氏而宗楊袁”的説法。同樣的，章太炎説四明之學到萬斯同、全祖望才開始“端實”，也是着眼於四明學在清代向實學的轉化。早在清中期，阮元就曾表彰四明之學在明清之際所發生的改變：

> 吾觀象山、慈湖諸説，以空論敵朱子，如海上神山，雖極高妙，頃刻可見而卒不可踐。萬、全之學出於梨洲而變之，則如百尺樓臺，實從地

---

① 同年，朱一新(1846—1894)也曾撰《范香溪先生從祀議》《章楓山先生從祀議》兩文，上徐樹銘，請求爲宋儒范浚和明儒章懋(1436—1521)從祀，以表彰婺學先賢。將黃氏之信與朱文並觀，可知在徐樹銘督學浙江時，或有將浙學先賢從祀之議，而向諸生徵求意見。(清)朱一新：《佩弦齋文存》卷上，《朱一新全集》，上海人民出版社，2018年，第1081~1085頁。

② (清)袁昶：《漸西村人初集》詩一《送同舍生黃元同以周歸定海時省試報罷》，清光緒刻本。

起，其功非積年工力不成。噫，此本朝四明學術所以校昔人爲不憚迂遠也。①

可見，章太炎之説實立基於阮元。與章氏同時的葉德輝曾分清學爲十派，其中也有"四明之學"：

> 四明則有萬斯大、斯同。按，四明之學，爲浙中漢學之先聲，非毛奇齡逞其口辨，一味叫囂之比也。少時兄弟師事南雷，得聞蕺山之緒論。平日持論，以爲非通諸經不能通一經；非悟傳注之失，則不能通經；非以經釋經，亦無由悟傳注之失。至理名言，誠實事求是之義。當時並無漢學名幟，而治經之法，遂爲一代宗風，不可謂非豪傑之士矣。②

其説與阮元、章太炎大同而小異，強調四明之學在清代是"浙中漢學之先聲"。

綜上，四明之學其實有一個變化發展的過程：首先是南宋時期四先生本身的學術，對此不同的學者根據自己的理解評價也各異；其次是元明之後受四先生學術影響的四明之學，所謂"祖陸氏而宗楊袁"者，此種學術純駁不一，下者常流於空談、頓悟，故被後世學人詬病；再次是明清之際以萬氏兄弟與全祖望爲代表的四明地區的學術，此時四明學已開始向實學過渡；最後到晚清黃以周時，四明學已具有了兼采漢宋的特徵。從這點來説，其學術與狹義上的四明之學也是有聯繫的，而不是如《黃先生傳》中所説"不喜陸、王"。

二、"躬法吕、朱""不喜陸、王"辨

章太炎在《黃先生傳》中對黃以周學術的另一重要論斷是：

> 躬法吕、朱，亦不委蛇也。尤不喜陸、王，以執一端爲賊道。③

"吕"指吕祖謙，"朱"指朱熹。但章氏並未説明黃以周"躬法吕、朱"具體指什麽，因此需要加以説明。

---

① (清)阮元撰，鄧經元點校：《揅經室集》二集卷7《全謝山先生經史問答序》，中華書局，1993年，第544頁。
② 丁福保：《疇隱居士學術史·國學》，詁林精舍出版社，1949年，第19頁。
③ 傅傑編校：《章太炎學術史論集》，中國社會科學出版社，1997年，第387頁。

　　黃以周對朱子十分尊敬，爲人所共知。南菁書院初立時，人們曾爲到底是該立鄭玄、許慎之木主還是鄭玄、朱熹之木主而爭論不已，爲此黃以周曾撰《南菁書院立主議》，堅持之前山長張文虎立鄭玄、朱熹之主的意見。他指出，鄭玄的經注"釋訓詁，詳考據，而義理之精引而不發"，而北宋的學者又"病古注之繁蕪，而思以義理之説上之，往往有不看本文自成一書之譏"，"朱子有鑒於此，斟酌二者之間，所撰各經注，皆先敘訓詁考據，而後敷闡經意，惟恐義蘊之有遺"①。可見，黃以周之所以主張立朱熹而非許慎之主，是認爲朱熹的經注能兼采考據與義理兩者之長，與他的治學主張相似。

　　至於呂祖謙，黃以周所"躬法"的則當是其爲學態度。全祖望曾稱贊呂祖謙"平心易氣，不欲逞口舌以與諸公角，大約在陶鑄同類以漸化其偏"②。同時代的朱熹與陸九淵治學路數不同，主張各異，呂祖謙周旋於兩者之間而能兼取其學之長。全祖望説：

　　　　宋乾淳以後學派分而爲三：朱學也，呂學也，陸學也。三家同時皆不甚合。朱學以格物致知，陸學以明心，呂學則兼取其長，而又以中原文獻之統潤色之。門庭徑路雖別，要其歸宿於聖人則一也。③

但此種相容並包並非無原則的調和，黃震就指出："晦翁與先生同心者，先生辯詰之不少恕；象山與晦翁異論者，先生容下之不少忤。"④黃以周所躬法的正是此兩點。他治學不僅漢宋兼采，而且對於今古文經學也不偏廢。在《尹氏卒解》一文中，他認爲《公羊》《穀梁》二傳關於隱公三年"尹氏卒"的記載要優於《左傳》記作"君氏卒"：

　　　　春秋有三傳，皆出於聖人之徒，而所聞有異辭，不能畫一。如隱三年經書"夏四月，尹氏卒"，《公》、《穀》兩傳並同，而《左傳》獨作"君氏"。

①　(清)黃以周：《儆季文鈔·南菁書院立主議》，清光緒乙未年江陰南菁講舍刻本。
②　(清)黃宗羲原著，全祖望補修，梁運華、陳金生點校：《宋元學案》卷51《東萊學案》，中華書局，1986年，第1652頁。
③　(清)全祖望：《鮚埼亭集外編》卷16《同谷三先生書院記》，朱鑄禹彙校集注：《全祖望集彙校集注》，上海古籍出版社，2000年，第1046頁。
④　(清)黃宗羲原著，全祖望補修，梁運華、陳金生點校：《宋元學案》卷51《東萊學案》，中華書局，1986年，第1697頁。

以春秋比事屬辭核之，則《公》、《穀》實優於《左傳》。①

黃氏的這種治學態度曾給吳稚暉留下過深刻的印象。吳氏第一次到南菁書院拜謁黃以周時，他看到黃氏的書齋上掛着一大幅格言：“實事求是，莫作調人！”胡適聽說後，將這八字翻譯爲：尋求真理，絕不含糊！並認爲這是傳統中國高等學府中的治學精神②。

　　在這種相容並包的爲學態度下，黃以周對於陸九淵之學，也並非完全排斥。南菁書院學生趙椿年就曾說：“元同師之爲教，經學則漢宋不分，理學則朱陸不分，惟求其是而已。”③他在乙酉年(1885)日記中曾生動地記述了他和唐文治聽黃以周講“先立乎其大”時的情形：

　　　　是日見師，言：“前日古學題《讀陸象山‘先立乎其大’說》，都將象山一概抹倒，不知象山之學，亦有是處。如‘決去世俗之見’一語極是，今人惟不能決去世俗之見，是以爲學不能静專。”

　　　　晚間命蔚芝(唐文治之字——引者)與椿進講。……因諭蔚芝：“前課卷中，言‘須盡心知性，乃能立’，非是。如謂孟子四十不動心爲立乎？是孟子四十以前，常有游思妄念而不能立矣。惟孟子之立乎其大，則於集義、養氣並下功夫。象山之立乎其大，則不務集義而專從事於養氣，故有積累與頓悟之異耳。然象山前段，亦有讀書功夫，故能屏去私欲，而立得大者。後人天資既不如象山，而又以不讀書學象山，則終不如象山。故教學者不得不從平實。”④

“先立乎其大”是孟子所提出的，認爲一個人的立身根本在於先立心之官，心官立，則耳目之官等“小者弗能奪也”。這裏，黃以周强調的是，要立乎大，必須要有養氣、集義内外兩方面的功夫⑤，不能偏於一端。由此，黃以周對於

　　①　(清)黃以周：《群經説》卷3，《續修四庫全書》第178册，上海古籍出版社，2002年，第623~624頁。
　　②　胡適口述，唐德剛譯注：《胡適口述自傳》，廣西師範大學出版社，2005年，第24頁。
　　③　趙椿年：《覃研齋師友小記》，沈云龍編：《中和月刊史料選集》，臺灣文海出版社，1970年，第286頁。
　　④　趙椿年：《覃研齋師友小記》，沈云龍編：《中和月刊史料選集》，臺灣文海出版社，1970年，第286~287頁。
　　⑤　從黃以周對《孟子》的理解來看，他采用的是朱熹《四書章句集注》中的解釋。但在《孟子》原文中，集義與養氣的關係與朱熹的解釋正好相反。

陸九淵本人也是持肯定態度的，章太炎説黄氏"尤不喜陸、王"，當是指那些"執一端"的陸、王學末流。

總的看來，黄以周的學術取向是漢宋兼采、不分今古、實事求是。從章太炎開始，不少學者將其歸爲浙東學派，這與實際情況並不符合。

三、黄以周的學派歸屬

對於該將黄以周歸爲哪一學派，學者們有不同的意見。章太炎首先在《清儒》一文中將黄以周歸爲"浙東之學"。他説：

> 然自明末有浙東之學。萬斯大、斯同兄弟，皆鄞人，師事餘姚黄宗羲，稱説《禮經》，雜陳漢、宋，而斯同獨尊史法。其後餘姚邵晉涵、鄞全祖望繼之，尤善言明末遺事。會稽章學誠爲文史、校讎諸《通義》，以復歆、固之學，其卓約近《史通》。而説《禮》者羈縻不絕。定海黄式三傳浙東學，始與皖南交通。其子以周作《禮書通故》，三代度制大定。唯浙江上下諸學説，亦至是完集云。①

《清儒》寫於 1900 年，在此文中，章太炎指出浙東之學始於明末，代表人物爲黄宗羲及其弟子萬斯大、萬斯同兄弟，之後則有邵晉涵、全祖望、章學誠等人，而黄式三，特別是黄以周，則是浙東之學的集大成者。《黄先生傳》不知撰於何時，從文中不稱黄宗羲來看，當在 1906 年之後②。其實，章氏這裏所説的浙東之學與他在《黄先生傳》裏説的四明之學有交集。他將黄氏歸爲四明學是從學風着眼，而歸爲浙東學是因爲黄以周與其父黄式三繼承了萬氏兄弟的禮學與章學誠的史學。

之後，四川經學家龔道耕分道咸以後經學家爲沿乾嘉舊派者、調和漢宋者與今文學者三種，而將黄以周歸爲沿乾嘉舊派者③。1924 年，支偉成撰《清代朴學大師列傳》，將黄氏父子列爲"浙粤派漢宋兼采經學家"④。後來，陳訓慈

---

① 傅傑編校：《章太炎學術史論集》，中國社會科學出版社，1997 年，第 328 頁。

② 章太炎在 1906 年寫《衡三老》時，對黄宗羲的評價開始發生變化，由維新時期的推崇變爲貶抑。《黄先生傳》中提及萬斯同、全祖望，而不提黄宗羲，可見章氏的態度變化。

③ 龔道耕著，李冬梅選編：《龔道耕儒學論集》，四川大學出版社，2010 年，第 34~35 頁。

④ 支偉成：《清代朴學大師列傳》，上海泰東書局，1925 年，第 280~283 頁。

又將黃氏列爲"浙東史學"①。這四種意見其實反映的是兩種評判標準,一種是治學內容,另一種是治學方法。但這兩種劃分其實都是後人根據自己的理解而進行的一種理論建構,它在某種程度上固然可以推進我們對特定學術物件的認識,但如果主觀取舍太強,則所得到的結論就難以獲得普遍的認同。正如艾爾曼所説,"在許多場合,一個'學派'僅僅是指爲某種組織所作的辯護,這種序列化爲某一地區特有的學術活動的中心內容準備譜系或使之系統化"②。

按照席文教授的看法,學派"爲某一大師特有的學説或技術的傳授過程,這些技術或學説通過私人傳授由其信徒代代相傳"③。此定義着眼於學術傳衍本身的特徵,沒有上述建構"學派"所造成的"倒述歷史"的弊端。以此作爲標準,則黃以周的學術實受其父黃式三的影響最大。首先,他兼采漢宋的爲學路徑承自其父。黃式三曾著文闡明其對漢宋學的態度:

> 儒者誠能廣求眾説,表闡聖經,漢之儒有善發經義者,從其長而取之;宋之儒有善發經義者,從其長而取之。各用所長,以補所短,經學既明,聖道自著。經無漢宋,曷爲學分漢宋也乎!自明季儒者疏於治經,急於講學,喜標宗旨,始有漢學宋學之分。輕漢學者曰:漢學雜圖讖,即訓詁聲音、文字制度、名物事迹,孜孜考核,而聖人之道不在是,盡零碎也。是直以漢學皆支離也。輕宋學者曰:宋儒無極太極、先天後天之辯,於經外多叢談,即考驗身心,推闡誠正,亦空言耳。是直以宋學皆支離也。不知漢宋學各有支離,支離非經學也。既爲經學,漢宋各有所發明,後儒没所長,攻所短。至叩其墨守之説,則明知有害於經而故諱之,是矉戾家臣不知國者也。④

黃式三所强調的漢宋學各有短長、學者治經當取其長而補其短的觀點,被黃以周完全繼承。其次,黃以周反對頓悟,主張静專的治學態度也來自其父。黃以周在《敕封徵仕郎內閣中書先考明經公言行略》一文中概括其父的爲學之道云:

① 陳訓慈:《清代浙東之史學》,杜維運、黃進興編:《中國史學史論文選集》(下),臺灣華世出版社,1976年,第633頁。

② [美]本傑明·艾爾曼著,趙剛譯:《經學、政治和宗族:中華帝國晚期常州今文學派研究》,江蘇人民出版社,1998年,第3頁。

③ [美]本傑明·艾爾曼著,趙剛譯:《經學、政治和宗族:中華帝國晚期常州今文學派研究》,江蘇人民出版社,1998年,第3頁。

④ (清)黃式三:《儆居集·經説三·漢宋學辨》,清光緒十四年《儆居遺書》本。

　　明經公少嗜書，不好弄，故書之外無它好。生平以一超頓悟爲非學之道，而務學必以積累，積累必由專與勤，於先儒道德、經濟、忠節、孝友、文章、武毅、幽隱之類，並蓄兼收，通貫其書，一字不少。①

此種爲學由積累，積累由專與勤的態度，也被黃以周在執掌南菁書院時用來教導學生。

　　阮元撫浙時所帶來的"實學"對黃以周也有很大的影響。"實學"在中國學術史上的内涵不同，在乾嘉學者那裏，空談義理的宋學被稱爲"虚學"，而將注重實證的考據之學稱爲"實學"②。黃以周的出生地浙江定海，受乾嘉學風影響較晚，"定海懸居海島，藏書之家尚少，有志實學者恒苦載籍不備，興望洋之歎"③。由於治考據學需要大量地閲讀典籍，尋找材料，而這在偏處一隅的定海是無法得到的。章太炎也在《俞先生傳》中説："浙江樸學晚至，則四明、金華之術弗之，昌自先生。賓附者，有黃以周、孫詒讓。"④章氏所説的樸學就是黃氏所説的實學，也就是考據學。後來黃以周所執掌的南菁書院，也是模仿阮元的詁經精舍創制的。黃氏非常明白這兩所書院間的傳承關係："里安黃漱蘭侍郎督學蘇省，仿詁經精舍之課程，創建南菁，力扶實學，一如阮文達之造吾浙士。"⑤1898年，是時南菁書院已受到西學的强烈衝擊，黃以周也由於老病而將要離開，但他仍念念不忘叮囑學生説：

　　學者讀聖賢書，當務其大者、遠者，以經傳植其基，以子史充其實。讀漢儒書，事事求合於典籍，而約之以禮，勿逐乎文字訓詁之末，破碎大道。讀宋儒書，時時體驗乎身心，而返之於己，勿襲其空寂幽眇之説，辜負實學。⑥

---

① （清）黃以周：《儆季雜著·文鈔五》，清光緒二十年南菁講舍刻本。
② 葛榮晉：《中國實學思想史》，首都師範大學出版社，1994年，第8頁。
③ （清）黃以周：《儆季雜著·文鈔六·定海試館碑記》，清光緒二十年南菁講舍刻本。
④ 傅傑編校：《章太炎學術史論集》，中國社會科學出版社，1997年，第386頁。
⑤ （清）黃以周：《儆季文鈔·南菁文集序》，清光緒二十年南菁講舍刻本。
⑥ （清）黃以周：《儆季集外文》第十七《示諸生書》，首都圖書館藏《定海黃氏所著書》第26册，光緒十四年黃氏家塾刻本。

可見在黃氏的心目中，"實學"所具有的重要地位。

　　此外，黃以周對於浙江前輩學者的著作也很熟悉。他在給俞樾的信中談及古代的候氣問題時說"以周服膺鄉先賢書有年矣"，又說"吾郡萬充宗""我梨洲先生"①；也在爲劉慈孚所撰《四明人鑒》撰寫《題辭》中談及"吾鄉人物"②。不過總體上看，他的治學傾向與所謂的"浙東學派"還是有距離的③。

　　梁啓超先生曾在《清代學術概論》中說："其實清儒最惡立門户，不喜以師弟相標榜。凡諸大師皆交相師友，更無派別可言也。"④這個論斷對於黃以周來說是很合適的。"浙東學派"的標籤固然與黃氏距離甚遠，就是"樸學""實學""兼采漢宋"，也只能説明其學術的部分特徵。因此，對於黃以周這樣的著名學者，目前最重要的是深入研究其學術成就，而不是尋找一些標籤來將其歸類，如梁啓超先生所指出的，"對於複雜現象而求其類别，實學術界自然之要求"，"雖然，分類之業，本已至難，而以施諸學派則尤甚。蓋前此一大師之興，全思想界皆受其影響，不必其直傳弟子而始然也。後此一大師之興，雖淵源有所自承，而其學説内容，決不盡同於其師，苟盡同焉，則不能自成一家矣"⑤。

---

　　①　(清)徐世昌等編，沈芝盈、梁運華點校：《清儒學案》卷 154《儆居學案下》，中華書局，2008 年，第 5988 頁。

　　②　(清)黃以周：《儆季文鈔·四明人鑒題辭》，清光緒二十年南菁講舍刻本。

　　③　陳訓慈先生曾説："定海黃氏父子，已近於考證學風之流裔，而與浙東傳統文化略異。"而這也是楊菊廷先生的意見。見方祖猷：《浙東學術在哲學、經學、史學、自然科學和佛學上的貢獻——浙東學術文化在寧波概述之二》，《中共寧波市委黨校學報》2003 年第 4 期，第 86 頁。

　　④　梁啓超：《清代學術概論》，東方出版社，1996 年，第 5 頁。

　　⑤　馬宗霍論黃氏父子之學云："定海黃式三，説經亦不拘漢宋，擇是而從。其子黃以周，綜治三禮，更謂三代下經學，鄭君朱子爲最。而漢學家破碎大道，宋學家棄經臆説，不合鄭朱，何論孔孟？因守顧炎武經學即理學之訓，以追討孔門之博文約禮。兹數君者，雖不得爲派，觀其勢之所趨，殆將欲復於清初故老之所爲。"馬氏之論有兩點值得注意，一是指出黃氏父子"不得爲派"，二是指出黃氏學術旨在追尋清初大儒之遺迹。見氏著《中國經學史》第十二篇《清之經學》，上海書店出版社，1984 年，第 151 頁。

目　　録

第一章　"由訓詁以尋義理"：嘉道以降漢學衰微之成因

　　1919 年，王國維爲給沈增植祝壽，撰寫了《沈乙庵先生七十壽序》。在此文中，他將清代學術的階段特徵歸納爲："國初之學大，乾嘉之學精，道咸以降之學新。"①此説源於皮錫瑞"國朝經學凡三變"，而改皮氏"嘉道以後"爲"道咸以降"②。從學術現象來説，王氏之説自是確論；但從變化源起來看，則皮氏之説爲優。所謂乾嘉之學"精"，當然是就乾嘉諸老的考據功夫而言；而道咸以降之學"新"，王氏指的是今文經學與西北史地考證之學的興起。對於其間學術轉變之由，他説：

　　　　道咸以降，學者尚承乾嘉之風，然其時政治風俗已漸變於昔，國勢亦稍稍不振，士大夫有憂之而不知所出，乃或托於先秦西漢之學，以圖變革一切，然頗不循國初及乾嘉諸老爲學之成法。③

此一説法頗具代表性，余英時先生從 20 世紀 70 年代就開始關注清代學術中的"智識主義"，對於乾嘉學術的衰落，他曾不無惋惜地説："清代儒學中的知識傳統尚没有機會獲得充量的發展，便因外在環境的遽變而中斷了，我們今天已無法揣想這一傳統在正常情況下究竟會歸向何處。"④這種觀點所着眼的"政治

---

　　① 王國維：《沈乙庵先生七十壽序》，《觀堂集林》（外兩種），河北教育出版社，2003年，第 574 頁。

　　② 見（清）皮錫瑞著，周予同注釋：《經學歷史》，中華書局，2004 年，第 249~250頁。

　　③ 王國維：《沈乙庵先生七十壽序》，《觀堂集林》（外兩種），河北教育出版社，2003年，第 574 頁。

　　④ 余英時：《論戴震與章學誠：清代中期學術思想史研究》，生活·讀書·新知三聯書店，2005 年，第 6 頁。

風俗""國勢"等外部因素，固然對嘉道以降學術的走勢產生了重大影響，但因爲沒有重視乾嘉學術本身的問題，其不足之處也是很明顯的。

另一種觀點則是用漢宋之爭來解釋的。嘉道時期江藩與方東樹的漢宋學之爭爲當時的一大學術公案。站在方氏一邊的蘇惇元説："道光初，其焰（指漢學——引者）尤熾。先生憂之，乃著《漢學商兑》，書出，遂漸熄。"①此説乃誇語，但卻指出了漢學的衰落與宋學家的反對有關。近來臺灣張麗珠先生又提出了"清代新義理學"的概念，她重新界定了漢學、宋學的概念，認爲漢宋之爭不可調和的原因在於其所求義理的方式完全不同②。此説看到了漢學家學術追求義理的一面，可是她重在比較漢學家義理與宋學家義理的不同，卻未看到漢學家所求義理方式的不足。

在筆者看來，漢學在道咸以降的衰落是與其"由訓詁以尋義理"的爲學途徑密不可分的。"由訓詁以尋義理"是錢大昕總結戴震學術之語③。戴震早年在艱苦摸索後形成了"經之至者道也，所以明道者其詞也，所以成詞者字也。由字以通其詞，由詞以通其道，必有漸"的觀點④，後來又歸納惠棟之治學爲："松崖先生之爲經也，欲學者從事於漢經師之故訓，以博稽三古典章制度，由是推求理義，確有據依"⑤。因此可以説，對於乾嘉漢學⑥，不論是章太炎的吳、皖二分法⑦，還是漆永祥的惠棟、戴震、錢大昕三分法⑧，"由訓詁以尋

---

① 　（清）蘇惇元：《儀衛方先生傳》，《漢學商兑》，同治十年刊本卷首。

② 　見張麗珠：《"漢宋之爭"難以調和的根本歧見》，林慶彰、張壽安主編：《乾嘉學者的義理學》，臺灣"中研院"中國文哲研究所，2003 年，第 278～279 頁。

③ 　見（清）錢大昕：《戴先生震傳》，（清）戴震撰，趙玉新點校：《戴震文集》附錄，中華書局，1980 年，第 264 頁。

④ 　見（清）戴震撰，趙玉新點校：《戴震文集》卷 9《與是仲明論學書》，中華書局，1980 年，第 140 頁。吳根友師對戴震早年的學術成長過程有細緻的考證，指出 1757 年見惠棟前戴震就基本確立了爲學宗旨與治學途徑，其説可從。見氏著《皖派與吳派的學術關係再辯證——以戴震與惠棟爲例》，《戴震、乾嘉學術與中國文化》，福建教育出版社，2015 年，第 789～805 頁。

⑤ 　見（清）戴震撰，趙玉新點校：《戴震文集》卷 11《題惠定宇先生授經圖》，中華書局，1980 年，第 168 頁。

⑥ 　本章對"漢學"與"考據學"的使用有一大致分別，"漢學"不僅範圍更廣，而且在理論上也講義理；"考據學"則範圍較小，且對義理的追求較爲排斥。

⑦ 　見章太炎：《清儒》，傅傑編校：《章太炎學術史論集》，中國社會科學出版社，1997 年，第 327 頁。按：太炎先生在此文中還提到了"浙東之學"，不過從乾嘉時期學界的整體情形來看，他的吳、皖之分是合適的。

⑧ 　見漆永祥：《乾嘉考據學研究》，中國社會科學出版社，1998 年，第 111～113 頁。

義理"無疑都是其共同持守的理念。此一理念的形成自有其深長的學術脈絡，此不贅言。需要指出的是，在乾隆朝漢學方興之時，學界就出現了不同的聲音，至方東樹的《漢學商兑》，則更加系統地對"由訓詁以尋義理"提出了批評。至今爲止，不少學者都對這一方法有所反省①，不過，他們都沒有將其與道咸以降的學術發展聯繫起來考察，從而忽視了乾嘉漢學衰落的"内在理路"。

此外，最近學界對清代學術所體現出的近代轉型及乾嘉考據學所反映的"思想活力"頗爲關注，許多看法都極有創見。可是對這些"轉型""活力"爲何在道咸後便漸趨沉寂，而被經世之學、今文經學、諸子學甚至"國學"取代，繞開了"由訓詁以尋義理"這個關鍵環節，是無法得到確切的解釋的。

基於此，本章將分七部分對以上問題進行分析。第一部分、二部分討論"由訓詁以尋義理"的提出與方東樹對其所含問題的批評。第三部分、四部分、五部分分别從"求聖人之理義於典章制度""六經皆史""漢宋兼采"三個方面分析乾嘉諸老所提出的補救方案。第六部分考察漢學家内部圍繞"由訓詁以尋義理"進行的關於經學、史學與考據學性質的爭論。第七部分則從中國學術尤其是經學的根本特徵分析"由訓詁以尋義理"的根本缺陷與道咸後各種學術思潮興起的内在原因。

第一節 "由訓詁以尋義理"的產生與發展

對於訓詁與義理間的關係，宋代朱熹已有注意，但由於其治學旨趣與清儒有異，故在着眼點上亦有所不同。他説：

> 字畫音韻，是經中淺事，故先儒得其大者，多不留意。然不知此等處不理會，卻枉費了無限辭説牽補，而卒不得其本義，亦甚害事也。非但《易》學，凡經之説，無不如此。②

朱熹認爲學者如果不理會字畫音韻，會妨礙理解經之本義。不過相對於經之本義來説，字畫音韻畢竟是"經中淺事"。朱熹此論乃針對當時學風而發，他

---

① 詳後文各節。

② （宋）朱熹：《晦庵先生朱文公文集》卷50《答楊元範》，《朱子全書》第22册，上海古籍出版社、安徽教育出版社，2002年，第2289頁。

指出：

> 秦漢以來，聖學不傳，儒者惟知章句訓詁之爲事，而不知復求聖人之意，以明夫性命道德之歸。至於近世，先知先覺之士始發明之，則學者既有以知夫前日之爲陋矣。然或乃徒誦其言以爲高，而又初不知深求其意。甚者遂至於脱略章句，陵籍訓詁，坐談空妙，輾轉相迷，而其爲患反有甚於前日之爲陋者。①

爲補救此種治學之弊，他提出要：

> 字求其訓，句索其旨，未得乎前，則不敢求其後；未通乎此，則不敢志乎彼。如是循序而漸進焉，則意定理明而無疏易凌躐之患矣。是不惟讀書之法，是乃操心之要。②

他强調在讀一部書時(指《論語》或《孟子》)，要講究循序漸進，要認真弄清每一句的意思，"字求其訓，句索其旨"，熟讀成誦後，"繼以精思，使其意皆若出於吾之心，然後可以有得爾"。總之，朱熹讀書的目的在於"有得"，是針對讀者本人的内心而言，這與清代的漢學家有明顯的不同。

清儒由訓詁以尋義理的治經方法有一個發展的過程。顧炎武在爲張爾岐的《儀禮鄭注句讀》作序時説："後之君子因句讀以辨其文，因文以識其義，因其義以通制作之原。"③這裏的"文"指《儀禮》全書，"辨文"的目的是爲了"識義"，即《儀禮》所記典禮儀節中所含的禮義。若能明了此"義"，就能明聖人"制作(典禮)之原"。之後，閻若璩在康熙三十六年(1697)爲臧琳《經義雜記》所作的序中説："疏於校讎，則多脱文訛字，而失聖人手定之本經；昧於聲音訓詁，則不識古人之語言文字，而無以得聖人之真義。"④閻氏針對宋明儒治經"疏於校讎""昧於聲音訓詁"提出了重視聲音訓詁以識語言文字，進而求聖人

---

① (宋)朱熹：《晦庵先生朱文公文集》卷75《中庸集解序》，《朱子全書》第24册，上海古籍出版社、安徽教育出版社，2002年，第3640頁。
② (宋)朱熹：《晦庵先生朱文公文集》卷74《讀書之要》，《朱子全書》第24册，上海古籍出版社、安徽教育出版社，2002年，第3583頁。
③ (清)顧炎武撰，華忱之點校：《顧炎武詩文集》，中華書局，1983年，第32頁。
④ (清)臧琳：《經義雜記·敘録》，《續修四庫全書》第172册，上海古籍出版社，2002年，第287頁。

之義的路徑，這直接影響到了惠棟與戴震。

惠棟崇尚漢人治經家法，將"因句讀以辨其文"的章句之學轉向"識字審音"的訓詁之學。他說：

> 漢人通經有家法，故有五經師訓詁之學，皆師所口授，其後乃著竹帛，所以漢經師之說立於學官，與經並行。五經出於屋壁，多古字古言，非經師不能辨。經之義存乎訓，識字審音乃知其義。是故古訓不可改也，經師不可廢也。①

他的"經之義存乎訓，識字審音乃知其義"直接奠定了清儒"由訓詁以尋義理"的治經路徑。

完整提出"由訓詁以尋義理"的是戴震。他說：

> 後之論漢儒者，輒曰故訓之學云爾，未與於理精而義明。則試詰以求理義於古經之外乎？若猶存古經中也，則鑿空者得乎？嗚呼！經之至者道也，所以明道者其詞也，所以成詞者未有能外小學文字者也。由文字以通乎語言，由語言以通乎古聖賢之心志，譬之適堂壇之必循其階，而不可以躐等。是故鑿空之弊有二：其一、緣詞生訓也，其一、守訛傳謬也。緣詞生訓者，所釋之義非其本義。守訛傳謬者，所據之經並非其本經。②

懲於之前治學的"鑿空"之弊，戴震提出了由文字以通語言、由語言以通聖人之意的方法。同時他也認識到，單從語言以求聖人義理也會產生弊端，故又提出求義理於典章制度：

> 惟空憑胸臆之卒無當於賢人聖人之理義，然後求之古經；求之古經而遺文垂絕、今古縣隔也，然後求之故訓。故訓明則古經明，古經明則賢人聖人之理義明，而我心之所同然者，乃因之而明。賢人聖人之理義

---

① （清）惠棟：《松崖文鈔》卷1《九經古義序首》，《續修四庫全書》第1427冊，上海古籍出版社，2002年，第269頁。
② （清）戴震撰，趙玉新點校：《戴震文集》卷10《古經解鉤沈序》，中華書局，1980年，第146頁。

非它，存乎典章制度者是也。……彼岐故訓、理義二之，是故訓非以明
理義，而故訓胡爲？理義不存乎典章制度，勢必流入異學曲説而不
自知。①

綜合來説，戴震"由訓詁以尋義理"的治經方法的完整表述應該是：由文
字以通語言，由語言以通古經，明古經要以典章制度爲主，從典章制度中求聖
人之理義。此説經錢大昕、段玉裁、阮元、凌廷堪等人的闡揚後，在當時及以
後的學術界産生了巨大的影響，被學者們奉爲治經的不二法門。但由於學者對
此方法的理解有誤，再加上此方法本身即具有先天的缺陷，自然産生了許多反
對之聲，引起了所謂的漢宋之爭。

第二節　"由訓詁以尋義理"的不足

"由訓詁以尋義理"的缺陷在漢學家的對手眼中是十分明顯的，其中最嚴
厲的批判來自方東樹。方氏是桐城派宿儒姚鼐的弟子，姚鼐在戴震死後對漢學
的攻擊直接導致了桐城派和漢學家的對立②。受其影響，方氏的《漢學商兑》
中多謾罵之語是毫不奇怪的。但在謾罵之外，方東樹的一些觀點確實也擊中了
漢學的弱點，如他反駁戴震"非別有義理存乎訓詁之外"之語云：

此是漢學一大宗旨，牢不可破之論矣。夫謂義理即存乎訓詁，是也。
然訓詁多有不得真者，非義理何以審之？竊謂古今相傳，里巷話言，官牘
文書，亦孰不由訓詁而能通其義者？豈况説經不可廢也，此不待張皇。若
夫古今先師相傳，音有楚、夏，文有脱誤，出有先後，傳本各有專祖。不
明乎此，而強執異本、異文，以訓詁齊之，其可乎？又古人一字異訓，言

---

① （清）戴震撰，趙玉新點校：《戴震文集》卷11《題惠定宇先生授經圖》，中華書
局，1980年，第168頁。

② 姚鼐對漢學的不滿主要來自其在編寫"四庫提要"時的遭遇。他受朱筠的推薦擔任
四庫館臣，在館期間，努力專研考據學，但所寫提要多爲當時的漢學家所排斥，後不得不
離開四庫館。四庫館臣中多爲戴震同道，加上先前姚鼐欲拜戴震爲師而遭拒絶，又與戴震
在館中多有爭論，故才在離館後大力攻擊漢學，造成桐城派與漢學家的對立。不過，從姚
氏的治學上來看，他並不否認考據學的價值，只是不滿漢學家對宋學的貶抑。參見王達敏：
《論姚鼐與四庫館内漢宋之爭》，《北京大學學報》（哲學社會科學版）2006年第5期。

各有當，漢學家説經，不顧當處上下文義，第執一以通之，乖違悖戾，而
曰義理本於訓詁，其可信乎？①

這裏方氏所指出的"非別有義理存乎訓詁之外"的三個問題皆極有力，以下分
別加以辨析。

第一個問題是强執異本、異文以齊古今先師之經説。乾嘉考據學，不論是
"吳派"還是"皖派"，都對漢代經師之説非常重視。"吳派"宗師惠棟及其弟子
江聲、余蕭客的治學特點是"篤於尊信，綴次古義，鮮下己見"，受其影響的
汪中、劉台拱等人也是"陳義爾雅，淵乎古訓是則"②；而戴震及其弟子段玉
裁、王念孫等人則偏向"綜形名，任裁斷"，"上溯古義，斷以己之律令"③。
惠棟等對於漢代經説盡力收集、排比，而鮮有論斷，這種做法頗有益於對漢代
經學的研究。西漢經學復興，五家八師漸出，傳經口口相沿。至昭、宣後，博
士家法成立，才漸有諸家經説著於簡帛。其中由於先師語言有異，文本有脱
誤，加上章句盛行後，各家解説又多有不同，故宣帝時才召開石渠閣議以統一
經説。但此後漢代經學的發展依然是師法、家法分門別户，加上古文經的興
起，各家説法極難統一。對於這種情況，"吳派"的治學路徑可使後人一窺當
時經學的真實面目，這對於研究漢代經學是很有幫助的。而"皖學"的治經重
在聲音訓詁，目的是求古經中之義理，所以就要對漢代的眾多經説加以裁斷，
以求得出最符合經文的説法。但這樣做的最大弊端是將許多理念各異的經説强
加統一，齊不同以爲同，抹殺了漢代學術的真相。清儒張惠言云"近時考訂之
學，似興古而實謬古"④，可謂一語中的。梁啓超僅僅將張惠言視作常州今文
學派的文學源頭，似不全面⑤。清中期今文經學的興起自有其學術内在的要
求，非政治一因可以完全解釋。

---

① （清）方東樹：《漢學商兑》卷中之下《漢學師承記（外二種）》，生活·讀書·新知
三聯書店，1998年，第311~312頁。
② 章炳麟：《清儒》，徐復注：《訄書詳注》，上海古籍出版社，2000年，第142頁。
③ 章炳麟：《清儒》，徐復注：《訄書詳注》，上海古籍出版社，2000年，第139、
145頁。
④ （清）張惠言：《茗柯文補編》卷上《與陳扶雅書》，《續修四庫全書》第1488册，上
海古籍出版社，2002年，第593頁。
⑤ 參梁啓超：《中國近三百學術史》四《清代學術變遷與政治的影響（下）》，中國人
民大學出版社，2012年，第26頁。

　　第二個問題是"不顧當處上下文義，第執一以通之"。戴震的"由訓詁以尋義理"中有一步是"由文字以通乎語言"，而這極易出現問題。漢字雖爲表意文字，其字形和字義往往有直接的聯繫，但文字與語言畢竟不同，絕非一對一的關係。對此，清儒在"以形索義"外，又采用"因聲求義"的方法，使得在推求文獻詞義上取得了很大的成就。可正如錢穆先生所指出的："清儒所謂訓詁，乃依憑古注，旁通之於《爾雅》《説文》，以求得此一字之義，而每非此字在書中所特殊含蘊之義理深微所在。"①清儒大多是在考證一"字"之本義後，即執此以通典籍中之"語"，在解釋不通時又多用輾轉相訓的辦法，以致多有牽强附會之處。真正能熟練、精確運用"以形索義"和"因聲求義"的學者畢竟只是少數。即以高郵王氏父子爲例，王念孫在訓釋字義方面就明顯高於王引之。章太炎先生曾評價兩人説："石臞苦心尋繹，積六十年，得之既不易，言之殊未敢肆。伯申承其父業，與艱難構造者自殊。……肆意造詞，視爲習慣，且有舊解非誤而以强詞奪之者，亦有本非臆造，而不能援古訓比聲音以自證者。"②按徐復觀先生的説法，求字義之法有兩種：一種是"訓詁學之演繹法"，一種是"資料歸納法"。前者代表爲阮元、王引之、傅斯年；後者代表爲王念孫。前者多有附會，後者則通過多方比對勾稽，所得結論比較謹嚴③。

　　從語言學上來説，考證一個概念的語源爲何，對於探求此概念的本質雖有幫助，但要想理清這一概念的思想演變，還要靠全面地理解概念所處的文本及文本作者的思想體系才行。這一點也被方東樹提了出來。

　　第三個問題是"訓詁多有不得真者，非義理何以審之"。這是方東樹站在宋學的立場針對漢學所提出的糾偏之説。對此，戴震其實已經意識到了，他説：

　　　余私謂詩之詞不可知矣，得其志則可以通乎其詞。作詩者之志愈不可知矣，斷以"思無邪"之一言，則可以通乎其志。……今就全詩，考其字義名物於各章之下，不以作詩之意衍其説。蓋字義名物，前人或失之者，

①　錢穆：《朱子新學案》(第四册)，九州出版社，2011 年，第 284 頁。

②　章炳麟：《王伯申新定助詞辯》，(清)王引之：《經傳釋詞》，嶽麓書社，1984 年，第 267 頁。

③　見徐復觀：《評訓詁學上的演繹法——答日本加藤常賢博士書》，《中國思想史論集》，上海書店出版社，2004 年，第 175~176 頁。

可以詳核而知，古籍具在，有明證也。作詩之意，前人既失其傳者，非論其世，知其人，固難以臆見定也。姑以夫子之斷夫三百者，各推而論之。①

雖然《詩經》中的“字義名物”可以通過“詳核而知”，但“詩之詞”與“作詩之意”卻很難探求。所以他提出要根據孔子“思無邪”的準則推斷“作詩者之志”，再由“作詩者之志”了解詩之詞。他還進而將此種思路歸納爲：“義理者，文章、考核之源也。熟乎義理，而後能考核、能文章。”②這與方東樹所説的“訓詁多有不得真者，非義理何以審之”並無二致。可戴震此説與清中期整體的考證學風根本是不相容的，學者們重視的只是他的訓詁明則義理明③，即使是他的受業弟子段玉裁也對“熟乎義理，而後能考核、能文章”的説法頗有異議：“竊以爲義理、文章，未有不由考核而得者。”④不過在今日看來，乾嘉學者真能通過考據而明義理的可謂少之又少。在“家家許鄭，人人賈馬”的風氣下，乾嘉學者多一生沉於考據而不能自拔，段玉裁在七十五歲回憶自己一生所學時就曾不無傷感地説自己“喜訓詁考核，尋其枝葉，略其本根，老大無成，追悔已晚”⑤。

近代學者對於“由訓詁以尋義理”也一直有反思。唐君毅先生説：“清儒言訓詁明而後義理明，考核爲義理之原，今則當補之以義理明而後訓詁明，義理

---

① （清）戴震撰，趙玉新點校：《戴震文集》卷10《毛詩補傳序》，中華書局，1980年，第147頁。

② 《戴東原集序》，（清）戴震撰，趙玉新點校：《戴震文集》，中華書局，1980年，第1頁。

③ 如錢大昕就説：“由聲音文字以求訓詁，由訓詁以尋義理，實事求是，不偏主一家，亦不過騁其辯以排擊前賢。嘗謂：‘今人讀書，尚未識字，輒薄訓詁之學。夫文字之未能通，妄謂通其語言，語言之未能通，妄謂通其心志，此惑之甚者也。’”見（清）錢大昕撰，呂友仁點校：《潛研堂集》卷39《戴先生震傳》，上海古籍出版社，1989年，第710頁。

④ 《戴東原集序》，（清）戴震撰，趙玉新點校：《戴震文集》，中華書局，1980年，第1頁。

⑤ （清）段玉裁撰，鍾敬華點校：《經韻樓集》卷8《博陵尹師所賜朱子小學恭跋》，上海古籍出版社，2009年，第193頁。按：錢穆先生曾對段玉裁與理學的關係有深入的探討，指出段氏“其心不忘宋儒之理學”，進而説明包括寶應劉氏、高郵王氏在內的乾嘉大家，亦“治經學而不蔑理學也。”見氏著《讀段懋堂〈經韻樓集〉》，《中國學術思想史論叢（八）》，生活·讀書·新知三聯書店，2009年，第298~309頁。

亦考核之原矣。"①這只能看作唐先生的不滿之詞，深刻的批評來自錢鍾書先生：

> 乾嘉"樸學"教人，必知字之詁，而後識句之意，而後通全篇之義，進而窺全書之指。雖然，是特一邊耳，亦祇初桄耳。復須解全篇之義乃至全書之指（"志"），庶得以定某句之意（"詞"），解全句之意，庶得以定某字之詁（"文"）；或並須曉會作者立言之宗尚、當時流行之文風、以及修詞異宜之著述體裁，方概知全篇或全書之指歸。積小以明大，而又舉大以貫小；推末以至本，而又探本以窮末；交互往復，庶幾乎義解圓足而免於偏枯，所謂"闡釋之循環"（der hermeneutische Zirkel）者是矣。②

錢鍾書先生強調義理之外，還要考察"作者立言之宗尚""當時流行之文風""修詞異宜之著述體裁"對於理解一字一義的影響，用"闡釋之循環"以補"訓詁明則義理明"之不足，在方法上比清儒前進了一大步③。此外，余英時先生也從思想與語言的關係的角度指出："清儒以爲只要把文字還原到最初的古義，則古代經典的涵義便自然會層次分明地呈現在我們的眼前。這種想法其實似是而非；其最成問題的乃是把思想還原爲語言。語言的釐清誠有助於思想的研究，但卻不能代替後者；'訓詁'和'義理'終屬雖相關而截然不同的兩回事。這在西方學術思想史上叫做'字源的謬誤'（fallacy of etymology）。"④也就是說，"根

---

① 唐君毅：《中國哲學原論·導論篇》，臺灣學生書局，1986年，第4頁。按：唐先生此說乃承自其師熊十力先生。熊先生說："考據不本於義理，則惟務支離破碎，而絕無安身立命之地，甚者於有價值之問題，不知留心考索，其思想日益鄙陋。詞章不本於義理，則性情失其所養，神解無由啓發，何足表現人生，只習爲雕蟲小技而已。故四科之學，義理居宗，而義理又必以《六經》爲宗。"見氏著《讀經示要》卷1，《熊十力全集》第3卷，湖北教育出版社，2001年，第562頁。

② 錢鍾書：《管錐編》，生活·讀書·新知三聯書店，2007年，第281頁。

③ 錢鍾書先生認爲："觀'辭'（text）必究其'終始'（context）耳。論姑卑之，識其小者。兩文儷屬，即每不可以單文孑立之義釋之。尋常筆舌所道，字義同而不害詞意異，字義異而復不害詞意同，比比都是，皆不容'以一說蔽一字'。"《管錐編》，生活·讀書·新知三聯書店，2007年，第279頁。從表面上看，錢先生借鑒了西方的詮釋學理論，但實際上是從孔孟到宋明的詮釋言論出發來批評乾嘉樸學的。

④ 余英時：《"眼前無路想回頭"——再論〈紅樓夢〉的兩個世界兼答趙岡兄》，《文化評論與中國情懷》（下），廣西師範大學出版社，2006年，第200頁。

據"並不是"結論",如果要從考據中得出思想,必須要經過"思"。一旦進入
"思"的過程,就必須有所憑藉,有所闡釋,就很難不受宋學的影響(在沒有其
他支援意識的情形下)。這也就是爲何錢穆先生説只有深於宋學才能精漢學的
緣由,也是近來學者討論乾嘉考據中所藴含的義理的理論出發點。因此,上述
的批評雖然沒有"同情地理解"清儒所處的傳統,但所指出的問題無疑具有啓
發意義。

儘管方東樹攻擊甚烈,但漢學家似乎並不大在意,時人説《漢學商兑》出
而漢學火焰"漸熄"①,更是狐假虎威之談②。而在此之前,學者們在學術研究
的過程中也漸漸認識到了"由訓詁以尋義理"有其不足,需要加以修正。其中
淩廷堪的"求聖人之理義於典章制度(禮)"、章學誠的"六經皆史"最爲著名。
淩氏的主張在阮元的推揚下造成了不小的聲勢,而章氏的觀點則未引起多大的
關注。但他們的方案在根本上具有邏輯的一致性,只不過淩氏訴求的"禮"比
章氏的"史"在當時的學術氛圍中有更大的號召力而已。在他們之後,"漢宋兼
采"成了嘉道以降學術界的一股主流,有多種表現形態,抛開外部的政治因
素,其實都是爲乾嘉考據學"由訓詁以尋義理"的缺陷提出的藥方③。

第三節 "求聖人之理義於典章制度"

"由訓詁以尋義理"的方法看起來思路很清晰,但對於怎麼"訓詁","義
理"是什麼,漢學家的操作與界定卻很模糊。他們的"訓詁"有時是考證一字之
本義,有時是運用因聲求義的方法考察一詞在不同典籍中的含義,有時是通過
歸納相似的句式或片語來確定一部典籍中的某一種句式或片語的含義,有時是
疏解歷代經解中一個核心概念的不同解釋。而對於"義理",漢學家更無規定。
"義理"指什麼? 是經典中一字一詞的本義,還是同一字詞在不同典籍中的不

---

① 蘇惇元説:"道光初,其焰尤熾。先生憂之,乃著《漢學商兑》,書出,遂漸熄。"
(清)蘇惇元:《儀衛方先生傳》,《漢學商兑》,同治十年刊本卷首。

② 參見朱維錚:《漢學與反漢學》,《中國經學史十講》,復旦大學出版社,2002年,
第150頁。

③ 其實在此之前,莊存與(1719—1788)治公羊學,途徑已與漢、宋兩家不同。他一
方面説自己讀書"指之必有其處,持之必有其故",一方面也"玩經文,存大體,理義悦
心",實已開之後漢宋兼采之先聲。參陸寶千:《莊存與》,《中國歷代思想家(十六)》(更
新版),臺灣"商務印書館",1999年,第161頁。

同意義? 是經典文本的原意, 還是此原意所反映出的聖人之意? 除少數漢學家
對義理感興趣外, 其他人大多在考證完後就停止了。這些人從事考據本就是跟
風, 爲的只是邀名飾陋而已, "多知崇尚漢學, 庶幾古訓復申, 空言漸絀。是
固然矣。第目前侈談康成、高言叔重者, 皆風氣使然, 容有緣之以飾陋, 借之
以竊名"①, 他們根本不會想到再向"義理"的方向邁進。而對於那些想在"義
理"上有所發明的學者來説, 一字一詞一句的本義絶不是最終鵠的, 他們要求
得的義理的重點已不再是宋明儒所重視的修身之理, 而是聖人遺留在經文中的
能經世致用、安頓社會秩序的大義微言。可是, 考證的對象無邊無際, 他們面
對的最大問題是, 什麼樣的考證才能求得經世致用的義理?

戴震對此問題早已給出了自己的答案, 即求之於典章制度。他説: "賢人
聖人之理義非它, 存乎典章制度者是也。……理義不存乎典章制度, 勢必流入
異學曲説而不自知。"②戴震此説是對惠棟治學方法的評價, 他自己的治學途徑
已逸出此法範圍之外。從其最大的義理學著作《孟子字義疏證》來看, 他還是
要通過重新詮釋《孟子》中的關鍵概念來構建自己的哲學體系, 以改變社會流
行之理學偏見。

不過, 他對惠棟的評價卻爲其他學者指出了一條道路, 其私淑弟子凌廷堪
是其中有代表性的。凌廷堪在爲戴震所作傳記中就特別將戴氏的治學特點歸納
爲: "故訓明則古經明, 古經明則賢人聖人之理義明, 而我心之所同然者乃因
之而明。理義非他, 存乎典章制度者也。"③張壽安先生指出: "(凌廷堪)卻發
現, 本訓詁以求義理這個方法, 往往使義理的獲得仍流於虛渺、或竟被作爲程
朱義理之注腳, 並未能真得到經書中具體可行之道。於是他提出道在典章制
度, 換言之, 經書中的義理必須從'典章制度'中去求得。"④典章制度乃可以
實踐目驗之事務, 非可以虛渺之空言説之, 而古代之典章制度又在"禮"的範
圍之中, 故凌氏承繼戴震"事物之理, 必就事物剖析至微, 而後理得"的思路,
提出了要從古代禮制求聖王之精義:

① (清)凌廷堪撰, 王文錦點校:《校禮堂文集》卷 23《與胡敬仲書》, 中華書局,
1998 年, 第 203~204 頁。

② (清)戴震撰, 趙玉新點校:《戴震文集》卷 11《題惠定宇先生授經圖》, 中華書局,
1980 年, 第 168 頁。

③ (清)凌廷堪撰, 王文錦點校:《校禮堂文集》卷 35《戴東原先生事略狀》, 中華書
局, 1998 年, 第 312 頁。

④ 張壽安:《以禮代理: 凌廷堪與清中葉儒學思想之轉變》, 河北教育出版社, 2001
年, 第 19 頁。

古人所謂格物者，蓋言禮之器數儀節，皆各有精義存乎其間，既習於禮，則當知之，非天下之物莫不有理也。①

凌氏認爲並非天下之物都有理，而是理要寓於禮之器數儀節中。這樣，從禮中求義理，既可避免陷於考證不能自拔，也不會犯宋明儒空言疏闊之弊②。

依照同樣的思路，凌氏也主張儒家所説的各種關鍵理念都要從禮中求得。首先，人"復性"要靠禮：

夫人之所受於天者，性也。性之所固有者，善也。所以復其善者，學也。所以貫其學者，禮也。是故聖人之道，一禮而已。……夫性具於生初，而情則緣性而有者也。性本至中，而情則不能無過不及之偏，非禮以節之，則何以復其性焉。③

凌氏認爲，人性本善，要想復善，不能再走"釋氏幽深微眇"的道路，要通過學。這是將人的内在修身建立在外在的知識獲取上。但只説學，又使人難以把握，故凌氏强調"所以貫其學者，禮也"，"禮之外，別無所謂學也"。表面上看，這種闡釋將學的範圍縮小了，但凌廷堪有他的邏輯，他認爲"性"的内容即是五倫，而聖人通過制定士冠禮、聘覲禮、士昏禮、鄉飲酒禮、士相見禮來規範之。這樣就通過可見的禮節達到復至隱之性的效果。

其次，仁義道德的實踐也要靠禮。凌廷堪説：

禮也者，所以制仁義之中也。故至親可以揜義，而大義亦可以滅親。後儒不知，往往於仁外求義，復於義外求禮，是不識仁且不識義

①　(清)凌廷堪撰，王文錦點校：《校禮堂文集》卷16《慎獨格物説》，中華書局，1988年，第145頁。

②　錢穆先生對此有精闢的論斷："戴派學者固知通經貴在明道，而所以通經者又不尚墨守，故於訓詁、名物、制度，咸能貫穿群經以求一；又不敢師心蔑古，空談剿説，故雖守東原强恕推情之教者，猶必以研古治禮爲歸。綜此諸端觀之，可以悟戴學流衍所以終匯於訓詁、名物、制數之所以然也。"見氏著《近三百年學術史》，商務印書館，1997年，第409頁。

③　(清)凌廷堪撰，王文錦點校：《校禮堂文集》卷4《復禮上》，中華書局，1998年，第27頁。

矣，烏觀先王制禮之大原哉！……夫聖人之制禮也，本於君臣、父子、夫婦、昆弟、朋友，五者皆爲斯人所共由，故曰道者所由，適於治之路也，天下之達道是也。若舍禮而別求所謂道者，則杳渺而不可憑矣。而君子之行禮也，本之知、仁、勇，三者皆爲斯人所同得，故曰德者得也，天下之達德是也。若舍禮而別求所謂德者，則虛懸而無所薄矣。蓋道無迹也，必緣禮而著見，而制禮者以之；德無象也，必藉禮爲依歸，而行禮者以之。①

仁義道德難以目驗，故需以禮儀爲憑藉，才不至於流於玄虛杳渺。依此，自然會得出"修身爲平天下之本，而禮又爲修身之本"的結論了。

在論證了修身、平天下皆要本於禮而言之後，凌廷堪提出了聖學與異學，即"釋氏之學"的區別。他說：

聖人之道本乎禮而言者也，實有所見也；異端之道外乎禮而言者也，空無所依也。……性與天道非不可得而聞，即具於《詩》《書》執禮之中，不能托諸空言也。夫仁根於性，而視聽言動則生於情者也。聖人不求諸理而求諸禮，蓋求諸理必至於師心，求諸禮始可以復性也。顏淵見道之高堅前後幾於杳渺而不可憑，迨至博文約禮，然後曰"如有所立，卓爾"，即立於禮之立也。故曰："不學禮，無以立。"又曰："不知禮，無以立也。"其言之明顯如此。後儒不察，乃舍禮而論立，縱極幽深微渺，皆釋氏之學，非聖學也。②

聖人之學，皆顯然可見，與幽深微渺之"釋氏之學"不同。凌廷堪爲了證成己說，甚至對《論語·子罕》中顏淵"如有所立，卓爾"之語，做了重新詮釋，原來之古注並不作此解。何晏《論語集解》引孔安國說曰："言夫子既以文章開博我，又以禮節節約我，使我欲罷而不能。已竭我才矣，其有所立，則又卓然不可及。言己雖蒙夫子之善誘，猶不能及夫子之所立也。"③鄭玄解爲絕望之詞，"言我既竭力於博約矣，若聖道之卓然獨立者，猶欲從末由也"，皇侃、邢昺

① （清）凌廷堪撰，王文錦點校：《校禮堂文集》卷4《復禮中》，中華書局，1998年，第29~30頁。

② （清）凌廷堪撰，王文錦點校：《校禮堂文集》卷4《復禮下》，中華書局，1998年，第32頁。

③ （魏）何晏：《論語集解》，福建人民出版社，2008年，第70頁。

説皆同①。從孔安國、鄭玄等人的注來看，所立卓爾當連讀，乃形容孔子道高之語，但凌廷堪卻將其解釋爲立於禮，用心可謂良苦。凌氏還據《大學》言好惡，指出人性只有好惡兩端，而"好惡者，先王制禮之大原也"②，並進而批評説："宋儒最喜言《學》、《庸》，乃置好惡不論，而歸心釋氏，脱口即理事並稱，體用對舉。不知先王制禮，皆所以節民之性，好惡其大焉者也，何必舍聖人之言而他求異學乎?"③

據此，凌廷堪將宋儒的心性之學視作"釋氏之學"的衍生，也就是將異學排除在聖學之外，而以禮學爲基礎將考據與義理統一起來。這種做法直接影響了之後的胡培翬與黃以周。特別是黃以周，通過闡發顧炎武的"經學即理學"以及全面考證古禮，將凌氏的主張推到了極致。

第四節 "六經皆史"

章學誠生當乾嘉考據學鼎盛之時，對其流弊有極深刻的了解，致力於消除"由訓詁以尋義理"所帶來的弊端。乾隆四十年(1775)，四庫館已開，全國人才多匯集於北京，其間，三十八歲的他目睹了考據學在當時的巨大影響："四方才略之士挾策來京師者，莫不斐然有天禄石渠句墳抉索之思，而投卷於公卿間者，多易其詩賦舉子藝業，而爲名物考訂與夫聲音文字之標，蓋駸駸乎移風俗矣。"④對此，章氏十分不滿，其文章中多有抨擊之語，最著者見於《與族孫汝楠論學書》：

　　學問之途，有流有別，尚考證者薄詞章，索義理者略徵實，隨其性之所近，而各標獨得，則服鄭訓詁，韓、歐文章，程、朱語録，固已角犄鼎

① 見(清)黃式三撰，張涅、韓嵐點校：《論語後案》，鳳凰出版社，2008年，第235頁。

② (清)凌廷堪撰，王文錦點校：《校禮堂文集》卷16《好惡説上》，中華書局，1998年，第140頁。

③ (清)凌廷堪撰，王文錦點校：《校禮堂文集》卷16《好惡説下》，中華書局，1998年，第143頁。

④ (清)章學誠：《章學誠遺書》卷18《文集三·周書昌別傳》，文物出版社，1985年，第181頁；胡適：《章實齋先生年譜》，《胡適文集》(七)，北京大學出版社，1998年，第50頁。

峙，而不能相下。必欲各分門户，交相譏議，則義理入於虚無，考證徒爲糟粕，文章只爲玩物，漢、唐以來，楚失齊得，至今囂囂，有未易臨決者。①

他認爲學問分義理、考證、詞章三途，乃自然之流别，學者依其性之所近習之即可，不當各立門户，交相譏議。若義理不求徵實，會流於虚無；考證不講義理，則徒爲糟粕；而文章不講義理，就只能是玩物。章氏的宋學立場由此可見。

章學誠的"六經皆史"就是針對當時學界現狀而給出的解決方案。章學誠從小即喜歡讀史，二十多歲時博覽群書，但"於經訓未能領會"。他在乾隆三十一年(1766)與戴震會面後，曾受到戴氏由小學以通經的見解的强烈刺激。性格孤傲的他，此後一直在努力建立自己的學問根基。據余英時先生考證，章氏"六經皆史"論是其在乾隆四十三年(1778)開始撰修《史籍考》時悟得的，"六經皆史"論是直接針對從顧炎武到戴震以來的"經學即理學"，而不是戴震的"訓詁明而義理明"提出的②。但這兩點都有可商榷之處。

從章學誠第一次見戴震到撰修《史籍考》這段時間他的經歷來看，"六經皆史"的提出，很可能與袁枚有關。乾隆三十七年(1772)，朱筠試士徽州，章氏隨其師校文，曾在朱氏幕中見到袁枚的文章，但印象頗差："昔者竹君先生視學安徽，幕中有妄人出某甲門下者，戛戛自詡，同列無不鄙之。其人出某甲爲乃父所撰墓誌，矜示於人，余時未識某甲行徑，一見其文，遽生厭惡，指摘其文紕繆，其人怫然。"③"某甲"即是袁枚，乃清中期詩壇三大家之一，在文壇有着類似於戴震在學界的地位。可是，以章學誠的性格，越是大人物，一旦其言語行爲在自己心中形成刺激，必終身縈回。在那之後，他一定會對袁枚的著作、觀點加以關注，以求回擊④。乾隆四十二年(1777)，袁枚的《隨園隨筆》

① （清）章學誠著，倉修良編著：《文史通義新編新注》，浙江古籍出版社，2005年，第799~800頁。

② 見余英時：《論戴震與章學誠：清代中期學術思想史研究》，生活·讀書·新知三聯書店，2005年，第64~65、51~52頁。

③ （清）章學誠著，倉修良編著：《文史通義新編新注》，浙江古籍出版社，2005年，第388頁。

④ 章學誠在其著作中攻擊袁枚的文字甚多，除《論文辨僞》外，還有《詩話》《書坊刻詩話後》《婦學》《婦學篇書後》《與吴胥石簡》《論學十規》《題隨園詩話十二首》等，其中多謾罵之詞，令人驚訝。章氏文中攻擊袁枚的字數遠超戴震，可以想見袁枚的行徑對他的心理所造成的巨大衝擊。

刊印，中有"古有史無經"一條，主要是敘述宋代學者劉恕的觀點，其文曰：

> 劉道原曰：歷代史出於《春秋》，劉歆《七略》，王儉《七志》皆以《史》、《漢》附《春秋》而已，阮孝緒《七錄》才將經、史分類。不知古有史而無經，《尚書》、《春秋》皆史也，《詩》、《易》者，先王所傳之言，《禮》者，先王所立之法，皆史也；故漢人引《論語》、《孝經》皆稱傳不稱經也。"六經"之名始於《莊子》，經解之名始於戴聖，歷考"六經"並無以"經"字作書名解者。①

袁枚的意思很清楚，他是要借劉恕之言來降低經的地位，這可能給了章學誠一些啓發。

"六經皆史"本是一個古老的命題，從漢代的劉歆到清代的顧炎武，有十幾位學者有過類似的表述②，但錢鍾書先生卻認爲章學誠很可能不知道這些人的觀點或者知道而不説："竊謂實齋記誦簡陋，李愛伯、蕭敬孚、李審言、章太炎等皆曾糾其疏闕；然世人每有甘居寡學，以博精識創見之名者，陽爲與古人夢中暗合，實則古人之白晝現形，此亦仲長統'學士第二奸'之變相也。實齋知博學不能與東原、容甫輩比，遂沾沾焉以識力自命，或有忨人先我，掩蔽隱飾。"③對於袁枚的著作，章學誠應該是非常關注的。袁枚的"六經皆史"還在其《小倉山房文集·史學例議序》中説過，而章學誠也寫過《史學例議書後》上下。他説《史學例議》不知何人所撰，又説其内容"膚淺""猥陋"，可能是飾詞。《史學例議》爲清人程嗣章所撰，程生於 1693 年，在七十九歲時見過袁枚。袁枚對程氏兄弟很是欣賞，還爲其寫過傳文④。或許因爲曾受袁枚的褒獎，所以章學誠才特別就程氏之書撰寫長文，否則，以章氏的孤傲性格，不大可能爲一個不爲人知的著作寫那麼長的評論文章。

如果上述説法成立的話，那麼章學誠的"六經皆史"可以説是在戴震的刺激下而後受到袁枚的啓發形成的。

---

① （清）袁枚：《隨園隨筆》卷 24，王英志主編：《袁枚全集》第五集，江蘇古籍出版社，1993 年，第 414 頁。

② 參見趙彦昌：《"六經皆史"源流考論》，《社會科學戰線》2004 年第 3 期。

③ 錢鍾書：《談藝録》八六"章實齋與隨園"，生活·讀書·新知三聯書店，2008 年，第 656~657 頁。

④ 見（清）袁枚：《小倉山房文集》卷 7《程南耕先生傳》，王英志主編：《袁枚全集》第二集，江蘇古籍出版社，1993 年，第 138 頁。

　　具體來説，章氏認爲道不僅存在於六經中，也存在於"天下事物人倫日
用"中，這一點與袁枚的見解十分接近。乾隆前期，吳派宗師惠棟曾寫信給袁
枚，勸他放棄文章，"懇懇以窮經爲勖"，袁枚很不以爲然，反駁説：

　　　　夫德行本也，文章末也。"六經"者，亦聖人之文章耳，其本不在是
　　也。古之聖人德在心，功業在世，顧肯爲文章以自表著耶？孔子道不行，
　　方雅言《詩》、《書》、《禮》以立教，而其時無"六經"名。後世不得見聖
　　人，然後拾其遺文墜典，强而名之曰"經"。增其數曰六，曰九，要皆後
　　人之爲，非聖人意也。是故真僞雜出而醇駁互見也。夫尊聖人，安得不尊
　　"六經"？然尊之者又非其本意也，震其名而張之，如托足權門者，以爲
　　不居至高之地，不足以躪轢他人之門户。此近日窮經者之病，蒙竊恥之。
　　古之文人孰非根抵"六經"者，要在明其大義，而不以瑣屑爲功。……聞
　　足下與吳門諸士厭宋儒空虚，故倡漢學以矯之，意良是也。第不知宋學有
　　弊，漢學更有弊。宋偏於形而上者，故心性之説近玄虚，漢偏於形而下
　　者，故箋注之説多附會。①

袁枚不滿惠棟的建議，在他看來，"經"的出現是聖人殁後，後人爲了打擊其
他學問而有意造出的，非聖人本意；"六經"是聖人之文，但文章爲末，聖
人之本在於德行與功業。

　　與袁説類似，章學誠也説典章制度都是聖王政教的體現，而典章制度原由
史官記載、傳承，所以"六經"只是聖人取六種史書來爲後世垂訓的。"六經"
之外，其他屬於"史"的"事迹""器物""制度"都具有"六經"的功用。由此，章
學誠提出了"文史不在道外"之説：

　　　　余僅能議文史耳，非知道者也。然議文史而自拒文史於道外，則文史
　　亦不成其爲文史矣。因推原道術，爲書約十三篇，以爲文史緣起，亦見儒
　　之流於文史，儒者自誤以謂有道在文史外耳。②

而袁枚也在《答惠定宇第二書》中談到漢學家説經常常陷於因襲，遠不如文章

　　①　(清)袁枚：《小倉山房文集》卷18《答惠定宇書》，王英志主編：《袁枚全集》第二
集，江蘇古籍出版社，1993年，第138頁。
　　②　(清)章學誠：《章學誠遺書》卷29《姑熟夏課甲編小引》，文物出版社，1985年，
第325頁。

家所得爲多。袁枚在此信中，對"經"的名稱提出懷疑，認爲"經"中所言未必皆醇，疑經是很正常的：

> "六經"者文章之祖，猶人家之有高、曾也。高、曾之言，子孫自宜聽受，然未必其言之皆當也。"六經"之言，學者自宜參究，亦未必其言之皆醇也。疑經而以爲非聖者無法，然則疑高、曾之言而爲之幹蠱，爲之幾諫者，亦可謂非孝者無親乎？①

儘管袁枚本意是消解經的神聖性從而打擊漢學，而章學誠的"六經皆史"是要強調"六經"的經世作用以救漢學之弊，但由於他們都主張"六經"外的"典章制度""人倫日用"中有先王之道存在，那麼就勢必會導致經的地位下降。乾隆五十三年(1788)，章學誠在給孫星衍的信中說："愚之所見，以爲盈天地間，凡涉著作之林，皆是史學，六經特聖人取此六種之史以垂訓者耳。子集諸家，其源皆出於史。"②可以看作其"六經皆史"說的邏輯歸宿。

有趣的是，乾隆六十年(1795)袁枚在給孫星衍的信中說："近日見足下之詩、之才竟不奇矣，不得不歸咎於考據"，並勸孫星衍以後再也不要提考據二字，"如再有一句爭考據者，請罰酒三升，飛遞於三千里外"③。這些話在當時觸怒了許多漢學家，凌廷堪、焦循、孫星衍爲此都對袁枚進行了反駁④，章學誠也加入其中。嘉慶二年(1797)，袁枚死，這一年，章氏撰《詩話》，不僅表示了對袁枚招收女弟子的深惡痛絕，也對袁枚輕視考據進行了批駁：

---

① (清)袁枚：《小倉山房文集》卷18，王英志主編：《袁枚全集》第二集，江蘇古籍出版社，1993年，第307頁。
② (清)章學誠：《報孫淵如書》，倉修良編著：《文史通義新編新注》，浙江古籍出版社，2005年，第721頁。
③ (清)袁枚：《小倉山房尺牘》卷9《答孫淵如觀察》，王英志主編：《袁枚全集》第五集，江蘇古籍出版社，1993年，第196頁。
④ (清)凌廷堪撰，王文錦點校：《校禮堂文集》卷24《與江豫來書》《與孫符如同年書》，中華書局，1998年，第212~213、216頁；焦循：《雕菰集·與孫淵如觀察論考據著作書》，《清代詩文集彙編》第472冊，上海古籍出版社，2010年，第147~148頁；孫星衍：《問字堂集》卷4《答袁簡齋前輩書》，中華書局，1996年，第90~92頁。此外，汪中也對袁枚十分不屑，時人規勸，他說："吾所罵皆非不知古今者，蓋惡莠恐其亂苗也。若方苞、袁枚輩，豈屑屑罵之哉！"凌廷堪撰，王文錦點校：《校禮堂文集》卷35《汪容甫墓誌銘》，中華書局，1998年，第320頁。

學問之途甚廣，記誦名數，特其一端。彼空疏不學，而厭漢儒以爲糟粕，豈知其言之爲糞土耶？經學歷有淵源，自非殊慧而益以深功，不能成一家學也。而彼則謂不能詩者遁爲經學，是伏、鄭大儒，乃是有所遁而爲之，鄙且悖矣！考據者，學問之所有事耳；學問不一家，考據亦不一家也。鄙陋之夫不知學問之有流別，見人學問，眩於目而莫能指識，則概名之曰考據家。夫考據豈有家哉？學問之有考據，猶詩文之有事實耳。今見有如韓、柳之文，李、杜之詩，不能定爲何家詩文，惟見中有事實，即概名爲事實家，可乎？學問成家，則發揮而爲文辭，證實而爲考據。比如人身，學問，其神智也；文辭，其肌膚也；考據，其骸骨也，三者備而後謂之著述。著述可隨學問而各自名家，別無所謂考據家與著述家也。鄙俗之夫，不知著述隨學問以名家，輒以私意妄分爲考據家、著述家，而又以私心妄議爲著述家終勝於考據家。①

章學誠批評袁枚空疏不學，厭棄考據，是不了解學問有流別。章氏否認考據可以成家，而只是學問之一途。但他説"學問成家，則發揮而爲文辭，證實而爲考據"，又以神智、肌膚、骸骨比喻學問、文辭、考據，則是他對義理、考據、文辭三者關係的進一步闡發。他強調必須要義理、考據、文辭兼備，才可稱爲著述，這明顯是針對袁枚重文辭而輕考據、"不喜理學"説的②。

綜上可知，"六經皆史"是章學誠針對當時漢宋學的流弊所提出的。漢學家重文字音韻訓詁，雖以義理爲鵠的，但常陷於瑣碎考證；宋學家講道德性命，又常流於空談無根。章氏通過"六經皆史"説，將義理與考據統一在先王的政典下，其思路與凌廷堪的"以禮代理"其實是一致的③。不僅如此，章學誠還希望用史來統一經、子、集，著述要兼義理、考據、文辭，這是針對袁枚提出的。

---

① （清）章學誠著，倉修良編著：《文史通義新編新注》，浙江古籍出版社，2005年，第294～295頁。

② 參見王英志：《袁枚評傳》，南京大學出版社，2002年，第329～347頁。

③ 朱維錚先生認爲乾隆時期，理學和漢學的對立是統治者在思想領域的分裂政策所造成的。這種政策對於控制漢族士大夫有利，但對於遏制種種反現狀的思潮則不利，因此學術界有重建經學統一的要求，而"章學誠主張統一於史學，以爲講究'經世'的學問，可以救正漢宋學者都有的脫離實際弊病，也可以消弭漢宋兩派互爭雄長的爭端"。這種説法全從外部政治環境分析，忽略了章學誠的家學及交遊，不夠全面。見朱維錚：《中國經學的近代行程》，《中國經學史十講》，復旦大學出版社，2001年，第60～61頁。

此外，過去學者們在談到清代漢宋之争時，都特別注意江藩與方東樹間的公案。但從時間上來説，袁枚與惠棟、孫星衍間的争論更早，而且由於涉及當時多位著名學者，因此也更爲重要。儘管袁枚不是宋學家，但他對漢學的批評代表了漢學鼎盛時期的另一種聲音，這種聲音對於當時的漢學家及立基於史學的章學誠都造成了很大的衝擊。他們對袁枚所作的回應也預示了未來漢學的發展方向，這就是漢宋兼采。

第五節 "漢宋兼采"

《四庫全書總目》將歷代經説總結爲"六變"，但"要其歸宿，則不過漢學、宋學兩家"①。所謂"漢""宋"並非指朝代，而是兩種不同的解經方式。一般來説，"漢學"重名物訓詁，"宋學"重闡發義理②。但在漢學家心目中，訓詁並不是最終的治學目的，他們要通過訓詁以得到堅實可靠的義理。因此，在這個意義上，訓詁與義理並非同一層面的學問。可是，在考據學極盛的情形下，義理並沒有得到漢學家應有的重視，大多數人是跟隨風氣，在訓詁考據中越陷越深。邵懿辰批評乾隆時期的考據學説："方乾隆中，士大夫鶩爲考證訓詁之學，内不本身心，外不可推行於時，虛聲慕古，古籍愈出而經愈裂，文華日盛而質行衰，禁宋以後書不給視，肆人鬻宋五子書無過問者。應舉爲'四書'義，敢倍異朱子之説，答策必詆宋儒。士著書滿家，校其歸，與庸俗人不異。"③加上嘉道以降，清帝國在各個領域問題頻出，尤其是受太平天國運動的衝擊，學者們越來越重視學術的經世作用，於是"漢宋兼采"漸成思想界的主流。

"漢宋兼采"其實是很籠統的説法，沿着乾嘉時期學分漢宋的大勢，學者們一般都是站在各自的治學立場吸收對方的長處。有學者認爲"漢宋兼采"只

---

① 永瑢等：《四庫全書總目·經部總敍》，中華書局，1965年，第1頁。

② 紀昀説："漢儒重師傳，淵源有自。宋儒尚心語，研索易深。漢儒或執舊文，過於信傳。宋儒或憑臆斷，勇於改經。計其得失，亦復相當。"(《閲微草堂筆記》，上海古籍出版社，2001年，第9頁)清儒所標榜的"漢學"與漢代學術有極大的差别，章太炎説"大氐清世經儒，自今文而外，大體與漢儒絶異。不以經術明治亂，故短於風議；不以陰陽斷人事，故長於求是"，極是。見章太炎：《清儒》，傅傑編：《章太炎學術史論集》，中國社會科學出版社，1997年，第330頁。

③ (清)邵懿辰：《孝子王立齋先生傳》，《半巖廬遺集》卷下，光緒戊申刻本，第46~47頁。

是用宋學來改造漢學①，並不準確。嘉道以下，"漢宋兼采"的表現形式很多，大致的趨向都是在漢宋學的基礎上，消解其對立，擴展知識的範圍，增加思想資源，以應對晚清多變的困局。

在漢學家方面，因戴震的"由訓詁以尋義理"在學理上本就不排斥宋學，所以受其影響者，在理論上一般也不排斥宋學。段玉裁乃考據大師，但晚年也力圖融宋學於漢學：

> 余又以爲考核者，學問之全體，學者所以學爲人也，故考核在身心性命倫理族類之間，而以讀書之考核輔之。今之言學者，身心倫理不之務，謂宋之理學不足言，謂漢之氣節不足尚，別爲異説，簧鼓後生，此又吾輩所當大爲之防者，然則余之所望於久能者，勿以此自隘，有志於考核之大而已矣。②

儘管段玉裁説考核乃學問之全體，但他作了許多解釋。首先，學者是要學習爲人，所以考核要在身心、性命、倫理、族類之間，而輔以讀書；其次，要提防那些輕視宋之理學與漢之氣節的"異説"；最後他希望嚴元照（字久能）能立志於"考核之大"。段氏所謂"考核之大"，其實就是要充分吸取宋學的優長。這裏，他已經將其師戴東原的"由訓詁以尋義理"的方法轉換成了直接強調宋之理學在身心倫理修養上的重要性。

但這種"由訓詁以尋義理"而引申出的"漢宋兼采"卻遭到了方東樹的激烈批評。阮元曾在其《擬國史儒林傳序》中提出一個著名的關於兼采漢宋的比喻：

> 聖人之道，譬若宮牆。文字訓詁，其門徑也。門徑苟誤，跬步皆歧，安能升堂入室乎？學人求道太高，卑視章句，譬猶天際之翔，出於豐屋之上，高則高矣，户奧之間未實窺也。或者但求名物，不論聖道，又若終年寢饋於門廡之間，無復知有堂室矣。③

---

① 陳居淵先生説："晚清儒學的'漢宋兼采'並不意味着各類學術的融通，而是企圖由宋學來改造漢學。他們對漢宋學術的理解，始終未能翻出傳統經學只注重儒家道德理想的單一闡發的舊模式，繼承的依然是宋明以來儒學自身發展的傳統而未能有所超越。"陳居淵：《論晚清儒學的"漢宋兼采"》，《孔子研究》1997 年第 3 期，第 47 頁。

② （清）段玉裁撰，鍾敬華點校：《經韻樓集》卷 8《娱親雅言序》，上海古籍出版社，2009 年，第 192~193 頁。

③ （清）阮元撰，鄧經元點校：《揅經室集》一集卷 2，中華書局，1993 年，第 37 頁。

這個比喻明顯是立足於"由訓詁以尋義理"之上的。對此，方東樹反駁説：

> 此論乍觀之亦甚信，正欲以調停漢、宋，爲兩邊救敝之辭，而其意恉則甚淺，且亦仍偏重。夫文字訓詁，只是小學事，入聖之階，端由知行，古今學術歧異，如楊墨、佛老，皆非由文字訓詁而致誤也。而如漢儒許、鄭諸君，及近人之講文字訓詁者，可謂門徑不誤矣，而升堂入室者誰乎？至卑視章句，其失不過空疏，與求名物而不論道粗淺者，亦不同倫。凡此皆所謂似是而非，最易惑亂粗學而識未真者，不可以不辨。①

阮元之説，缺陷甚多，方氏所駁，只一端而已。

更多的漢學家"兼采漢宋"的思路是認爲漢學、宋學都講訓詁、義理。胡培翬爲凌廷堪高足，但對漢宋學的態度則與乃師有異。他説："漢學詳於名物訓詁，宋學詳於義理，以是歧漢、宋而二之，非也。漢之儒者未嘗不講求義理，宋之儒者未嘗不講求名物。義理即從訓詁名物而出者也。"②胡培翬的總體思路還是要從訓詁中求義理，此乃漢學家之共識。但他強調漢宋儒都講訓詁、義理，確實是當時學風轉變的體現。比胡氏小十歲的龔自珍，在給江藩的信中，提出對其《國朝漢學師承記》名目的著名"十不安"，其中第五條、六條便是："若以漢與宋爲對峙，尤非大方之言。漢人何嘗不談性道，五也；宋人何嘗不談名物訓詁，不足概服宋儒之心，六也。"③亦是此意。

宋學家吸取漢學的治學方法也早有一貫的脈絡。在漢宋對峙方興時，姚鼐就提出學問有三，即義理、考證、辭章，"三者苟善用之，則皆足以相濟。苟不善用之，則或至於相害"④。當然，他的"善用之"是要以程朱義理來統攝考證辭章的。乾嘉之後，宋學家再也不能視漢學如不見，他們在堅持自己學術的同時，也難免受到漢學的影響。邵懿辰是嘉道時期極虔誠的宋學家，但曾國藩在爲其所寫的墓誌銘中説他："擯斥近世漢學家言，厥後任京師，亦頗采異己

---

① （清）方東樹：《漢學商兌》卷中之下，《漢學師承記》(外兩種)，生活·讀書·新知三聯書店，1998年，第323頁。
② （清）胡培翬：《研六室文鈔》卷5《答趙生炳文論漢學宋學書》，《胡培翬集》，臺灣"中研院"中國文哲研究所，2005年，第146頁。
③ （清）龔自珍：《龔自珍全集·文集補編》卷4《與江子屏箋》，上海古籍出版社，1975年，第346～347頁。
④ （清）姚鼐：《述庵文鈔序》，《惜抱軒全集》，中國書店，1991年，第46頁。

之說以自廣之。"①這裏的"異己之說"指的就是漢學，而所謂的"自廣之"，則是邵懿辰在京師以漢學爲主的學術環境下爲了取信於時人，而對漢學的吸收。邵懿辰尚且如此，其他立足宋學而兼采漢學者，如曾國藩、王先謙、夏炘、夏炯等，更不論矣。

立足漢學者在兼采漢宋時常用"求是"作爲最高治學目標。寶應劉台拱精於考證，王念孫稱贊他"於漢、宋諸儒之說，不專一家，而惟是之求，精思所到，如與古作者晤言一室，而知其意旨所在"②。稍後的胡承珙也有類似的觀點：

> 治經之法，義理非訓詁則不明，訓詁非義理則不當，二者實相資而不可偏廢。自有謂漢學詳於訓詁宋學晰於義理者，遂若判爲兩途。而於是講訓詁者拘於墟，談義理者奮其肬，沿流而失源，騖末而忘本，黨同伐異，入主出奴，護前爭勝之習興，幾至以門戶禍經術，而橫流不知其所紀極。吾則謂治經無訓詁、義理之分，惟求其是者而已；爲學亦無漢、宋之分，惟取其是之多者而已。③

面對當時的訓詁、義理之分，漢學、宋學之争，胡承珙在"求是"的目標下，將其之間的矛盾消解了。之後，龔自珍提出"漢學"名目"十不安"的第九"不安"也與胡氏思路類似："本朝別有絕特之士，涵詠白文，創獲於經，非漢非宋，亦惟其是而已，方且爲門戶之見者所擯棄。"④不過，龔自珍這裏的非漢非宋已是傾心於今文經學了。

立足宋學者則常用"博通"作爲相容漢宋的方法。乾隆時期的諸大師，皆博極群書，兼通多種學問。但漢學盛行後，一般學者的治學範圍越來越窄，引起了宋學家的不滿。程晉芳（1718—1784）在京師時，親見當時學者"群居坐論，必《爾雅》、《說文》、《玉篇》、《廣韻》諸書之相勵角也；必康成之遺言，

---

① （清）曾國藩：《邵位西墓誌銘》，《清代碑傳全集》，上海古籍出版社，1987年，第1086頁。

② （清）王念孫：《王石臞先生遺文》，《高郵王氏遺書》，江蘇古籍出版社，2000年，第230頁。

③ （清）胡承珙：《求是堂文集》卷4《四書管窺序》，《清代詩文集彙編》，上海古籍出版社，2010年，第273頁。

④ （清）龔自珍：《龔自珍全集·文集補編》卷4《與江子屏箋》，上海古籍出版社，1975年，第347頁。

服虔、賈逵末緒相討論也。古則古矣，不知學問之道果遂止於是乎"①。戴祖啓(1725—1783)也說，時人"所習者《爾雅》、《說文》之業，所證者山經地志之書。相遂以名，相高以聲，相辨以無窮。其實身心不待此而治，天下國家不待此而理"②。當時的一般學者以《說文》《爾雅》爲本，兼采他書以證之，格局既小，又於家國天下無用。雖說在知識的專門化上有所貢獻，但畢竟與"一物不知，儒者之恥"、經世致用的儒學傳統不合。於是，嘉慶以降，學者們經常强調儒學中"博"的傳統，如"博學於文""博觀約取""博學以知服"等。

曾國藩爲道咸以降會通漢宋的代表人物，他在讀韓愈《答侯繼書》後寫道："所陳數事皆專家之學，鹵莽者多棄置不講。觀韓公此書，然後知儒者須通曉各門，乃可語道。孔氏所謂博學於文，亦此義也。"③又在《復夏弢甫》中說："乾嘉以來，士大夫爲訓詁之學者薄宋儒爲空疏；爲性理之學者又薄漢儒爲支離。鄙意由博乃能反約，格物乃能正心。"④曾氏治學早年"一宗宋儒"，後則兼治漢宋，但仍以宋學爲主。他通過"由博反約"和"格物正心"達到了"通漢宋二家之結"。陳澧爲晚清漢宋兼采的代表人物，他《示沈生》一書中說："僕讀書數十年，謹守《儒行》一言，曰'博學以知服'。蓋惟博學乃知服古人，不知服古人者，學不博故也。"⑤朱一新在主掌廣雅書院時，也力主漢宋兼采，他在《答濮止潛同年書》中的話頗有代表性：

> 古之儒者通經所以致用，今之儒者窮經乃以自蔽，豈非大可哀之事！然其所謂形聲、訓詁、校勘、名物、天算、輿地之學，古人亦曷嘗不從事於斯？俛焉孳孳，博觀約取，漢宋巨儒蓋無不如此。而近時學者流弊獨多，則以其張皇過甚之故也。⑥

---

① (清)程晉芳：《勉行堂文集》卷1《正學論四》，《清代詩文集彙編》第343册，上海古籍出版社，2010年，第440頁。

② (清)戴祖啓：《師華山房文集》卷3《答衍善問經書》，《清代詩文集彙編》第359册，上海古籍出版社，2010年，第164頁。

③ (清)曾國藩撰，安忠義點校：《求闕齋讀書錄》卷8，山東人民出版社，2018年，第242頁。

④ (清)曾國藩：《曾國藩全集》第23册，嶽麓書社，2011年，第730頁。

⑤ (清)陳澧：《東塾集》卷4，《清代詩文集彙編》第637册，上海古籍出版社，2010年，第226頁。

⑥ (清)朱一新：《佩弦齋文存》卷下，《朱一新全集》中册，上海人民出版社，2017年，第1128~1129頁。

朱氏認爲漢宋巨儒皆曾從事名物訓詁、天算輿地等學問，不過今人"窮經乃以自蔽"，古人則是"博觀約取"後能"通經所以致用"。

張壽安先生曾注意到了乾嘉道光時期，學界對"經數""經目"的重新排列現象，認爲這是中國近代學術轉型的重要標識，這個觀察與晚清學者治學好"博"是相符的。不過也要看到，儘管學者們在提倡博學時擴大了知識範圍，但他們更注意要由"博"返"約"、"博"觀而"約"取、"博"學以知"服"，即強調知識要對於家國天下、身心性命發生實際的影響。如果不講致用，一味"窮經"，則只能"自蔽"而已。因此，考察晚清學術發展的趨向，需要認識到，所謂知識擴張與典範轉移只是晚清學術的一個面相，當時有許多學者堅決反對這種趨勢，並努力使其回歸到傳統儒學的範圍內。在這個意義上可以説，中國傳統學術在近代的轉型很難完全在內部實現。

在清代漢宋學分立的大學術背景下，"求聖人之理義於典章制度""六經皆史""漢宋兼采"等治學方法不斷提出，學者們在爭論這些治經方法的同時，也逐漸開始對什麼是經學，經學與考據學的區別，經學與史學的關係等問題進行深入的討論。正是這些討論促使了晚清時期今文經學、子學、史學等多方面的變化，形成了一種"多旋律的主體與變奏"的學術態勢①。

第六節　經學、史學還是考據學

前文提到，在乾隆六十年(1795)後，圍繞着袁枚與孫星衍的通信，焦循、凌廷堪、章學誠等人曾對經學與詩文、考據與著作高下問題作過激烈的爭論。這場爭論並非僅是漢學家與文學家間的意氣之爭，而有着重要的學術史意義。他們爭論的焦點其實可以歸結爲兩個問題：一是考據學的應用範圍有多大；二是考據學與經學的關係。這兩個問題都與"由訓詁以尋義理"直接相關，其中第二個問題可以説是對"由訓詁以尋義理"的深層反省，對嘉道以後的學術轉變產生了直接的影響。

在乾嘉漢學鼎盛時，主流學術界都認爲訓詁考據是一切學術的基礎，義理當然要從訓詁中得出才不顯得空疏。甚至在考據之風的影響下，竟有人提出作詩也要在飽讀注疏後才能落筆。作爲當時的詩壇領袖，袁枚對這一看法作了尖

---

① 見羅志田：《音樂與史學：晚清學術的多旋律並進》，《近代中國史學十論》，復旦大學出版社，2005年，第57頁。

刻的嘲諷：

> 今日有巨公教人作詩，必須窮經讀注疏，然後落筆，詩乃可傳。余聞之，笑曰：且勿論建安、大曆、開府、參軍，其經學何如。只問"關關雎鳩"、"采采卷耳"，是窮何經、何注疏，得此不朽之作？陶詩獨絶千古，而讀書不求甚解。何不讀此疏以解之？梁昭明太子《與湘東王書》云："夫六典、三禮，所施有地，所用有宜。未聞吟詠性情，反擬《内則》之篇，操筆寫志，更摹《酒誥》之作。'遲遲春日'，翻學《歸藏》；'湛湛江水'，竟全《大誥》。"此數言振聾發聵；想當時必有迂儒曲士，以經學談詩者，故爲此語以曉之。①

袁枚將那些"以經學談詩者"視作"迂儒曲士"，認爲作詩與窮經無關。不僅如此，他還分道與器爲二，以文章爲道，考據爲器，這是漢學家所絶對不能接受的。爲此，孫星衍致信於袁枚，認爲古人之著作中皆引先前之經典，故"古人之著作即其考據，奈何閣下欲分而二之"。在孫氏眼中，考據學即是經學，同樣具有義理，將考據視作"器"，將文章視作"道"，是絶對錯誤的。

可當焦循看到孫氏的這封《答袁簡齋前輩書》時，他的反應卻是，孫星衍和袁枚都錯了：經學不是考據學，只有經學才有性靈，辭章通經學才有性靈。焦循首先從孔門四科入手，指出古之經學無考據之名："仲尼之門見諸行事者曰德行，曰言語，曰政事；見諸著述者曰文學。自周秦以至於漢均謂之學，或謂之經學。漢時各傳其經即各名其學……無所謂考據也。"②他認爲從顧炎武到王引之等人的學問，"當以經學名之，烏得以不典之稱之所謂考據者混目於其間乎"，"若袁太史所稱擇其新奇隨時擇録者，此與經學絶不相蒙，止可爲詩料策料，在四部書中爲説部。世俗考據之稱，或爲此類而設，不得竊附於經學，亦不得誣經學爲此，概以考據目之也"③。

爲了糾正時人這種以考據爲經學的觀念，焦循還特別寫信給劉台拱，希望

---

① （清）袁枚：《隨園詩話補遺》卷1，顧學頡點校：《隨園詩話》，人民文學出版社，1982年，第567頁。

② （清）焦循：《雕菰集·與孫淵如觀察論考據著作書》，《清代詩文集彙編》第472册，上海古籍出版社，2010年，第147~148頁。

③ （清）焦循：《雕菰集·與孫淵如觀察論考據著作書》，《清代詩文集彙編》第472册，上海古籍出版社，2010年，第147~148頁。

劉氏能用自己在學界的威望爲經學正名：

> 近時數十年来，江南千餘里中，雖幼學鄙儒無不知有許、鄭者，所患習爲虛聲，不能深造而有得。蓋古學未興，道在存其學；古學大興，道在求其通。前之弊患乎不學，後之弊患乎不思。證之以實，而運之於虛，庶幾學經之道也。乃近來爲學之士忽設一考據之名目，循去年在山東時，曾作劄與孫淵如觀察，反復辨此名目之非。蓋儒者束髮學經，長而游於膠庠，以至登鄉薦，入詞館，無不由於經者。既業於經，自不得不深其學於經，或精或否，皆謂之學經，何考據之云然？先生當世大儒，後學之所宗仰，出一言以正其名，俾共知儒者之學有深淺無同異。①

焦循認爲，儒者從小就學經，那麼不論學問精粗，都是經學。在經學外另立考據學之名，是不能成立的。

既然如此，那經學的本質特徵爲何呢？首先，焦循指出，考據學與章句之學都是研究經學的方法。他考察賈逵、鄭玄等經學大師的治經特色，判斷其治經"以百家諸子之書、術數讖緯之學一切通之於經，盡化以前專家章句之習，破古今師法之爭，爲經學大成，亦仍謂之經學"②。其次，既然考據學只是經學的一種形式，那麼經學就必然有其更爲核心的特徵。焦循的看法是："經學者，以經文爲主，以百家子史、天文、術算、陰陽、五行、六書、七音等爲之輔，匯而通之，析而辨之，求其訓故，核其制度，明其道義，得聖賢立言之指，以正立身經世之法，以己之性靈合諸古聖之性靈，並貫通於千百家著書立言者之性靈，以精汲精，非天下之至精，孰克以與！"③這一看法顯然是沿襲了戴震的理論，只不過將戴震的"由訓詁以尋義理"與"以情絜情"統一起來，把戴震的"情"換成了"性靈"而已。

當然焦循這樣做是爲了反駁袁枚詩文有"性靈"、著作高於考據的觀點。他説："蓋惟經學可言性靈，無性靈不可以言經學，故以經學爲詞章者，董賈崔蔡之流，其詞章有根柢無枝葉。……詞章之有性靈者，必由於經學，而徒取

---

① （清）焦循：《雕菰集·與劉端臨教諭書》，《清代詩文集彙編》第472册，上海古籍出版社，2010年，第149頁。

② （清）焦循：《雕菰集·與孫淵如觀察論考據著作書》，《清代詩文集彙編》第472册，上海古籍出版社，2010年，第148頁。

③ （清）焦循：《雕菰集·與孫淵如觀察論考據著作書》，《清代詩文集彙編》第472册，上海古籍出版社，2010年，第148頁。

詞章者，不足語此也。"①焦循要將袁枚所稱道的詩文之"性靈"歸爲經學所有，他明白地表述了自己如此做的意圖：

> 無端設一考據之目，又無端以著作歸諸抒寫性靈之空文，此不獨考據
> 之稱有未明，即著作之名亦未深考也。袁氏之說不足辨，而考據之名不可
> 不除。果如補苴掇拾不能通聖人立言之指，則袁氏之說轉不爲無稽矣。②

袁枚認爲著作(詩文)是道，考據是器，就是因爲著作有"性靈"，但在焦循看來，這直接剝奪了經的神聖地位，所以他一定要將"性靈"奪回經學本身。而且，考據之名不能成立的原因也在於其損害了經的神聖性。

考據之名的確立，在今之學者看來，是一種學術的近代轉型現象，但細繹焦循對經學與考據學的觀點，可以看出，他對當時的考據學風與袁枚的詩"性靈説"有一種深切的憂慮。他擔心學者們如果沉溺於考據，會忘掉考據的目的在於"通聖人立言之指"，如此下去，則袁枚所説"經"非聖人之本的情況，真的會通過漢學家另立考據之名而成爲現實。在焦循之後，龔自珍曾撰寫《六經正名》，反對後世擴大經數、以傳爲經的現象，意亦在此。而在焦循之前，學者關於經史關係的討論已經在瓦解着經的神聖性了，焦氏之慮，可謂其源有自。

乾隆時的考史大家王鳴盛與錢大昕皆深受戴震的影響③，但他們對經史關係的看法卻有不同。王鳴盛認爲讀史之法與讀經沒有什麼差別，都是要"由訓詁以尋義理"：

> 讀史之法與讀經小異而大同。何以言之？經以明道，而求道者不必空
> 執義理以求之也，但當正文字、辨音讀、釋訓詁、通傳注，則義理自見，

----

① （清）焦循：《雕菰集·與孫淵如觀察論考據著作書》，《清代詩文集彙編》第472册，上海古籍出版社，2010年，第148頁。

② （清）焦循：《雕菰集·與孫淵如觀察論考據著作書》，《清代詩文集彙編》第472册，上海古籍出版社，2010年，第149頁。

③ 王鳴盛生平最佩服的就是惠棟和戴震。他説："方今學者斷推兩先生，惠君之治經求其古，戴君求其是，究之，舍古亦無以爲是。"（清）金榜：《戴先生行狀》，（清）戴震撰，趙玉新點校：《戴震文集》，中華書局，1980年，第255頁。錢大昕對戴震的服膺，見其《戴先生震傳》，（清）戴震撰，趙玉新點校：《戴震文集》，中華書局，1980年，第264～269頁。

而道在其中矣。……讀史者不必以議論求法戒，而但當考其典制之實；不必以褒貶爲與奪，而但當考其事迹之實，亦猶是也，故曰同也。……要之，二者雖有小異，而總歸於務求切實之意則一也。①

可是如何在考定史實後求得義理呢？王鳴盛似乎並不關心。他說：

大抵史家所記典制有得有失，讀史者不必橫生意見，馳騁議論，以明法戒也。但當考其典制之實，俾數千百年建置沿革了若指掌，而或宜法或宜戒，待人之自擇焉可矣。其事迹則有美有惡，讀史者亦不必強立文法，擅加與奪，以爲褒貶也。但當考其事迹之實，俾年經事緯、部居州次，紀載之異同，見聞之離合，一一條析無疑；而若者可褒，若者可貶，聽之天下之公論焉可矣。書生胸臆，每患迂愚，即使考之已詳，而議論褒貶猶恐未當，況其考之未確者哉！蓋學問之道，求於虛不如求於實，議論褒貶皆虛文耳。作史者之所記錄，讀史者之所考核，總期於能得其實焉而已矣，外此又何多求耶？②

讀史書只要"得其實"就可以了，此外不必多求，那些喜歡藉史來議論褒貶的人，乃是"迂愚"之人。可這不是與他的讀經讀史大同小異說矛盾了嗎？王鳴盛不這樣認爲，在他的思想裏，史實考訂清楚即是最高目標，至於如何褒貶，"聽之天下之公論焉可矣"。如果依照他的思路，那麼治經之人想"由訓詁以尋義理"也就很可笑了。

相比於王鳴盛，錢大昕對經史關係的論述就很令人驚奇了。嘉慶五年（1800），趙翼的《廿二史劄記》再刊，他特意索序於錢大昕。錢大昕在所作序中，提出了經史爲一學的觀點：

經與史豈有二學哉？昔宣尼贊修六經，而《尚書》、《春秋》實爲史家之權輿。漢世劉向父子校理秘文爲六略，而《世本》、《楚漢春秋》、《太史公書》、《漢著紀》列於春秋家，《高祖傳》、《孝文傳》列於儒家，初無經

---

① （清）王鳴盛撰，陳文和等校點：《十七史商榷·序》，鳳凰出版社，2008 年，第 1 頁。

② （清）王鳴盛撰，陳文和等校點：《十七史商榷·序》，鳳凰出版社，2008 年，第 1 頁。

史之別。厥後蘭台、東觀，作者益繁，李充、荀勖等創立四部，而經史始分，然不聞陋史而榮經也。自王安石以倡狂詭誕之學要君竊位，自造《三經新義》，驅海內而誦習之，甚至詆《春秋》爲斷爛朝報。章、蔡用事，祖述荊舒，屏棄《通鑒》爲元祐學術，而十七史皆束之高閣矣。嗣是道學諸儒，講求心性，懼門弟子之氾濫無所歸也，則有訶讀史爲玩物喪志者，又有謂讀史令人心粗者。此特有爲言之，而空疏淺薄者托以藉口，由是說經者日多，治史者日少。彼之言曰：經精而史粗也，經正而史雜也。予謂經以明倫，虛靈玄妙之論，似精實非精也。經以致用，迂闊刻深之談，似正實非正也。①

　　錢大昕從目錄學入手，指出經史在漢代劉向劉歆父子時並未分開，後來四部之學確立，經史才各自獨立，但也不存在"榮經陋史"的情況。到了宋代王安石造《三經新義》後，學界風氣大變；加上宋學家講求心性理氣之學，以讀史爲玩物喪志，之後治史者越來越少。他駁斥宋儒"經精而史粗，經正而史雜"的觀點，其所謂經可以明倫、可以致用皆爲"虛靈玄妙""迂闊刻深"之談。他將史看得很重，認爲《史記》尊孔子爲世家，《漢書·古今人表》尊孔孟而降老莊，所以可以"與六經並傳而不愧"。可見，錢大昕與王鳴盛有很大的不同，他非常重視史的褒貶功能，因爲只有如此，經與史才爲一學。

　　錢大昕的這種經史觀遠比王鳴盛激烈，而頗近於章學誠，他對經史關係的看法在章學誠的著作中多有類似的體現②。此種觀點與當時學風完全不合，所以章學誠在給孫星衍、錢大昕的信中反復說不願將自己的看法公之於眾，以免驚人耳目③。有趣的是，錢大昕爲趙翼《廿二史劄記》所作的序，也沒有被收入錢氏的文集中，據余英時先生推斷，其原因可能也是怕不爲人所接受而引起爭端④。

　　①　(清)錢大昕：《廿二史劄記序》，(清)趙翼著，王樹民校正：《廿二史劄記校正》，中華書局，1984年，第885~886頁。
　　②　參見申屠爐明：《論章學誠與錢大昕學術思想的異同》，《社會科學戰綫》2001年第6期，第138頁。
　　③　見章學誠的《報孫淵如書》和《上曉徵學士書》。錢大昕似乎没有收到章學誠的信，他的經史觀可能是早年受經學訓練的結果。
　　④　見余英時：《原"序"》，《中國文化通釋》，生活·讀書·新知三聯書店，2012年，第134頁。

　　儘管王鳴盛與錢大昕對經史關係的看法有很大的差别，不過，仔細考察其思路，其實都是戴震"由訓詁以尋義理"的變形。王鳴盛强調考史，而不主張發揮以史褒貶的功用；錢大昕卻認爲史之所以可以"與六經並傳而不愧"，正在於其能褒貶時事①。依此標準，則經學如果没有了微言大義，只是發揮自己的那一套心性理氣，可以說毫無價值："若元、明言經者，非剿襲稗販，則師心妄作，即幸而廁名甲部，亦徒供後人覆瓿而已，奚足尚哉。"②從"由訓詁以尋義理"的角度來衡量，王鳴盛重訓詁，錢大昕則重義理。兩人側重不同，可都說經史不分，其區别何在？如果將王、錢二人的經史觀與孫星衍、焦循的經學觀相比較，會立刻發現，王鳴盛和孫星衍是一致的，都持經學即考據學的觀點；而錢大昕則與焦循類似，持經學必須有義理方可稱爲經學。

　　乾隆時期，學者們對文學、史學與經學關係的争論都是圍繞着"由訓詁以尋義理"，也可以說訓詁(考據)與義理(性靈)的關係進行的，類似的情形在子學的研究方面也有表現。乾隆時期的諸子學研究還幾乎全部集中在校勘訓詁上③，而在隨後的嘉道以降，諸子學的義理則被極大地重視，子學與儒學的關係有從"子儒平等"到"通子致用"的趨勢④。

　　總之，從乾隆漢學鼎盛時期開始，雖然學術在專門化方面有了很大的進展，但在學術界一直有另一種聲音，這種聲音强調不管是經學、史學還是文學，最重要並不是訓詁考據，而是對聖人義理、法戒褒貶、個人性靈的發揚，只有如此才能發揮經學、史學的經世作用，文學才有價值。這種聲音在嘉道後越來越强，"由訓詁以尋義理"的方法越來越受到質疑。儘管張之洞在清末還在沿着此方法說"由小學入經學者，其經學可信；由經學入史學者，其史學可信；由經學、史學入理學者，其理學可信；以經學、史學兼詞章者，其詞章有用；以經學、小學兼經濟者，其經濟成就遠大"⑤，然而乾嘉漢學研究中所體

　　① 關於錢大昕史論中的微言，可參見牟潤孫：《錢大昕著述中論政微言》，《注史齋叢稿》(增訂本)，中華書局，2009 年，第 641~662 頁。
　　② (清)錢大昕：《廿二史劄記序》，(清)趙翼著，王樹民校正：《廿二史劄記校正》，中華書局，1984 年，第 886 頁。
　　③ 參見羅檢秋：《近代諸子學與文化思潮》，中國社會科學出版社，1998 年，第 40 頁。
　　④ 參見羅檢秋：《近代諸子學與文化思潮》，中國社會科學出版社，1998 年，第 50~61 頁。
　　⑤ (清)張之洞撰，范希曾補正，柴德賡批注：《書目答問補正(批注本)》附二《國朝著述諸家姓名略》，商務印書館，2020 年，第 221 頁。

現出的"知識論"傾向①，終於在内外力的作用下被中斷了。最近學界不斷有學者强調乾嘉考據學的背後有很强的思想活力，但從嘉道以降漢宋兼采的呼聲日漸高漲、今文經學的不斷壯大、子學的重新崛起以至清末包容子學、儒學甚至西學的"國學"的興起來看，這種考據背後的思想活力到底有多大呢？

第七節　對考據學思想活力的一些認識

近來學術界對於清代考據學的思想性關注漸多，已經打破了以往認爲清代"述而無作、學而不思""爲思想最衰時代"的成見②。對乾嘉考據學的義理加以研究開始得很早，從 80 年代到 90 年代，王俊義、高正、周積明、漆永祥、黄愛平等學者都從不同角度關注過這個問題③。其中，臺灣學者張壽安先生於1994 年提出的"乾嘉新義理學"、張麗珠先生在 1999 年提出的"清代新義理學"是較爲突出的代表④。當然，張壽安先生的觀點乃承其師説。早在 70 年代，余英時先生就曾指出："儘管清儒自覺地排斥宋人的'義理'，然而他們之所以從事於經典考證，以及他們之所以排斥宋儒的'義理'，卻在不知不覺之中受到儒學内部一種新的義理要求的支配。"⑤

不過，在筆者看來，這種考據學的思想性只是中國傳統學術特徵在清代的表現，在其他時期的學術，如漢代經學、魏晋玄學、隋唐佛學、宋明理學中，

①　需要注意的是，一直强調儒家"智識主義"傳統的余英時先生，在談到清學時也説："我並不認爲清儒已具有一種追求純客觀知識的精神，更不是説清代的儒學必然會導致現代科學的興起。"余先生的這個判斷在我看來，是很準確的。見氏著《戴震與章學誠：清代中期學術思想史研究》，生活·讀書·新知三聯書店，2005 年，第 5 頁。

②　見梁啓超：《論中國學術思想變遷之大勢》，《飲冰室全集》第一册《飲冰室文集之七》，中華書局，1989 年，第 1~104 頁。

③　具體的學術史回顧參見黄愛平：《百年來清代漢學思想性問題研究述評》，《清史研究》2007 年第 4 期。

④　見張壽安：《以禮代理：凌廷堪與清中葉儒學思想之轉變》，河北教育出版社，2001 年；《十八世紀禮學考證的思想活力：禮教論争與禮秩重省》，北京大學出版社，2005年；張麗珠：《清代新義理學》，臺灣里仁書局，2003 年。另外，由林慶彰、張壽安主編的《乾嘉學者的義理學》(臺灣"中研院"中國文哲研究所，2003 年)收集了關於乾嘉義理學的20 篇文章，具有很强的代表性。

⑤　余英時：《論戴震與章學誠：清代中期學術思想史研究》，生活·讀書·新知三聯書店，2005 年，第 3 頁。

都存在着藉爭論學術問題的形式來表達更深現實關懷的情況。張壽安先生對乾嘉考據學所含思想性的分析與其師余英時先生所寫的《朱熹的歷史世界》，在思考問題的理路上是一致的。而且，所謂乾嘉考據學的思想活力，從之後的發展來看，也極其有限。這裏筆者不擬對嘉道以降漢學的衰微做具體的實證分析，也不討論當時外部環境對學術的影響，而將從探討中國經學的本質與經史關係入手，來説明爲何以"由訓詁以尋義理"爲標識的清代漢學會在晚清走向衰落。

　　經學是中國傳統學術中最重要的組成部分，然而對於什麽是"經"，長期以來都有分歧。如果對"經"的本質没有透徹的認識，那麽關於"經學"的起源、發展與衰落就會出現許多似是而非的説法。傳統觀點認爲經是聖人所作，"孔子以前，不得有經"，"必以經爲孔子作，始可以言經學；必知孔子作經以教萬世之旨，始可以言經學"①。這種正統的觀點在過去的一個世紀中，受到了强烈的衝擊。之後學界對"經"的界定最主要有兩種看法：一種是章太炎先生提出的，認爲先秦時凡著作皆可稱爲"經"②，依此定義，則經本無神聖性，那麽相應地，孔子也就不是聖人，這是章氏 1908 年的觀點；一種是周予同先生的看法，認爲"經"是"由中國封建專制政府'法定'的以孔子爲代表的儒家所編著書籍的通稱"③，依此定義，則"經"的權威性來自政府的"法定"，那麽，對"經"進行研究、闡述和議論的"經學"很自然就是在漢武帝表章六經之後的一種學術，其崩潰也必然是王朝滅亡的隨葬品了。可是這兩種觀點都有致命的缺陷。簡單來説，太炎先生所説的先秦時期很多書都稱爲"經"，固然是事實，但卻無法解釋，這種包含頗廣的"經"爲何在秦漢以後範圍漸漸縮小，地位也遠高於史、子、集。周予同先生的説法看到了經與王朝統治的密切關係，但卻不能解釋爲何先秦時期就已有《經解》這樣的著作，更不能解釋在王朝更替時期經學存在的現象，如明代滅亡後，顧炎武等反清學者仍孜孜從事"經學"的研究。

　　實際上，"經"在先秦時期已經具有了超越一般書籍的地位，而並非源於王朝的"法定"。"經"字用於典籍首先是從諸子開始，《墨子》的《經》上下，

---

① （清）皮錫瑞著，周予同注釋：《經學歷史》，中華書局，2004 年，第 1、7 頁。

② 見章太炎：《原經》，傅傑編：《章太炎學術史論集》，中國社會科學出版社，1997 年，第 27 頁。

③ 周予同：《"經"、"經學"、經學史》，朱維錚編校：《周予同經學史論》，上海人民出版社，2010 年，第 451 頁。

《韓非子·内儲説》中的"經"，《荀子·解蔽》中的"道經曰"，馬王堆《老子》乙本前的《經法》《十大經》，這些"經"都是綱領之意。① 依徐復觀先生的考證，"六經"的最終形成與《經解》的撰寫都是荀子門人的功勞。② 這時的"六經"已不僅僅是綱領了，而具有了從"經"之本義"織縱絲"引申而來的"常道""常法"的含義。

"六經"之所以能在戰國晚期獲得"常道"的地位，是以孔子爲代表的儒家和其他學派的學者不斷解釋、闡述，即創造性轉化的結果。而這種轉化的特殊之處要在對比中國的"經"與其他文明的差異後才能顯現出來。劉家和先生曾簡要地比較過中國、印度、古希臘三種文化中經史關係的不同。他説印度的經學"只是其歷史内容的一部分，而與史學無關，甚至'道不同，不相爲謀'。因爲，那些宗教的經學所關注的終極目標在於彼岸世界，而史學所關注的目標的最大極限仍然不出此岸世界。在古印度的學術史上，既然宗教的經學佔據了支配的地位，所以爲史學留下的餘地自然也就不多了"。古希臘雖有發達的史學，但沒有經學。其哲學與中國的經學在講義理方面類似，但"古希臘的哲學植根於邏輯理性的土壤中，堅信真理只能在永恒不變中去把握，具有實質主義的特點，而實質主義具有反歷史的傾向。所以，古希臘的哲學與史學之間也有一條鴻溝。而且，古希臘的'第一哲學'（形而上學）爲純思辨的學問，爲智慧而求智慧，而不求任何具體的實用之價值，所以也與史學之重總結歷史經驗的經世致用目標頗異其趣"。而中國則與印度、古希臘完全不同，"古代中國有發達的史學與經學，而且二者之間相互關係密切。中國的經學（甚至諸子之學）則一般皆植根於歷史主義的土壤之中，堅信真理只能從變化的動態中去把握，具有反實質主義的歷史傾向；所以史學與經學之間相互溝通。而且，中國古代哲學主體爲歷史智慧之學，以經世致用爲目標，所以與歷史學之經世致用的目標恰好互爲表裏"③。劉先生的這個觀察與孔子自述其修《春秋》、司馬遷修《史記》的目的是相一致的，即中國古代的經學與史學在漢代以前有着高度

---

① 參徐復觀：《中國經學史的基礎》，《徐復觀論經學史兩種》，上海書店出版社，2005 年，第 44 頁。

② 參徐復觀：《中國經學史的基礎》，《徐復觀論經學史兩種》，上海書店出版社，2005 年，第 44 頁。

③ 見劉家和：《史學、經學與思想·序言》，北京師範大學出版社，2005 年，第 2 頁。

的一致性①。

更進一步説，這種經史的高度一致是先秦時期文化的"哲學突破"後的産物。余英時先生曾寫過許多文章對這一問題進行闡述，簡單來説，他指出，中國學術在先秦時期所出現的"道術爲天下裂"、諸子學鑿破王官學，都是當時的"士"突破三代以來的禮樂文明的結果。在士階層興起之前，天人交流或人神交流的權利被"巫"掌控，但在春秋戰國時的大變動中，諸子或士階層將此權利從巫手中奪了過來，從而形成了一個"道"的更高的超越世界。此"道"可以通過"心"之神明加以把握，也就是説，這個超越的世界與現實世界並不是隔離的，而呈現出"內在超越"的特徵。此外，諸子常常以"道"來反思、批判現實世界，從而形成了如劉家和先生所説的"經"學的經世致用特徵②。這個特徵對之後中國學術的發展産生了決定性的影響。

中國的"六經"本屬於典章制度性質的歷史文獻，後來所擴充的經書則多是根據現實的問題提出對策的致用之學。經爲常道，用時則需變通，孔孟特別強調經世時權的運用即是此意。可是這種經、權之間有着巨大的張力：固守經則會喪失致用的活力，被人認爲迂儒；太重權則經的地位會受到損害。如何在經、權間找到平衡頗爲不易。就朱熹來説，他對經、權的闡發已相當精闢。他

---

① 姜廣輝先生説："儒家經典與世界其他宗教經典相比，有一個很不相同的特點，那就是：宗教經典是一種神學體系，而儒家經典是依托於歷史文獻的人文體系。這些歷史文獻一旦被作爲'經'，那便進入了一個特殊的領域，而不能以一般之'史'視之。經與史的重要區別在於：'史之貴實'，以保存歷史真實爲第一義；而'經之貴義'，即使是述史，其目的乃在'彰善癉惡'。因而儒家經學的根本立場並不是傳述歷史，而是闡釋價值理想與意義信仰。換言之，基於華夏民族的社會實踐經驗的核心價值，就是通過經典學習的方式一代一代地真實地傳承下去，因而經學的歷史實際是價值理想與意義信仰闡釋的歷史。章學誠'六經皆史'的論斷，將經文視爲史料，雖有建構上古史的意義，但經學從本質上説是一種價值判斷，一旦將它引入事實判斷中，就可能帶來負面的效應，即將經降而爲史，將經混同於一般的'史'，這就有解構經典價值信仰體系的危險。經典的生命在於意義的闡釋，沒有對經典意義的闡釋，也便沒有了經典的生命。"見氏著《解構與重構：走向近代的經典詮釋》，姜廣輝主編：《中國經學思想史》第 4 卷，中國社會科學出版社，2010 年，第 33～34 頁。按：姜先生此説對儒家經典性質的判定與強調對經典意義的闡釋是正確的，但他所説的經與史的區別只可在漢代以後的一些史學著作中，而且他對章學誠"六經皆史"的理解也有誤。

② 余英時先生曾在《綜述中國思想史上的四次突破》一文中清晰地闡述了他對此一問題的思考歷程和結論，見氏著《中國文化通釋》，生活·讀書·新知三聯書店，2012 年，第1～23 頁。

説：“大抵聖賢之言，多是略發個萌芽，更在後人推究，演而伸，觸而長，然須得聖賢本意。不得其意，則從哪出推得出來。”①“略發個萌芽”即聖人之與時變通處，若要在當下實踐聖人之言，還需“推究，演而伸，觸而長”。在這個過程中，原來通過特殊事件而得出的聖人義理，在當下的運用中所出現的缺口被彌補，獲得新的適應活力，“承百代之流，而會乎當今之變”②。

再就經典中的關鍵概念來説，也一定會有發展變動的過程。韓愈《原道》云：“仁與義爲定名，道與德爲虛位。”定名是説內涵確定，虛位意爲內涵可隨時而變動。中國古代的“觀念字”（“哲學範疇”或“哲學概念範疇”）很少有確定不變的③，不同時代、不同學派的學者都會將自己的見解融入對“觀念字”的詮釋中。在此過程中，傳統的概念脱離了原來的文本而獲得了新的意義，與時代聯繫起來。經典不再僵化，而能在現實中發揮切實的作用。

但是，這種對聖人義理的“推究，演而伸，觸而長”以及對經典核心概念的再詮釋，在漢學家看來，卻是對經典的損害。他們極力主張要通過訓詁考據的方法探求聖人義理，可是考證的結果卻無法發揮應有的作用。對於古代的宮室、衣服、車馬等，各家的説法都很難統一。即使有出土材料的佐證，這種探求由於其心中已經先有了“預設”而根本無法做到客觀，只能是又回到傳統的思想軌則中。如阮元曾親見出土先秦時的兵器，發現很短小。他的解釋卻是，這是聖人行仁、禮之體現：“先王之制兵，非不能長且大也。限之以制度，行之以禮，本之以仁，故甚短小也。”④這樣的“二重證據法”即使再精確，最後所得出的義理也是完全不着邊際的。

而對於考據學“實事求是”的特徵，方東樹也批評説：

　　漢學家皆以高談性命爲便於空疏，無補經術，爭爲實事求是之學，衍爲篤論，萬口一舌，牢不可破。以愚論之，實事求是，莫如程朱。以其理信，而足可推行，不誤於民之興行。然則雖虛理，而乃實事矣。漢學諸人，言言有據，字字有考，只向紙上與古人爭訓詁形聲，傳注駁雜，援據

①　（宋）黎靖德編，王星賢點校：《朱子語類》卷 62，中華書局，2020 年，第 1839 頁。

②　《莊子·天運》“人自爲種而天下耳”郭象注。

③　參見張岱年：《中國哲學史方法論發凡》，中華書局，2003 年，第 118~119 頁。

④　參王汎森：《近代中國的史家與史學》，復旦大學出版社，2010 年，第 56~57 頁。

群籍，證佐數百千條。反之身己心行，推之民人家國，了無益處，徒使人狂惑失守，不得所用。然則雖實事求是，而乃虛之至者也！①

方氏之說自然有偏頗，但卻指出了一點，即漢學家在通過考據求義理上所作的工作甚少。進而他指出"義理有時實有在語言文字之外者"。胡楚生先生也在方氏的思路上駁清儒於古經中求義理、訓詁之外別無義理之說云：

> 不悟義理之名，爲思想、義趣、理念、意旨之總稱，古經僅爲古人義理之記錄，而"天下之物，莫不有理"，後人即物而窮得其理，皆義理也，則義理不全在古經之中，其事甚明，夫學者用力，隨處體認，自下困功，探索思慮，直抒胸臆，所得義理，甚有深造自得，且能進於古人所得者，若程子所謂："吾學雖有所受，然天理二字，卻是自家體貼出來。"似此義理，自不必求之於古經之內，自不必求之於古人之心所同然，自亦不必求之於文字訓詁之通經途轍也。……古經中之名物、典制、音讀、古誼、地理、史實等，其較爲具體者，以訓詁通之，其意義亦較易明確，至於古經中之玄思名理，道德節目，其較爲抽象，或必需身體力行實踐，而後始能發悟者。②

義理與考據並無必然聯繫。那種只停留於考據的做法，本身含有反智的傾向，是清代智識主義衰落的内在原因③。

至於藉考證來表達自己現實關懷的做法，在清中後期的大變動中也已經無法發揮多大的作用。經典義理的活力，必須通過每一時代的學者在融合新的思想資源的基礎上進行重新詮釋才能獲得，而經學考證已經逐漸失去了這樣的效用。這裏可舉晚清諸子學興起爲例。重視諸子學義理的學風興起於嘉道以降，朱一新觀察到了這一動向，他説：

---

① 江藩：《漢學師承記》（外兩種），生活·讀書·新知三聯書店，1998 年，第 276 頁。

② 胡楚生：《方東樹〈漢學商兑〉書後》，《清代學術史研究》，臺灣學生書局，1988 年，第 255~256 頁。

③ 此一觀察乃劉述先先生所提出，見《有關理學的幾個重要問題的再反思》，劉述先著，東方朔編：《儒家哲學研究——問題、方法及未來開展》，上海古籍出版社，2010 年，第 318 頁。

　　諸子書多言經濟，亦多畔道之言，要皆持之有故。有志於經世之學
者，往往好觀諸子而薄儒術爲闊疏，不以六經爲本，未有不爲所炫
者也。①

在朱一新看來，諸子之言"經濟"是被當時"有志於經世之學者"青睞的重要原
因，因爲儒術太"闊疏"，不能致用。稍後，章太炎先生乾脆否定了經學包含
義理的可能性。他説：

　　説經之學，所謂疏證，惟是考其典章制度與其事迹而已，其是非且勿
論也。欲考索者，則不得不博覽傳記。而漢世太常諸生，唯守一家之説，
不知今之經典，古之官書，其用在考迹異同，而不在尋求義理。故孔子刪
定六經，與太史公、班孟堅輩初無高下。其書既爲記事之書，其學惟爲客
觀之學。黨同妒真，則客觀之學必不能就，此劉子駿所以移書匡正也。若
諸子則不然。彼所學者，主觀之學，要在尋求義理，不在考迹異同，既立
一宗，則必自堅其説，一切載籍，可以供我之用，非束書不觀也。雖異己
者，亦必睹其文籍，知其義趣，惟往復辯論，不稍假借而已。是故言諸
子，必以周秦爲主。②

太炎先生以客觀之學與主觀之學、考迹異同與尋求義理來分別經學與諸子學，
即是尋求新的思想資源的表現。他還説："蓋學問以語言爲本質，故音韻訓詁
其管籥也；以真理爲歸宿，故周秦諸子其堂奧也"，"惟諸子學能起近人之
廢"③。這更是學術轉型的直接表現。錢穆先生晚年在回憶諸子學興起時説：

　　我曾與一位先生詳細談，他的年齡比太炎先生略爲大一點，我問他們
從前怎麼做學問的？他説他們當時經學已經不大看得起，史學也不太注

　　①　(清)朱一新著，呂鴻儒、張長法點校：《無邪堂答問》卷4，中華書局，2000年，
第160頁。
　　②　章太炎：《諸子學略説》，傅傑編校：《章太炎學術論集》，中國社會科學出版社，
1997年，第171頁。
　　③　章太炎：《致國粹學報社書》，湯志鈞編：《章太炎政論》(上冊)，中華書局，1977
年，第497~498頁。

意，文學也不講，他們要講"子學"，要成一個思想家。諸位要知道，清朝末年人已要做一"子學家"，成一家之言了。①

錢先生回憶的是清末時期的事，極可代表一代之風氣。當時學者已經不太重視經學、史學、文學，而要講"子學"，要做"思想家"。諸子學在清代中晚期的興起，在學界並無完整的解釋，王汎森先生指出："至少可以有如下兩種看法：一、子書被引為經學考證之助；二、其義理價值被重新評估。"②晚清葉德輝說："有漢學之攘宋，必有西漢之攘東漢。吾恐異日必更有以戰國諸子之學攘西漢者矣。"③此語為梁啓超《清代學術概論》所本。至於原因，俞樾說："(諸子)其書往往可以考論經義，不必稱引其文，而古言古義居然可見。……嗚呼！西漢經師之緒論已可寶貴，況'諸子'又在其前矣。"④這是在全盤西化思潮興起前，中國學者希冀從傳統資源中尋找救世之方的顯證，諸子學如此，今文經學如此，"國學"亦是如此。

以上所論，並非要否定清代漢學，清儒在諸多學術門類中所取得的巨大成就乃人所共見，毋庸贅言。筆者只是想從學術思想史的角度指出，為清代漢學家所標榜的"由訓詁以尋義理"有其不可克服的缺陷⑤，儘管一些學者也想用各種方法對此進行彌補，但並未在根本上解決問題。套用麥金太爾的理論，可以說這時的中國學術已經遇到了"知識論的危機"(epistemological crisis)，它本身面臨太多難以克服的困難。這時人們已經開始懷疑這個傳統/學術本身的解決問題的能力，而必須要借助於另一個有生命力的傳統來幫助它渡過這個危機⑥。至於近來學者們討論的清代學術中所體現的近代學術轉型與考證學的思想活力，都極大地受到了"由訓詁以尋義理"的限制。前者與傳統學術中的幾

① 錢穆：《經學大要》，《錢賓四先生全集》第52冊《講堂遺錄》，臺灣聯經出版事業公司，1998年，第321~322頁。
② 王汎森：《章太炎的思想及其對儒學傳統的衝擊》，臺北時報文化出版有限公司，1985年，第26頁。
③ 葉德輝：《郎園書劄·與戴宣翹書》，《郎園全書》，長沙中國古書刊印社，1935年，第20頁。
④ 俞樾：《諸子平議·序目》，中華書局，1954年，第1頁。
⑤ 這一現象並非只有中國才有，基督教派中也有借助古注以明教旨的情況。見余英時：《論戴震與章學誠：清代中期學術思想史研究》，生活·讀書·新知三聯書店，2005年，第157~159頁。
⑥ 見石元康：《傳統，理性，與相對主義——兼論我們當前該如何從事中國哲學》，《從中國文化到現代性：典範轉移?》，生活·讀書·新知三聯書店，2000年，第16~19頁。

個根本特徵相齟齬，在乾隆時期就不斷受到批評，後來在外因的合力下終於被中斷；而後者其實並未看到清代傳統學術的真正問題所在，即學術不經過創造性的解釋是無法轉化爲思想的。總之，明了了"由訓詁以尋義理"的内在缺陷，可以説明我們更加清醒地認識嘉道以降漢學衰落的原因，而黃以周所作的禮學考證與義理探尋的得失及其學術在他死後的遭遇也才能得到較爲合情理的把握。

第二章　實事求是與莫作調人：
黃以周禮學的內在張力

　　嘉道以降，漢宋學分立相爭，各有流弊，時人對此多有議論。黃以周生處此時，不能不有所回應。其弟子唐文治云："自乾嘉以來，士大夫鉤稽訓詁，標宗樹幟，名曰漢學。其末流之失，不免破碎支離，甚且分別門户，掊擊宋儒義理之學以爲空疏，意氣囂然，漸滋暴慢。先生獨謂三代下之經學，漢鄭君宋朱子爲最，而漢學宋學之流弊均多乖離聖經，尚不合於鄭朱，何論孔孟？"①可以説，在解決漢宋之爭的問題上，黃以周是晚清最重要的人物之一。

　　但如何解決此一學術上的大紛爭並不容易，稍有不慎，便難免調和之議。王兆芳曾記黃氏座右有十六字："多聞闕疑，不敢强解；實事求是，莫作調人。"②這是黃以周自述之治學宗旨，也是他對待漢宋之爭的方法，在當時影響頗大。尤其是後八字，最爲學者所稱道。民國時，胡適在從吳稚暉處得知此語後，印象極爲深刻，在 1923 年東南大學的演講中特別加以表彰説："可知古時候學者的精神，惟在刻苦研究與自由思索了。其意以學問有成，在乎自修，不在乎外界壓迫。"③胡適從現代學術的獨立研究精神出發，對前賢之語重加發揮，自然是屬於對傳統的創造性轉化④。但要特別注意，如果以這種轉化後的

━━━━━━━━━━

① 唐文治：《茹經堂文集》（第一編）卷 2《黃元同先生學案》，《民國叢書》第五編，上海書店出版社，1989 年，第 11 頁。

② （清）王兆芳輯録，尤秋中、尤晨光點校：《儆季子粹語》，詹亞園、韓偉表主編：《黃以周全集》第 9 册，上海古籍出版社，2014 年，第 602 頁。

③ 胡適：《書院制史略》，卞孝萱、徐雁平編：《書院與文化傳承》，中華書局，2009 年，第 4 頁。

④ 1971 年，林毓生先生在《殷海光先生一生奮鬥的永恒意義》一文的注釋中提出了文化傳統"創造轉化"的目標。對此概念，他解釋説："究竟什麽是文化傳統的'創造的轉化'呢？那是把一些中國文化傳統中的符號與價值系統加以改造，使經過改造的符號與價值系統變成有利於變遷的種子，同時在變遷的過程中繼續保持文化的認同。見氏著《在轉型的時代中一個知識分子的沉思與建議》，《中國傳統的創造性轉化》（增訂本），生活·讀書·新知三聯書店，2011 年，第 363 頁。

符號去重新書寫關於黃氏的學術史，極易導致歷史的誤置①。

回到晚清學術史的脈絡中，"實事求是，莫作調人"是在漢宋之爭的經學背景下出現的，因此在黃以周"實事求是"的治學過程中，仍然難以超出經學的傳統，而常常出現以考證建構經義、以説經抒發議論的情況。這樣，在他的治學宗旨與禮學論述間就產生了内在的張力。

基於此，本章將從三個方面對這一問題進行分析，首先考察黃氏"莫作調人"之説出現的清代學術語境並辨析相關的學術史敍述；其次回到定海黃氏學術本身，釐清其解決漢宋之爭的方法；最後舉例説明在黃以周著作中所存在的以禮學考證建構經義的現象。

第一節 調和抑或兼采：黄以周"莫作調人"考

光緒三十一年(1905)，鄧實(1877—1951)在《國學今論》一文中對晚清所謂"調和漢宋"之學風提出了尖鋭的批評：

> 學者苟舍短取長，闕疑信古，則古人之學皆可爲用。孰與姝姝守一先生之説，而門户自小。又孰與專務調停古人之遺説，而僕僕爲人，毫無自得哉。晚近定海黃式三、番禺陳澧皆調和漢宋者，然撫合細微比類附會，其學至無足觀。夫古人之學，各有所至，豈能强同。今必欲比而同之，則失古人之真。故争漢、宋者非，而調和漢、宋者亦非也。②

鄧實説黃氏之學"至無足觀"，實爲前所未有之見。考慮到其人本不以經學見長，此論當來自國學保存會同仁劉師培。後者曾分辨漢宋學之異同，其中云：

> 而治宋學者復推崇宋儒，以爲接正傳於孔、孟。即有調停漢宋者，亦不過牽合漢宋，比附補苴，以證鄭、朱學派之同。如陳蘭甫、黃式三之流是

---

① 對此問題，其實晚清學者已有認識，朱一新就曾區別漢儒之實事求是與近人之實事求是云："漢儒所謂實事求是者，蓋亦於微言大義求之，非如近人之所謂實事求是是也。"(清)朱一新著，吕鴻儒、張長法點校：《無邪堂答問》卷1《評明儒學案質疑》，中華書局，2000年，第14頁。

② 鄧實：《國學今論》，《國粹學報》1905年5期，轉引自桑兵等編：《近代中國學術思想》，中華書局，2008年，第73頁。

也。崇鄭學而並崇朱學，惟不能察其異同之所在。惟取其語句之相同者爲定，未必盡然也。①

劉、鄧批評陳澧本不足爲奇，之前朱一新、王闓運、廖平、章太炎都曾對東塾之學大加撻伐②，但皆未涉及黃式三。將定海黃氏納入調停漢宋者而論其"摭合細微比類附會，其學至無足觀"，在學術史上頗值得注意，需加以辨析③。

不論是王闓運、廖平師弟稱陳澧爲"漢奸"，還是章太炎、劉師培二叔論東塾學術於漢宋學術"棄其大體絕異者，獨取小小翕盍，以爲比類"，都主要是針對陳氏《漢儒通義》而言的。《通義》一書作於咸豐四年（1854），刊於咸豐八年，乃陳氏得意之作。不過從該書體例及形式來看，確有將漢宋學術比附之嫌。④

但對於定海黃氏，其學術特徵則絕不可用"漢宋調和"一詞來概括。民國十四年，支偉成（1899—1929）成《清代朴學大師列傳》，將黃氏父子列爲"浙粵派漢宋兼采經學家"，其敘目云："浙中承萬氏緒，言《禮》多兼雜漢宋，嗣竟成爲一派。德清戴望由治今文而出入宋五子，且表章習齋學說，範圍愈廣。於是番禺陳澧、南海朱次琦輩聞風興起，終爲晚清學術之樞紐焉。"⑤此書曾經章

---

① 劉師培著，萬仕國點校：《漢宋學術異同論·總序》，《儀徵劉申叔遺書》第4冊，廣陵書社，2014年，第1586頁。原文載《國粹學報》1905年第6期，似在鄧文之後，但考慮到兩人的學術水準，可能是劉氏先有議論，鄧氏據之爲文。

② 朱一新對陳澧的批評可能影響到了黃以周，參見於梅舫：《浙粵學人與漢宋兼采：朱一新〈無邪堂答問〉論學旨趣解析》，《近代史研究》2010年第4期，第13頁。廖平在廣雅書院時曾駁朱一新合漢宋學之語云："自陳蘭甫澧主講《廣雅》，調和漢宋，王湘潭謂之'漢奸'。朱蓉生即其一派。蓋略看數書以資談助，調和漢宋以取俗譽，又多藏漢碑數十種以飾博雅。京師之爛派，大抵如此；其實中無所主，不中作人奴僕！"錢基博：《現代中國文學史》，商務印書館，2017年，第80頁。章太炎在《清儒》一文中批評陳澧調和漢宋時說："晚有番禺陳澧，當惠、戴學衰，今文家又守章句，不調洽於他書，始勾合漢、宋爲諸《通義》及《讀書記》，以鄭玄、朱熹遺說最多，故棄其大體絕異者，獨取小小翕盍，以爲比類。此猶揣豪於千馬，必有其分刊色理同者。澧既善傅會，諸顯貴務名者多張之。弟子稍尚記誦，以言談剿說取人。"章炳麟著，徐復注：《訄書詳注》，上海古籍出版社，2000年，第163頁。

③ 桑兵引鄧實之說而又將黃式三換爲黃以周，更是重貼紕繆，見桑兵：《近代中國學術的地緣與流派》，《歷史研究》1999年第3期，第27頁。

④ 關於陳澧撰寫《漢儒通義》之始末及其學術特徵，可參看曹美秀：《陳澧〈漢儒通義〉析論》，《中國文哲研究集刊》第30輯，2007年。

⑤ 支偉成：《清代朴學大師列傳》，上海人民出版社，2014年，第271頁。

太炎過目，章氏於“浙粵派漢宋兼采經學家”所列學者中，去戴望而增徐養原，但對黄氏父子未加更改，結合其《清儒》中對以周“浙江上下諸學說，亦至是完集云”的評價，可知在其心中黄氏學術乃浙學兼采漢宋之代表。今之學者，受其影響甚大。特別是，就黄氏父子本身的學術、言論來看，其對“調和”“調人”可謂深致不滿。此處僅舉一例，黄以周辨析前儒論雩帝之説云：

> 鄭玄云：“雩帝，爲壇南郊之旁，雩五精之帝，配以先帝。百辟卿士，古者上公，若句芒、后稷之類。天子雩上帝，諸侯雩上公。”許慎云：“雩，夏祭樂於赤帝，以祈甘雨也。”以周案：大雩之帝，許以爲赤帝，鄭以爲兼及五精，後人多從鄭。雩在南郊，故魯以南門爲雩門。唐《貞觀禮》雩祀五天帝、五人帝、五官於南郊，正合古制（鄭玄之説，非古制也）。《顯慶禮》改郊雩並祀昊天上帝於圜丘。開元中，王仲丘奏言“雩祀五帝既久，五帝爲五行之精，以生九穀，宜於郊雩祭昊天，兼祭五帝”。考天帝之辨，始鄭、王肅。王謂歲二祭天郊及圜丘，則大雩祀亦主五帝，與鄭同也。雩祀昊天，乃許敬宗一人之臆創。王仲丘不直言改正，而請兼祭昊天五帝，好爲調人，殊失禮意。①

關於鄭玄對於五精帝的建構及在經學史上的影響，此不贅述②。黄以周認爲從先秦典籍記載來看，雩在南郊，唐代《貞觀禮》在雩祭方位上符合古制。後來許敬宗創雩祀昊天之禮，而王仲丘從之並爲之説，這在黄氏看來是“好爲調人，殊失禮意”，貶斥之意極爲明顯，故絶不可以“調和漢宋”一語形容黄氏學術。

這裏有一事需特別加以辨明：那句令吳稚暉、胡適之兩先生終生難忘的“實事求是，莫作調人”③，其中“莫作調人”四字究竟從何而來，又爲誰而發？調人本爲《周禮·地官》之一，其職責主要是“掌司萬民之難而諧和之”，也就是調節民間之糾紛與仇恨的。從設官分職之意來説，調人極爲重要，但在清代

---

① （清）黄以周撰，王文錦點校：《禮書通故·郊禮通故二》，中華書局，2007年，第638~639頁。

② 可參看牛敬飛：《經學與禮制的互動：論五精帝在魏晉南朝郊祀、明堂之發展》，《文史》2017年第4期。

③ 胡適：《追念吳稚暉先生——實事求是，莫作調人》，見趙統：《胡適與南菁書院》，收入吳飛主編：《南菁書院與近世學術》，生活·讀書·新知三聯書店，2019年，第19~22頁。

學術史上，“調人”之意卻有褒有貶。作爲貶詞，其意爲不求經書本義，只顧調和不同學説間之矛盾，如汪喜孫評王懋竑①；作爲褒詞，其意則是能調解諸種聚訟之經説，而得先聖制作之意，如朱珪之序《禮箋》②。這樣看來，所謂“莫作調人”似乎指的是王懋竑，但考慮到朱珪與《禮箋》的學術地位和影響力，夷考黃氏言論與著作，其針對的當是金榜。

首先，黃以周對王懋竑的學術風格是十分推崇的，其弟子唐文治曾向他請教“漢宋兼采之儒當以何者爲最”，得到的回答是“王白田先生是已”。唐氏由此專門撰文表彰王懋竑與朱澤沄之學問：

> 爰取《白田草堂存稿》及所訂《朱子年譜》讀之，知其學術純粹博通，《年譜》附録尤爲精密，不厭百回讀。……白田先生尤爲精詳，一字之定，萬義紛陳，且旁及史事各家，櫛文梳義，往往以單辭引證，解後人聚訟之紛，其有功朱子，蓋不下於勉齋、北溪諸賢矣。……然則二先生各有心得，務在實事求，無絲毫成見於其間，豈容畸輕而畸重哉。且二先生於全體大用，更無不貫徹者也。③

較之於汪喜孫，其於白田學問認識更加確切公允，尤其從黃氏學術的角度來説，“務在實事求是”“於全體大用，更無不貫徹”已是最高的評價。因此唐文

① 嘉慶十七年（1812），汪喜孫爲江藩《國朝漢學師承記》作《跋》云：“若夫矯誣之學，震驚耳目，舉世沿習，罔識其非。如汪鈍翁私造典故，其他古文詞支離牴牾，體例破壞；方靈皋以時文爲古文，三禮之學，等之自鄶以下；毛西河肆意譏彈，譬如秦楚之無道；王白田根據漢宋，比諸春秋之調人。惡莠亂苗，似是而非，自非大儒，孰有能辨之者！”（清）江藩撰，漆永祥箋釋：《漢學師承記》，上海古籍出版社，2006 年，第 873 頁。今按：朱維錚先生在《漢學與反漢學》一文中説，清儒汪喜孫在爲同鄉江藩的《漢學師承記》作跋尾時，曾批評王懋竑爲“自命爲漢宋調人”。此實爲誤解，“比諸春秋之調人”之語乃是汪喜孫本人對王懋竑的評價，與前文之“等之自鄶以下”“譬如秦楚之無道”相類，而非白田自語。

② 乾隆五十九年（1794），朱珪在爲金榜《禮箋》作序時云：“大而天文、地域、田賦、學校、郊廟明堂以及車旗服器之細，罔弗貫串群言，折衷一是。……余讀之，歎其詞精而義核，不必訓詁全經，而以之宣繹聖典，不失三代制作明備之所在，豈獨以禮家聚訟，姑以是爲調人也哉。”（清）金榜：《禮箋》，（清）阮元編：《清經解》第 3 册，上海書店出版社，1988 年，第 820 頁。

③ 唐文治回憶説：“文治於乙酉歲，受業於定海黃玄（元）同先生之門，敬問漢宋兼采之儒，當以何者爲最？師曰：‘王白田先生是已。’”唐文治：《朱止泉王白田先生學派論》，《國專月刊》第 2 卷第 5 期，1936 年 1 月，第 1 頁。按：此文不見於新出《唐文治文集》。

治才稱讚其師"體鄭君、朱子之訓，上追孔門之經學，博文約禮，實事求是，其所得於心而詔後學者，務在質諸鬼神而無疑，百世以俟聖人而不惑，蓋江慎修、王白田先生以後一人而已矣"①。故汪喜孫的評價在黄以周那裏絶不可能得到認同。

其次，對於金榜之《禮箋》，黄以周的批評在《禮書通故》《禮説》等著作中多有所見，此處僅舉一例。先秦軍賦是朱珪所謂"禮家聚訟"之問題，金榜對此曾撰《周官軍賦》一文，在篇首他特別説："歲丁亥(1767)，與戴東原同居京師。東原以《司馬法》賦出車徒二法難通，余舉《小司徒》正卒羨卒釋之，東原曰'此有益於爲《周官》之學者'，遂著録焉。"②可以説，此篇是金氏的得意之作，但在黄以周看來，卻問題頗多。他從四個方面駁斥了金氏的論證，用了諸如"金氏之言終不可依據""金氏牽以爲説""任意分説，無可證明"等語，可見其對金榜作爲禮家"調人"之不滿。當然，在其他著作中，黄以周也曾對"調人"有過譏諷，如在探討"中"的含義時，他就評論子莫"無權之中非時中，是執中也，猶楊墨之執一也"云："今之嘖嘖稱中者，含糊苟且，爲兩家之調人，皆子莫之徒也。"③此"嘖嘖稱中者"不知爲誰，但肯定也是在治學上不求真是之輩。

最後，黄氏友朋及後學也會使用"調人"一詞來對學界之亂象進行批評。如朱一新就曾批評《明儒學案質疑》明儒講學所立宗旨皆善之論："乾嘉以來，學者多持此論，實非也。天下無有兩是之理，正當別黑白而定一尊。苟徒假聖賢一二言以佐其説，則何者不可附會？析理未精，姑爲此調人之言，乃鄉願學問耳。"④又如章太炎批評時人附會中西學術之風云："中西學術，本無通途，適有會合，亦莊周所謂'射者非前期而中'也。今徒遠引泰西，以徵經説，有異宋人以禪學説經耶？夫驗實則西長而中短，冥極理要，釋迦是孔父非矣。九流諸子，自名其家，無妨隨義抑揚，以意取捨。乃者以笘篇箋注六藝，局在規

①　唐文治：《茹經堂文集》(第一編)卷2《黄元同先生學案》，《民國叢書》第五編，上海書店出版社，1989年，第11頁。

②　(清)金榜：《禮箋》卷3，(清)阮元編：《清經解》第3册，上海書店出版社，1988年，第822頁。

③　(清)黄以周：《經訓比義》卷下，《四庫未收書輯刊》第7輯，北京出版社，2000年，第740頁。

④　(清)朱一新著，吕鴻儒、張長法點校：《無邪堂答問》卷1《評明儒學案質疑》，中華書局，2000年，第13頁。

蕫，而强相皮傅，以爲調人，則只形其穿鑿耳。"①朱、章二氏使用"調人"以論學，當是受黄氏影響。

綜上，清末鄧實、劉師培等人將定海黄氏學術描述爲"調和漢宋"是不準確的，直接與黄氏父子的自我定位相違背。黄以周在學術上最反對作"調人"，對於朱珪所稱贊的金榜禮學，多有批評；而對汪喜孫貶斥的王白田，卻極爲推崇，從中可見他對漢宋學的認識，絶不能用簡單的"兼采"或"調和"來概括。

第二節　超越兼采與實事求是：黄以周對漢宋之争的認知

定海黄氏學術不能簡單地用"兼采"來概括，不僅由於黄以周對"兼采"的認識與時人有所不同，更因爲"實事求是"才是其最高的學術追求。當然，如果從"互攻所短，不如互用其長"的角度，評價黄氏是漢宋兼采也未爲不可，起碼在其好友施補華（1835—1890）的眼中就是如此。施氏的《塞外懷浙中故人》最後一首乃懷黄以周，其詩云："耕讀各異業，君兩營其生。漢宋各異學，君一持其平。流覽貴自獲，不買當世名。闇然甘布粟，老臥翁洲城。"②但在黄以周的心中，不論是漢學還是宋學，最根本的是要求得經文的真義，這在其著作中隨處可見。

最明顯是在討論南菁書院立主問題時，黄以周對"駁之者"的回答。南菁書院建立後，首任院長張文虎等人決定立鄭玄、朱子兩木主，但仍有人反對，其議有四種：一是"立明經之主而以能文之士配之"；二是仿詁經精舍，以訓詁明則義理明爲准，立許慎、鄭玄之主；三是漢儒解經近古，立鄭玄；四是孔子之後，集大成者，唯有朱子。面對這種種異議，黄以周的回應是從"尚論古人之道"出發的，他指出不論是漢儒還是宋儒，都是既明訓詁，亦申義理，只不過漢宋解經之例不同：漢儒，如鄭玄是"釋訓詁，詳考據，而義理之精引而不發，望學者尋繹而自得之，此漢師注例然也"；宋儒，如朱子則是"先敘訓詁考據，而後敷衍經意，惟恐義蘊之有遺，此宋後注經之例也"。兩者在闡釋經意上雖有詳略之别，但都是論經學的正道，故云"經以載道，經學即是理

---

① 章太炎：《太炎文録初編》卷2《與人論樸學報書》，《章太炎全集》第8卷，上海人民出版社，2014年，第156頁。原題《某君與某論樸學報書》，初刊於《國粹學報》1906年第11期，收入《太炎文録》時改爲現名。

② （清）施補華：《澤雅堂詩二集》卷8，光緒十六年刻本。

學，經學外之理學爲禪學，讀《日知錄》可會之”。但仍有人以此爲“調停之見”，對此黃以周説了很重要的一段話：

> 今之調停漢宋者有二術：一曰兩通之，一曰兩分之。夫鄭、朱之説自有大相徑庭者，欲執此而通彼，瞀儒不學之説也。鄭注之義理時有長於朱子，朱子之訓詁亦有勝於鄭君，必謂訓詁宗漢，理義宗宋，分爲兩戒，亦俗儒一孔之見也。兹奉鄭君、朱子二主爲圭臬，令學者各取其所長，互補其所短，以求合於聖經賢傳，此古所謂實事求是之學，調停正相反，以此爲駁，失察孰甚？①

他認爲鄭玄在義理上有長於朱子之處，反之，朱子在訓詁上也有勝於鄭玄者，學者“分爲兩戒”，乃是“俗儒一孔之見”；如果“執此而通彼”，乃是“瞀儒不學之説”。因此，只有“各取其所長，互補其所短”，才能“合於聖經賢傳，此古所謂實事求是之學”。也就是説，不論是尊鄭還是尊朱，目的都是爲了符合經傳之意，這是實事求是之學，與調停之學正好相反。更重要的是，在此之後，他還補充説：“雖然猶有説，南方之學自吳季札、言子游二人而開，江陰舊有書院曰禮延，奉吳季子主。今欲持漢宋之平，似宜中奉言子主，而以鄭君、朱子配享，則南菁與禮延兩書院遥相峙，於命名之義亦更有合焉。”之所以黃氏希望奉言偃之主，而以鄭玄和朱子配享，正是他解經主張“求合於聖經賢傳”的表現。

明了這一點，才能準確地理解定海黃氏“兼采”的特徵②，黃以周曾評價其父之學云：“又言漢、宋學之分，互攻所短，不如互用其長，而又不可爲調人。如王西莊、金輔之能申漢學，王氏《三江説》不如從金，金氏《禘説》不如從王。陸稼書、王予中能申宋學，朱子晚年言主敬，陸不如王之詳；求放心即

---

①　（清）黃以周著，閔澤平點校：《儆季雜著五·文鈔六》，詹亞園、韓偉表主編：《黃以周全集》第 10 册，上海古籍出版社，2014 年，第 661～662 頁。

②　谷繼明對黃式三易學兼采漢宋的特徵概括説：“黃氏之‘兼采’，有兩個主要的特點，一是站在經學的高度來統合漢學與宋學。……正因爲漢學、宋學皆是經學之一端，故各有可取，亦各有偏激。學者所做的不僅僅是兼采，而且要有反省和批評，更要在以前的漢宋之上有所推進，這是其兼采之學的第二個特點。……由此可見，黃氏不做調人，不是毫無區分的補綴漢宋爲一，而是對漢《易》、宋《易》、清《易》皆有其批評。”其説可取。谷繼明：《黃式三與晚清易學》，《云南大學學報》（社會科學版）2016 年第 6 期，第 38 頁。

求仁心，王不如陸之精，兼取以明經，作《漢宋學辨》。"①所謂"互用其長"，在黃氏這裏，乃是分別在訓詁和義理上尋找對經文的最優解之意，其最終的目的還是"明經"。② 同治六年(1867)，他曾在給俞樾的信中自陳其學云："周質鈍學淺，一無所底，奉承庭訓，矗知漢宋門户。年二十餘，好讀《易》，病先儒注説於畫象爻下，自騁私説，揆諸聖傳，往往不合，於是有《十翼後録》之作。嗣後喜觀宋儒書，又病其離經談道，多無當於聖學；甚且自知己説之不合於經，遂敢隱陋孔聖，顯斥孟子，心竊鄙之，於是有《經義通詁》之作。"可見他對前人之説的不滿主要在於"揆諸聖傳，往往不合""離經談道，多無當於聖學""隱陋孔聖，顯斥孟子"，因此其著作之意皆在於明聖賢經傳。

正因爲黃以周堅守"明經"的立場，他才會在南菁書院的日常生活中不時將此意表露出來，其弟子王兆芳曾輯《儆季子粹語》，中多此論，今不避繁瑣，條列數語，並稍加申説。其言曰：

> 孔子百代之師也，九兩所謂"以賢得民"者也，孟子百世之儒也，九兩所謂"以道得民"者也。學者能志孔、孟之志，學孔、孟之學，宜以師儒責己，以賢道率人，斯不失學士之職。吾聞鄉賢公曰：士以治經爲天職。③

鄉賢公蓋指其父，黃式三《漢宋學辨》開篇即云："儒者無職，以治經爲天職，荀子所云不求而得之謂天職也。"④此條被置於篇首，説士職爲"志孔、

---

① （清）黃以周著，閔澤平點校：《先考明經公言行略》，詹亞園、韓偉表主編：《黃以周全集》第 9 册，上海古籍出版社，2014 年，第 572～573 頁。類似的評價還有不少，如"又言聖學不外於經學，經非易明，學者不可堅自信。自經説有拘滯之論、幽眇之談，駁之者遂訾經。作《葉氏經學辨》"，"又言聖經之道，難以一二言盡之。離經而談宗旨，其高者自謂發先聖所未發，固不足信。即標聖人所已言者，分聖言而拘執之，則偏。作《宋元明學案辨》"，其尊經遠超過守漢宋之學由此可見一斑。

② 在這點上，黃氏父子與安徽績溪胡氏之學最爲接近，前引胡承珙《四書管窺序》"吾則謂治經無訓詁、義理之分，惟求其是者而已；爲學亦無漢、宋之分，惟取其是之多者而已"，可説是黃、胡二氏學術的共同追求。關於皖南、浙東學術交通之迹，可參看徐道彬：《"皖學"入浙：基於黃以周〈禮書通故〉的考察》，《浙江社會科學》2020 年第 11 期。

③ （清）王兆芳輯録，尤秋中、尤晨光點校：《儆季子粹語》，詹亞園、韓偉表主編：《黃以周全集》第 9 册，上海古籍出版社，2014 年，第 595 頁。

④ （清）黃式三著，閔澤平、葉永錫點校：《儆居集一·經説三》，程繼紅、張涅主編：《黃式三全集》第 5 册，上海古籍出版社，2014 年，第 73 頁。

孟之志，學孔、孟之學，宜以師儒責己，以賢道率人”，宗聖尊經之意至爲明顯。

又曰：

> 聖賢之經，儒説之權衡也。儒説之是非，以經質之。經義難明，以經之故訓核之。經、故不可偏據，以諸經之相類者融貫之。經以類纂，如絲之綸，則同異別，是非明，所謂叛懸疑枝邪離遁窮之情形畢著矣。①

此條乃黄以周治經之法：儒説，不論漢學還是宋學，需以經爲准；經義需以故訓明之；經、故不可偏重一方，需通過融貫群經中相類之説以證明之。

又曰：

> 學者讀古經注，宜知家法之異同，而定以經恉。不考今古文之有異，家法之有別，必執一説以相懟，宜其紛挐而莫定焉。然不定以經恉，亦惡乎定也？②

此條主張分辨今古文，但最後仍需以經恉來定家法之異同，故黄氏又言“眾言淆雜折諸經”③。

又曰：

> 今去古遠矣，學者欲求孔聖之微言大義，必先通經。經義難明，必求諸訓詁聲音，而後古人之語言文字，乃憭然於心目。不博文能治經乎？既治經矣，當約之以禮。④

此條乃申乾嘉諸儒由文字訓詁以通義理之説，治經需博文，既治當約之以禮，

① （清）黄式三著，閔澤平、葉永錫點校：《儆居集一·經説三》，程繼紅、張涅主編：《黄式三全集》第 5 册，上海古籍出版社 2014 年，第 598~599 頁。
② （清）黄式三著，閔澤平、葉永錫點校：《儆居集一·經説三》，程繼紅、張涅主編：《黄式三全集》第 5 册，上海古籍出版社 2014 年，第 600 頁。
③ （清）黄式三著，閔澤平、葉永錫點校：《儆居集一·經説三》，程繼紅、張涅主編：《黄式三全集》第 5 册，上海古籍出版社 2014 年，第 585 頁。
④ （清）黄式三著，閔澤平、葉永錫點校：《儆居集一·經説三》，程繼紅、張涅主編：《黄式三全集》第 5 册，上海古籍出版社 2014 年，第 585 頁。

博文爲手段，明經爲目的，但明經之後尚有一段實踐功夫，是爲約之以禮，所以黃氏又曰：“學必先之以博文，猶木有枝葉也；繼之以約禮，猶木有英華也。今學者以《詩》、《書》爲糟粕，是欲求英華而先翦其枝葉，英華終不可得也。或又孜孜於辭章故訓，不復進窺大道，是誤以枝葉當英華，又不知枝葉之未可恃也。”①其意在糾當時考據、辭章之偏，認爲學者終當以“窺大道”爲目的，不可以工具爲目的，舍本逐末。

又云：

> 凡解經之書，自古分二例，一宗故訓，一論大義。宗故訓者，其説必精，而拘者爲之，則疑滯章句，破碎大道。論大義者，其趣必博，而蕩者爲之，則離經空談，違失本真。博其趣如《孝經》，精其説如《爾雅》，解經乃無流弊。《漢志》合二書編之，所以示後世讀經之法。惜今之講漢學、講宋學者，分道揚鑣，皆未喻斯意。②

此條論解經之例與讀經之法，認爲不論是宗故訓還是論大義都有其弊，需以《孝經》《爾雅》爲標準，“解經乃無流弊”，可見其超越漢宋之學以聖賢經傳爲依歸之意。

綜上，黃以周對漢宋兼采與漢宋調和有着非常自覺的認識，這在他概括其父黃式三的學術、評議南菁書院立主與教導弟子等方面都有明確的體現。總的説來，定海黃氏之學的根本特徵還是用“實事求是”的態度以明經，在此前提之下，不論是漢宋學還是今古文，都需加以甄别吸收，而非固執一端。因此，雖然黃以周在答唐文治“漢宋兼采之儒當以何者爲最”時説“王白田先生是已”，但其心中最好的治經榜樣仍是其父黃式三與先賢顧炎武③。

---

① （清）黃式三著，閔澤平、葉永錫點校：《儆居集一·經説三》，程繼紅、張涅主編：《黃式三全集》第 5 册，上海古籍出版社 2014 年，第 586 頁。
② （清）王兆芳輯録，尤秋中、尤晨光點校：《儆季子粹語》，詹亞園、韓偉表主編：《黃以周全集》第 9 册，上海古籍出版社，2014 年，第 598 頁。
③ 黃以周在答顧澤軒（鴻闓）問俞蔭甫（樾）之學時説：“蔭甫先生可謂浩博矣！與我之家學有異。”（清）王兆芳輯録，尤秋中、尤晨光點校：《儆季子粹語》，詹亞園、韓偉表主編：《黃以周全集》第 9 册，上海古籍出版社，2014 年，第 587 頁。這裏黃氏區分了其家學與俞樾之學，而評後者爲浩博，可見在其心中，“浩博”並非其家學的首要特徵，明聖賢經傳之意才是。

第三節 "經學即理學": 超越漢宋的具體表現

唐文治嘗論黃以周與顧亭林之間的學脈傳承云: "亭林先生嘗謂經學即理學, 經學之外理學爲禪學, 故經學理學宜合於一, 不宜歧之爲二。乃體鄭君、朱子之訓, 上追孔門之經學, 博文約禮, 實事求是。"①唐氏此論可謂確當, 但黃氏之學術如何將經學、理學合而爲一, 如何斥經學外之理學爲禪學, 尚未見有探討。在黃以周《儆季雜著》中有《德性問學説》《道德説》《辨虛靈》《辨無》數文, 集中體現了其"經學即理學"的觀點②, 本節即以此爲本, 略作申論。

如果將儒學分爲尊德性與道問學, 則宋明理學無疑是偏向前者的③, 到清代考據學興起, 後者在學界得到的認同越來越廣, 但也在兩者之間出現了很明顯的矛盾。嘉道以降, 如何處理問學與德性間的割裂, 使考據免於飣餖瑣碎之譏, 是當時學術界要解決的一大問題。對此, 黃以周認爲在孔孟那裏, 德性與問學是相融而非割裂的:

> 仁、義、禮、智、信曰五德, 亦曰五性, 合而言之曰德性, 此天之所與我者, 故尊之。問也者, 問此者也, 學也者, 學此者也。問之、學之而德性愈明, 故道之德、性之誠必以問學而大, 問學之明實由德性而融, 尊德性、道問學非截然兩事也。

以問學來培育、滋養德性, 而非貶斥, 這是儒學的老傳統, 也是明代後期由心學內部申發出的新精神。一方面, 黃氏以此爲標準, 批評荀子"詆德性爲惡"是"問學取諸外而德性無諸內矣", 也駁陸象山"此心虛靈不昧, 萬理畢具, 而不待外求", 認爲是"德性求諸內而問學又遺諸外矣"。另一方面, 他也爲知識找到了德性的依據, 故云: "君子知萬物備我, 身體力行, 而又必孜孜於問學以擴充之。擇善固執, 反身而誠, 德莫崇焉, 性莫盡焉, 問學莫大焉。不然,

---

① 唐文治:《茹經堂文集》(第一編)卷 2《黃元同先生學案》,《民國叢書》第五編, 上海書店出版社, 1989 年, 第 11 頁。

② 黃氏的《經訓比義》一書對此有更爲豐富的論述, 見下章。

③ 這當然是極粗略的分別, 如朱子、王應麟、黃震等, 在兩者間就未有過分的偏廢。

尊德性不道問學，不特問學未深，其德性亦淺矣。"①而此與德性相融貫的問
學的最好體現即是禮，所以他說："今去古已遠矣，學者欲求孔聖之微言大
義，必先通經。經義難明，必求諸訓詁聲音，而後古人之語言文字乃能了然於
心目。不先博文，能治經乎？既治經矣，又當約之以禮。"②

　　黃以周在德性與問學上主融貫而不割裂，倡博文約禮，自然也會在道德問
題上重視"庸道庸德"，因爲聖人之道德是統小大而不偏於一端的。因此他批
評之前理學流弊云：

　　　　自學者好高深，見其爲庸道庸德也而小之，意欲進取其大者，求之不
　　能得，遁而入於空虛之鄉、無有之域，指焉莫能名，喻焉莫可道，拾莊周
　　之緒，逞惠施之辯，浩浩乎若河漢而無極，若江海而無際，豈非謬托於高
　　深乎？而一時魁奇高明之士，讀其書，聆其言，初莫尋其意義之所歸，終
　　焉迷惑其說，遂沈没於其中而不能自出。甚且知其乖於聖、異於經，則曰
　　發前聖之未發，補古經之未備。籲！是所謂道其道、德其德者也。

他認爲那些"遁而入於空虛之鄉、無有之域，指焉莫能名，喻焉莫可道"的學
者完全偏離了經義，他們所宣稱的高深之說不過是"道其道、德其德"，而絕
非儒家之道德。而後者主要表現在五倫之中，如果拋開不講，則是佛老之言：
"夫聖經之垂教人者，道不越乎君臣、父子、夫婦、昆弟、朋友之交，而德曰
知、仁、勇。達道有五，而行之以三。達德語其大，誠大矣；語其小，亦無小
之非大也。不然，鄙其小，昧其大，舍聖經而別求高深，必雜乎老、佛家之
言。"③

　　由於維護儒學重誠明的立場，黃以周對"虛靈"十分反感，認爲是對聖賢
之學的違背。其言曰：

　　　　聖賢之學重誠明。誠者，實也。惟其實，故能明；惟其明，故能實。
　　《中庸》曰："誠則明矣，明則誠矣。""不明乎善，不誠乎身矣。"此千古相

　　① （清）黃以周著，閔澤平點校：《儆季雜著五·文鈔一·德性問學説》，詹亞園、韓
偉表主編：《黃以周全集》第 10 册，上海古籍出版社，2014 年，第 503 頁。
　　② （清）黃以周著，閔澤平點校：《儆季雜著五·文鈔六·南菁講舍論學記》，詹亞
園、韓偉表主編：《黃以周全集》第 10 册，上海古籍出版社，2014 年，第 653 頁。
　　③ （清）黃以周著，閔澤平點校：《儆季雜著五·文鈔一·道德説》，詹亞園、韓偉表
主編：《黃以周全集》第 10 册，上海古籍出版社，2014 年，第 504 頁。

傳之正恉，確乎不可易者也。後之學者，乃立虛靈之説以反之。其説曰：
不虛不靈，不虛靈不洞澈。兀然静坐，屏絶思慮，必使心無一事無一物。
謂其虛，信乎虛矣；謂其靈，烏乎靈哉?①

在他看來，誠明與虛靈是完全相反的，前者實，後者虛。通過對先秦典籍的考
證，他指出《周易》之所以抑陰柔就是因爲陰有虛意，而《荀子》中的"不以已藏
害所將受，謂之虛"，也是虛心受物，而非絶物而空之。最後他説"虛靈之説
未知出自何書，傳自何人。學聖賢之學者，津津道之。虛靈之説熾，誠明之學
微矣"，實際也是對宋明理學中受佛學影響之内容的排斥。

因爲反對佛老對傳統儒學的滲入，他對虛、無之説非常警惕。在《辨無》
一文中，他對《易傳》的"無思""無爲"、《詩經》的"無聲無臭"、《論語》的"無
爲而治"、《禮記·孔子閒居》的"無聲之樂""無體之禮"，都作了細緻的辨析，
指出其中的"無"皆非言心之本體，更不是離事物而言心之本體。最後他總
結説：

> 以虛無之説解經，而經學晦矣；以虛無之説言本心，而正心之道尤晦
> 矣。無心無情之説，老、佛家嘗言之。經傳中曰"天心"，曰"人心"，曰
> "盡心"、"存心"，未聞言"無心"者；曰"天地之情"，曰"萬物之情"，曰
> "聖人之情"，未聞言"無情"者。學者得教外別傳，又往往援之以釋經，
> 甚且竊取道家"無極有極"之説、釋家"非有非無"之論，而略變之曰"動而
> 無動"、"静而無静"，又曰"無知無不知"、"智之體無善無不善"、"心之
> 體性之體"，此孔子所謂"枝辭"、"游辭"，孟子所謂"詖辭"、"遁辭"也。
> 自學者樂其誕而自小也，豪傑之士猶能知聖人之自有真至。取其誕語，誣
> 托聖經以張大之，而高明之士遂沈溺於此而莫知返焉，是尤可憫也已。②

針對"以虛無之説解經，而經學晦矣；以虛無之説言本心，而正心之道尤晦"
的情形，黄以周回歸原典，通過考察經文中"無"的含義，對儒家的核心概念
與佛老之間的差別作了嚴格的區分。

---

① （清）黄以周著，閔澤平點校：《儆季雜著五·文鈔一·辨虛靈》，詹亞園、韓偉表
主編：《黄以周全集》第10册，上海古籍出版社，2014年，第505頁。
② （清）黄以周著，閔澤平點校：《儆季雜著五·文鈔一·辨無》，詹亞園、韓偉表主
編：《黄以周全集》第10册，上海古籍出版社，2014年，第507頁。

需要指出的是，黃氏對"道問學"和"實"的重視，與所謂的"智識主義"還有一定的距離，他對知識的追求是以尊德性爲前提的①，因此他對西方科技的接納也是有限的，王兆芳曾記黃氏對門弟子之語曰：

　　學者讀聖賢書，當務其大者、遠者。以經傳植其基，以子、史充其識。讀漢儒書，事事求合於典籍，而約之以禮，勿逐乎文字訓詁之末，破碎大道。讀宋儒書，時時體驗乎身心，而返之於己，勿襲其空寂幽眇之説，辜負實學。測量爲古六藝之一法，我尚有之；兵礦爲今軍國之大計，我尚游之；農桑則農家習之，營造則工家習之。頖門名家，別有其人，我尚不欲，光、熱、化、電，多能鄙事，我皇多有之。②

他對知識的肯認還是建立於聖賢大道上的，因此對西方學術之價值，他根據與儒家六藝制學的親疏關係，認爲測量和兵礦尚可講求，但農桑和營造則爲農家與工家之學，他不願從事。至於完全屬於西學範圍的光、熱、化、電，則是本國學術中不宜有的内容③。

綜上，黃以周"以經學爲理學"的一系列文章，其實目的在於維護儒家經典意涵的純粹，在此旨趣下，他提出了尊德性與道問學的融通，重視"庸道庸德"而排斥空虛之説，並對先秦典籍中"虛"和"無"的意義作了澄清。在此意義上，他回歸儒家經典，承朱子與亭林之餘緒，對南宋以來尊德性與道問學分途的弊病與清中期所形成的漢宋之争提出了可行的方案，這不能不説是對儒學的一大貢獻④。

――――――――――

①　參見余英時：《清代思想史的一個新解釋》，《論戴震與章學誠：清代中期學術思想史研究》，生活・讀書・新知三聯書店，2005 年，第 353~356 頁。

②　(清)王兆芳輯録，尤秋中、尤晨光點校：《儆季子粹語》，詹亞園、韓偉表主編：《黃以周全集》第 9 册，上海古籍出版社，2014 年，第 589~590 頁。

③　"我尚有之""我尚不欲"和"我皇多有之"出自《尚書・秦誓》，黃氏這裏借用，以表達對農桑、營造、光、熱、化、電等專門之學的態度。

④　當然他的解決方式不是給知識以獨立的地位，但起碼通過明經和約禮的"庇護"，知識在黃以周那裏，即便是"枝葉""小德"，也獲得了相對獨立的價值，正如他在回答其兄黃以恭之問"若考據之中有理義存焉"時説："小德川流，大德敦化，其謂大德既厚，小德自通與？抑謂小德如川之流，脈絡分明，而後大德之化愈出不窮與？禮者理也，考禮即窮理也，優優大哉，贊道之無小非大也。"所謂"道之無小非大"，正是在明經的前提下承認相關知識的價值。(清)黃以周：《經訓比義》，《四庫未收書輯刊》第 7 輯，北京出版社，2000 年，第 754 頁。

第四節 "實事求是"的異化：黃以周禮學
考證中的經義建構

由於經書的成書年代、地域有別，加之受時代、政治及學派風格的影響，經學家在進行經學考證和闡釋時，常常會有建構經義的現象，這本不足爲奇。從詮釋學的角度甚至可以説，如果没有了經義的建構，經學也就失去了其生命而無法稱爲"學"。但在黃以周這位清末禮學大家身上，在其集大成的《禮書通故》和《禮説》中，此現象尤爲明顯，以至於在許多禮學問題上，他的經義建構已經脱出了應有的限度①。這就與其實事求是的治學宗旨以及章太炎"精研故訓而不支，博考事實而不亂，文理密察，發前修所未見，每下一義，泰山不移"的褒揚形成了鮮明的對比②。

《禮説》成書於《禮書通故》之後，黃氏弟子胡玉縉(1859—1940)曾評曰"通觀全書，竟無一可議""禮學至斯爲盛"③，可謂推崇至極。不過，從今日的角度來看，書中有不少篇都是以考證的方式來建構經義或歷史，多有"可議"之處。這裏略舉兩例，以見一斑。

"市法"條通過考證《周禮·司市》經文之意，提出在市場管理中如何杜絶定價作僞的方法。黃以周對其中"市之群吏平肆展成奠賈"一語解釋云："謂辨其物類，各陳諸肆，所謂以陳肆辨物而平市是也。展成定價，謂展視所成之物以定其價，所謂以量度成賈而徵價是也。"他將"展"依《儀禮·聘禮》"展幣"訓爲校録之意，比鄭注"展之言整也。成，平也，會平成市物者也"多了一層展視、校録物品的環節。這是對經義的發明，所以黃氏才在篇首强調市中無僞的前提是辨物："若能校録所成以定其賈，則'名相近者相遠，實相近者相邇'，亦何至相率而爲僞！"④黃氏此説在訓詁上有依據，從文法上也能講通，可謂善説經義。但接下來他對"上旌於思次以令市"的解釋就十分牽强了：

---

① 這點在《宮室通故》中最爲明顯，見第四章，其次是《衣服通故》。

② 章太炎：《説林》，傅傑編校：《章太炎學術史論集》，中國社會科學出版社，1997年，第 323 頁。

③ 胡玉縉：《許廎學林》卷 17《禮説跋》，中華書局，1958 年，第 425 頁。

④ (清)黃以周著，趙統點校：《儆季雜著一·禮説》，詹亞園、韓偉表主編：《黃以周全集》第 10 册，上海古籍出版社，2014 年，第 87 頁。

　　“上旌於思次”，旌讀如旌善人之旌，謂表其所奠之賈而楬櫫司次之上，所以防詿豫也。……（鄭注）又云“上旌者，以爲眾望也，見旌則知當市”。夫市有定所，日三市有定候，何待見旌而後知，其説亦曲也。……如因“令市”之文，謂旌必是旗，《周官》言令者多矣，豈一以旌旗乎哉？夫旌之訓表，本屬通詁。賈之有表，亦屬通義。顧欲表市賈，必先辨物。……自古未有不辨其物而可齊賈者，故表次先奠賈，奠賈先展成。既展成矣，又奠其賈，民乃不偽。既奠賈矣，又表於次，民乃不欺。欺偽既祛，治乃近古。後漢第五倫以京兆掾領長安市，平銓衡，正斗斛，市無阿枉，百姓悦服，其得此意乎？①

　　黃以周不同意鄭玄、鄭眾將旌訓爲旗，認爲當訓爲表，“上旌於思次以令市”意爲將所定物品的價格在市亭中公開展示以防賈人欺詐。這種説法從解經的角度來看是説不通的。按鄭注之意，“上旌”是動賓短語，“上旌於思次以令市”文辭通順，毫無矛盾。如將旌訓爲表，又釋表爲“表其所奠之賈”，則表爲動詞，如此“上旌”顯爲不辭。因此，如果要依黃氏之説，則在訓詁上不僅需輾轉相訓，且需在“表”後增加“其所奠之賈”，是爲增字解經。釋一語而犯兩弊，其説在經學上不能成立一望可知。但黃氏不僅堅持此説，還構造出一整套的“市法”：先辨別物之美惡，再定價；定價後再公示，這樣就能做到民不欺偽。可以説，這種建構對現實來説有其合理性，但從解經角度來講，則遠超出了應有的限度，只能成爲一種美好的想象。

　　又如“昏禮迎俟”條，黃以周通過對《詩經》中經文的闡釋建構出了等級完備的“俟禮”。其論證過程爲：

　　首先，他根據《儀禮·昏禮》將“壻奠雁，再拜稽首，降，出。婦從”和“壻乘其車，先俟於門外”之文，在昏禮中分出了迎禮和俟禮。這種劃分是牽強的，昏禮中有六禮而無所謂迎禮、俟禮，“俟於門外”不過是壻親迎的一個環節。

　　其次，他將《鄭風·豐》和《齊風·著》中凡是有“俟”的地方都解釋爲了俟禮。其言曰：

　　　《鄭風》之俟巷、俟堂，《齊風》之俟著、俟庭，皆俟禮也。俟爲親迎

---

　　① （清）黃以周著，趙統點校：《儆季雜著一·禮説》，詹亞園、韓偉表主編：《黃以周全集》第 10 册，上海古籍出版社，2014 年，第 88 頁。

之末節，而後世好簡略者往往不行親迎，而以俟禮當之。《鄭風·豐·序》以爲"男行而女不隨"而作，云"男行"是親迎也。而《詩》中止及俟禮，明宜速駕也。俟巷、俟堂謂夫家之巷、堂，非指女家。"俟我乎巷"與《禮》"俟於門外"文合，"俟我乎堂"與《齊詩》"俟我於堂乎而"文同。"堂"字非誤。女亦知其夫之俟我遲久，故曰"悔予不送"、"不將"，以責父母家之送己不速。又曰"叔伯駕予與行"，以勸夫家之迎己者宜速歸。詩人不直刺女子之不隨而歸其咎於從者之不速，忠厚之意也。《齊風·著·序》以爲刺不親迎，曰"俟我於著乎而"，怪始見也。"乎而"，怪詞。曰"充耳以素乎而"云云，諷其充耳甚美，宜不聞有親迎禮也。著、庭、堂，亦指夫家言。至夫家著、庭、堂才見其人，其不親迎也可知。時親迎禮廢而俟禮猶存，詩人詳敘其俟禮，而不親迎於言外見之，風人之旨也。

黃氏的新解與《詩序》、鄭箋皆相反，認爲兩首詩中的"俟"都是在夫家，並由此引申出了新的詩意，即"詩人不直刺女子之不隨而歸其咎於從者之不速，忠厚之意也"，"時親迎禮廢而俟禮猶存，詩人詳敘其俟禮，而不親迎於言外見之，風人之旨也"。可是這"忠厚之意"和"風人之旨"從詩文本身的脈絡來說很難成立：若"俟巷""俟堂"謂夫家之巷、堂，那麼女方是如何知道的？"乎而"若是怪詞，爲何每章每句皆有？俟本爲親迎之一環節，若是親迎禮已廢，單獨保存"俟"有何意義？

最後，他還將此新解運用到了對他書的解釋上，並用來補充《儀禮》。其言曰：

《公羊傳》何注引《書傳》曰："夏后氏逆於庭，殷人逆於堂，周人逆於戶"，此天子俟禮也。《齊風·著》篇《傳》、《箋》以素瓊華爲士服，青瓊瑩爲卿大夫服，黃瓊英爲人君服，則諸侯俟於堂，卿大夫俟於庭，士俟於著矣。《毛傳》云："門屛之間曰著。"著遠於庭、近於巷，此蓋命士之禮，又不同於中下士也。以《詩》義補《禮經》，不猶瘉后倉等推士禮以致天子之説與？①

———————

① (清)黃以周著，趙統點校：《儆季雜著一·禮説》卷5，詹亞園、韓偉表主編：《黃以周全集》第10冊，上海古籍出版社，2014年，第133頁。標點有改動。

他將"夏后氏逆於庭，殷人逆於堂，周人逆於户"解釋爲天子俟禮，可謂前所未有。他又借用毛傳素瓊華爲士服、青瓊瑩爲卿大夫服、黄瓊英爲人君服之分，建構出了人君、卿大夫、命士三等之俟禮，但在今日看來，這種"以《詩》義補《禮經》"之法只能算是"創造性的發明"了①。

在《禮書通故》中，類似的建構現象更多，限於篇幅，此處只舉一例以明之。裼、襲是先秦禮典中常見的禮儀行爲，但由於去古已遠，加之對鄭注的理解有誤，後代經學家異説頗多②。黄以周對這些説法都不滿意，所以用了很多篇幅和條目來對裼襲加以考證。《儀禮·聘禮》"裼，降級"，鄭玄注云："裼者免上衣，見裼衣。凡當盛禮者以充美爲敬，非盛禮者以見美爲敬，禮尚相變也。……凡禮裼者左。"《禮記·檀弓上》"鹿裘衡、長、袪，袪，裼之可也"，鄭玄注云："裼表裘也，有袪而裼之，備飾也。"《玉藻》"服之襲也，充美也"，鄭玄注云："充猶覆也。"由這幾處鄭注可知，裼就是解開上衣，露出裼衣之左半，意爲"見美"，用於"非盛禮"的場合；襲爲穿好上衣，掩蓋裼衣，意爲"充美"，用於"盛禮"的場合。鄭注很明確，但後世經學家由於誤讀或理解的問題，又產生了種種不同的意見。黄以周對此也提出了自己的看法。

首先，黄以周由於誤讀鄭注而提出了"裼襲具謂之一襲"的説法。《禮記·玉藻》"君衣狐白裘，錦衣以裼之"，鄭玄注云："君衣狐白毛之裘，則以素錦爲衣覆之，使可裼也。祖而有衣曰裼。必覆之者，裘襲也。《詩》云：'衣錦絅衣，裳錦絅裳。'然則錦衣復有上衣明矣。天子狐白之上衣，皮弁服與？凡裼衣，象裘色也。"鄭玄認爲裘上有錦衣覆之，此錦衣即爲裼衣。在裼衣之外還有上衣，祖開上衣露出裼衣即爲裼。但黄氏對此產生了誤讀：

> 鄭之引詩，雖非確證，而言裼必有襲，裘上有錦衣上衣二服，自不可破。……謂之裼者，對襲言之。通言之，皆可謂之弁服、朝服。凡弁服、朝服必有一裼一襲，裼襲具謂之一襲。襲本訓重衣，《漢書·東平王傳》

---

① 《著》毛傳之説本與詩義不合，怎麽可能在一首風詩中體現出人君、卿大夫、士三等親迎的規格？這種解釋本來就很牽強，陳子展先生云"《著篇》，詩人爲一貴族婦女自述於歸，想望其壻親迎之詞"，才是合乎情理的概括。見陳子展：《詩經直解》，復旦大學出版社，2015年，第191頁。

② 相關經説可參見田訪：《裼襲禮考論》，《古典與新知——第三屆禮學與禮制青年工作坊論文集》，2022年，第79~89頁。

注云"衣單復具曰一襲"，是也。鄭云"錦衣上衣皮弁服"謂襲衣，是裼襲同色同物，不過一見美，一充美，其制有異耳。①

他將鄭玄的錦衣、上衣分別對應裼和襲，認爲後者"本訓重衣"，還概括衣服之例爲"凡弁服、朝服必有一裼一襲，裼襲具謂之一襲"。這與鄭注的觀點發生了很大的偏差：鄭玄從未將襲訓爲名詞，釋作與裼相配之服。黄氏所謂"裼襲具謂之一襲""鄭注謂裘外有裼襲二衣，是也"，是他的誤讀與創造。

其次，他通過"融貫"的詮釋方法爲"襲衣"定下了規制。在黄氏之前，經學家早有"襲衣"之說②，但並未詳述其制，黄以周則極大地豐富了"襲衣"的細節：

　　襲衣本象裼衣爲之，如狐裘錦衣裼，其襲衣亦用素錦爲之；羔裘緇衣裼，其襲衣亦用緇布爲之。裼襲同色同物，故曰以帛裏布非禮也。其謂之裼襲者，裼直領對衿見裘，襲方領曲袷掩裘，《玉藻》所謂裼見美、襲充美是也。且襲衣以掩裘，袪亦長大，裼衣之袪則短于裘。《檀弓》云："練，練衣黄裏縓緣"，"麑裘橫長袪，袪裼之可也"。言麑裘之袪橫長于練衣，其練衣之袪如裼，故曰裼之可也，則裼衣之袪短于裘可知，亦短于襲可知。《玉藻》言深衣之袂可以回肘，長中繼掩尺，鄭注云："長衣、中衣繼袂掩一尺，若今褒，深衣則緣而已。"蓋其差也。襲衣如長中，決非深衣。深衣不可加朝祭服，且其褒亦短于裘。孔子褻裘短右袂，亦不過短之使與外衣之袪齊，以便于作事而已。自裼制不明，而諸義皆晦。③

　　① （清）黄以周撰，王文錦點校：《禮書通故·衣服通故三》，中華書局，2007年，第144頁。
　　② 《禮記·曲禮下》"執玉，其有藉者則裼，無藉者則襲"，孔疏云："裼所以異於襲者，凡衣近體有袍襗之屬，其外有裘，夏月則衣葛。其上有裼衣，裼衣上有襲衣，襲衣之上有常著之服，則皮弁之屬也。"孔說當承自崔靈恩與皇侃，只不過他認爲在裼衣和襲衣之外還有皮弁等第三層衣。而後來朱子、許謙等認爲襲衣即是朝服，則是主裘上有兩層衣。見（清）黄以周撰，王文錦點校：《禮書通故·衣服通故三》，中華書局，2007年，第144頁。
　　③ （清）黄以周撰，王文錦點校：《禮書通故·衣服通故三》，中華書局，2007年，第145頁。

其所引《記》文中根本沒有涉及所謂的"襲衣"，但由於已有"凡弁服、朝服必有一裼一襲"的禮例在胸，所以黃氏定"襲衣"之規制爲：裼襲同色同物；裼直領對衿見裘，襲方領曲袷掩裘；襲衣以掩裘，袪亦長大。所謂"自裼制不明，而諸義皆晦"其實是由他的誤讀而造成的錯覺。

最後，黃以周還以此"襲衣"來解釋經傳之文，並駁清儒蔡德晉之説。其言曰：

> 裼衣在裘之外，故《玉藻》曰"裘之裼也"。襲衣又在裼衣之外，故《玉藻》曰"服之襲也"。二服分别甚明。凡服襲衣者可以裼，爲内本有裼衣也。服裼衣者，無上服不可爲襲。故子游裼裘而吊，主人既小斂，乃趨而出，襲裘而入，二服之分别亦甚明。如蔡氏説，裼襲止是一服，裼襲之分止在裘之卷與不卷，則子游欲襲裘，一下其褱斯可矣，何必趨而出邪？①

《禮記·玉藻》中的"裘之裼也"之"裼"和"服之襲也"之"襲"皆爲動詞，不能作名詞解，更不存在什麼"凡服襲衣者可以裼，爲内本有裼衣也"的禮例。蔡德晉的説法是有道理的，裼和襲爲袒露與覆蓋兩個動作，皆針對裼衣而言。黃氏認爲如果這樣，就不能解釋《檀弓》中的子游"襲裘帶經而入"。不論是曾子的"襲裘而吊"還是子游的"裼裘而吊"，襲、裼都是動詞，指掩飾或袒露裘服；子游由裼裘變爲襲裘，需"趨而出"，在門外變服，是正常的禮儀，黃氏"一下其褱斯可矣，何必趨而出邪"的反駁是無力的②。

綜上，黃以周雖然以"實事求是"爲宗旨，但在很多禮學考證之前他已有"經義"存於胸中，因此其考證看起來是客觀的，實際上卻是根據"經義"的需要，靈活地采用各種文字、訓詁、史學的方法來加以建構。這一現象並非黃氏專有，更不是今文經學家和宋學家的專利，在以考據實證爲長的古文經學家或漢學家身上也很常見。此時，"考證"更像是一種有目的的議論，只不過經學家本人並未發覺而已。

---

① （清）黃以周撰，王文錦點校：《禮書通故·衣服通故三》，中華書局，2007 年，第 147 頁。

② 《儀禮·聘禮》"公側襲"鄭注云："凡襲於隱者，公序站之間可知也。"賈疏："云'凡襲於隱'者，案《士喪禮》'小斂，主人袒於户内，襲於序東'，喪禮遽於事，尚襲於序東，況吉事乎？明知襲於隱者也。"可知襲於隱處是當時之通禮。

餘　論

　　如何勘定有清三百年學術的價值，引發了一個多世紀的争論。不同立場的學者基於不同的預設，提出了各自的看法。從消極的方面來説，熊十力對考據學不本於義理、不關於心性提出了嚴厲的批評："考據不本於義理，則惟務支離破碎，而絶無安身立命之地，甚者於有價值之問題，不知留心考索，其思想日益鄙陋。詞章不本於義理，則性情失其所養，神解無由啟發，何足表現人生，只習爲雕蟲小技而已。故四科之學，義理居宗，而義理又必以《六經》爲宗。"①此説是清代宋學攻擊漢學的延續，但從黄以周的禮學來説，這一問題已經得到了解決，正如他對弟子反復强調的"學者讀聖賢書，當務其大者、遠者。以經傳植其基，以子、史充其識。讀漢儒書，事事求合於典籍，而約之以禮，勿逐乎文字訓詁之末，破碎大道"。在禮學中，既有合於典籍的考證功夫，也能從中見到聖賢經傳之大道。

　　從積極的方面來説，百年前梁啟超和胡適都以爲清學在中國思想史上的意義是"反理學"，這自然有一定的道理，但他們認爲考證不過一種工具卻引起了余英時的反駁，後者認爲考證與反理學並無必然的聯繫②。余氏更加看重的是清代學術在建立客觀知識上所作出的貢獻，因爲他探討儒家智識主義（Intellectualism）的興起③，有其特殊的關懷，即認爲"儒學的現代課題主要是如何建立一種客觀認知的精神，因爲非如此便無法抵得住西方文化的衝擊"，"如果知識繼續以'第二義'以下的身份維持其存在，則學術將永遠成爲政治的婢女，而絶無獨立的價值可言"④。正是出於對儒家内部"反智識主義"和西方

　　①　熊十力：《讀經示要》卷1，《熊十力全集》第三卷，湖北教育出版社，2001年，第562頁。

　　②　余英時：《從宋明儒學的發展論清代思想史：宋明儒學中智識主義的傳統》，《論戴震與章學誠：清代中期學術思想史研究》，生活·讀書·新知三聯書店，2005年，第312頁。

　　③　余英時先生關於"智識論"的界定，可參看其《中國思想史上的智識論和反智論》一文，收入程嫩生、羅群等譯：《人文與理性的中國》，上海古籍出版社，2007年，第132~139頁。

　　④　余英時：《自序》，《論戴震與章學誠：清代中期學術思想史研究》，生活·讀書·新知三聯書店，2000年，第7頁。

學術衝擊的擔憂，他特別重視從清儒"道問學"的傳統中去尋求客觀認知精神的挺立。①

從此角度而言，黃以周的"實事求是，莫作調人"當然具有可供借鑒的現代學術精神，不過正如本章所指出的，在黃氏的"實事求是"之前，有着非常"厚重"的經學"前提"。此"前提"由於歷史的累積，不可避免地會從不同層面對經學家産生影響，因此，現代意義上的"實事求是"，如果没有外力的影響，是很難在經學内部轉化出來的，余英時對此有精闢的見解："'經學即理學'卻建立在一個過分樂觀的假定之上：即以爲六經、孔、孟中的道或理只有一種正確的解釋，經過客觀的考證之後便會層次分明地呈現出來。事實上，問題絶不如此簡單。清代經學考證直承宋、明理學的内部争辯而起，經學家本身不免各有他自己獨特的理學立場。理學不同終於使經學也不能一致，這在早期尤爲明顯。一個人究竟選擇某一部經典來作爲考證的物件往往有意無意之間是受他的理學背景支配的。"②黃以周的"實事求是，莫作調人"之所以會導致以考證建構（甚至臆説）經義，也是出於同樣的原因，在此意義上可以説，其禮學内部所具有的求是與建構之間的張力是無法消弭的。

---

① 余英時：《自序》，《論戴震與章學誠：清代中期學術思想史研究》，生活·讀書·新知三聯書店，2000 年，第 9 頁。

② 余英時：《清代思想史的一個新解釋》，《論戴震與章學誠：清代中期學術思想史研究》，生活·讀書·新知三聯書店，2005 年，第 346 頁。

第三章　禮兼漢宋：黃以周《經訓比義》思想探析

　　有清一代，禮學極盛，其特點主要在通過考察具體的名物度數以究先王制禮之精義，故儀禮學最爲學人所重視①。嘉道以降，受國内外時事及乾嘉時期漢宋之爭的影響，禮學更被曾國藩等人視爲國家大政禮俗教化之大本與化解漢宋之爭的良方，而極力加以提倡②。此後的禮學發展大致可分以下幾派：一爲篤守乾嘉治經之法之禮學，此派以瑞安孫詒讓爲代表；一爲精研漢人家法之禮學，此派以張錫恭爲代表；一爲今文禮學，此派以廖平爲代表；一爲兼采漢宋之禮學，此派以黃以周爲代表。其中黃以周與前兩派關係多在師友之間，在當時影響也最大。

　　黃氏以其卓越的禮學成就而爲時人所稱道。20 世紀初，章太炎在《清儒》一文中將其視作"浙東之學"的集大成者："定海黃式三傳浙東學，始與皖南交通。其子以周作《禮書通故》，三代度制大定。唯浙江上下諸學説，亦至是完集云。"③章太炎是古文經學大師，自然會推重黃氏的禮學考證。他在《説林》中以戴震之學爲標準，將晚清學者分爲五等，而列黃以周爲第一等，稱他與俞樾、孫詒讓都是"精研故訓而不支，博考事實而不亂，文理密察，發前修所未見，每下一義，泰山不移"④。但黃以周的禮學考證，有其義理學作爲基礎，

---

① 參見張壽安：《十八世紀禮學考證的思想活力》，北京大學出版社，2005 年，第 49~72 頁。

② 參見武道房：《曾國藩禮學觀念及其思想史意義》，《江海學刊》2009 年第 6 期，第 158~165 頁。

③ 章炳麟著，徐復注：《訄書詳注》，上海古籍出版社，2000 年，第 149 頁。

④ 章太炎：《説林》，傅傑編校：《章太炎學術史論集》，中國社會科學出版社，1997 年，第 323 頁。

要解決的問題也很明確，即以禮學解決之前的漢宋之爭①，並爲恢復古禮奠定堅實基礎。

本章的目的不是要對黃氏的禮學思想做全面的檢討，而是主要關注其禮學漢宋兼采的特色，重點考察在此前提之下他對《儀禮》性質的新解和對"禮儀"一詞的考證與詮釋，並將他的禮儀觀與 20 世紀 70 年代以後在西方學界有着深遠影響的芬格萊特的神聖禮儀觀相對照，使其禮學觀點的優長與局限更爲明晰②。

第一節 《經訓比義》在清代學術思想史上的意義

光緒三十一年（1905），劉師培在《國粹學報》第 8 期上發表《理學字義通釋》，文章開頭有一段話很重要，談到了黃以周《經訓比義》的特點，其文云：

> 近世東原先生作《孟子字義疏證》，據《孟子》以難宋儒。而甘泉焦先生，亦作《論語通釋》，以繼戴氏之書。儀徵阮先生，病宋儒高談性命，作《性命古訓》，並作《論語》、《孟子論仁論》，皆折衷故訓，不雜兩宋之書。及定海黃先生作《經訓比義》，雖師淑阮氏之學，然立説多調停漢宋，與戴、阮之排斥宋學者不同。③

正如劉氏所説，黃以周在《經訓比義》中漢宋兼采，既重訓詁，也不排斥義理。可以説，他的義理學就集中體現在此書中。《經訓比義》之前，宋代陳淳曾作《字義》，以類似辭典的形式解釋朱子的二十六個哲學範疇；之後戴震作《孟子字義疏證》，以疏證《孟子》字義的方式來發揮自己的思想。陳書墨守朱子之説，若有朱子與《孟子》相異處，則駁孟而申朱；戴書乃據《孟子》以與宋儒詰難，言辭激烈，時有過當之論。黃以周對兩家之學皆深有所得，欲爲其辨明是

---

① 他説："欲挽漢宋學之流弊，其惟禮學乎？"其思想與曾國藩一致。見（清）黃以周：《經訓比義》卷中，《四庫未收書輯刊》第 7 輯，北京出版社，2000 年，第 713 頁。

② 最近十幾年學界較爲關注中國傳統思想中的"身體觀"，雖也涉及本章所説的禮儀，但由於研究側重點不同，這裏不加討論。

③ 劉師培著，萬仕國點校：《儀徵劉申叔遺書》第 4 冊，廣陵書社，2014 年，第 1333 頁。

非，故著《經訓比義》①。

但此書的寫作形式卻是仿照阮元的《性命詁訓》，據黃以周自述，是因爲這種寫作形式可以避免偏執一説以自矇的弊端。他説："昔阮文達病儒先之高談，多經外之支辭，作《性命古訓》以挽其流弊。以周幼嗜是書……深懼偏執一説以自矇，不若綜比群經以自義。"②《性命古訓》的形式是先列經典中有關"性命"的記述，然後再以按語的形式加以解釋。很明顯，此書並非一部純粹的訓詁學著作，阮元要借此對唐宋以來儒者引佛家的性論加以廓清。他認爲："商周人言性命多在事，在事故實，而易於率循；晋唐人言性命多在心，在心故虛，而易於附會。"③同樣的，黃以周雖然宣稱《經訓比義》是要"綜比群經以自義"，但他也在《敘目》中説：

經者，聖賢所以傳道也。經之有訓詁，所以明經而造乎道也。儒者手披口吟，朝夕不倦，孰不有志於聞道？顧或者辨聲音、定章句，專求乎訓詁之通，而性命之精、仁義之大，一若有所諱而不言。言之者或又離訓詁以談經而經晦，離經以談道而道晦，甚且隱陋乎孔聖而顯斥乎曾孟諸子，此豈求道者之所宜爲哉？夫聖賢之經，儒説之權衡也。儒説之是非，以經質之；經義難明，以經之訓詁核之；經訓不可偏據，以諸經之相類者融貫之。經以類纂，如絲之編，同異既別，是非自明。所謂叛慚疑枝、邪離遁窮之情形畢著矣。不揆檮昧，采擷成書，道必宗經，訓亦式古，而區區之

① 見劉芬爲《經訓比義》所作之序[(清)黃以周：《經訓比義》，《四庫未收書輯刊》第7輯，北京出版社，2000年，第662頁]。劉芬在此序中明白地説他也"嘗欲爲兩家(指陳淳與戴震)辨明是非，作一書以持其平，未能也"。可知，對於陳、戴兩家關於義理方面的分歧，是黃式三一門父子、師弟共同關心的問題，這明顯是上承乾嘉以降漢宋之爭的問題意識而來。但從黃以周的治學傾向説，在陳淳與戴震之間，他還是偏向後者。他在給俞樾的信中説自己年輕時"喜觀宋儒書，又病其離經談道，多無當於聖學，甚且自知己説之不合於經，遂取隱陋孔聖，顯斥孟子，心竊鄙之，於是有《經義通詁》之作(即《經訓比義》——引者按)"，又在對指導唐文治時説："戴東原《孟子字義疏證》，立説俱是，而近於毁罵。"見唐文治：《茹經堂文集》(第一編)卷2《黃元同先生學案》，《民國叢書》第五編，上海書店出版社，1989年，第11頁；趙椿年：《覃研齋師友小記》，沈云龍編：《中和月刊史料選集》，臺灣文海出版社，1970年，第287頁。
② (清)黃以周：《經訓比義》，《四庫未收書輯刊》第7輯，北京出版社，2000年，第660頁。
③ (清)阮元撰，鄧經元點校：《揅經室集》一集卷10《性命古訓》，中華書局，1993年，第235頁。

意尤在使知族類、行比義焉，庶或心知古意，不惑歧途也。①

作爲一名虔誠的儒家學者，黃以周勤奮治經的目的就是要"聞道"，而不是像
一些"專求乎訓詁之通"的漢學家那樣，雖高懸聖人之道的鵠的，但根本不敢
談"性命之精""仁義之大"。當然他求道的方法卻依然沿襲了乾嘉學者的做法，
即由訓詁以通義理。不同的是，在訓詁方法上他有所創新，即將諸經中經訓之
相類者融貫之。用黃氏的話來說，即其"區區之意尤在使知族類、行比義"。
"行比義"出自《國語·楚語上》，三國韋昭釋爲"義之與比也"，但王引之認爲
"比義"當作"比儀"，即"比之度之也"②。黃以周在《經訓比義》中所采取的方
法正是依此而行。《經訓比義》書後有黃以周自跋，專釋"比義"二字。他説：

> 比之言次也、合也，義之言儀也、度也。……凡事之清雜吾前，必比
> 而次之，義而度之，而後異同以別，是非乃明。"聖人有以見天下之動，
> 而觀其會通，以行其典禮"，此比之之説也。"聖人有以見天下之賾，而
> 擬其形容，象其物宜"，此義之之説也。③

可見，黃以周在裁斷前，對於典籍中材料的排比考慮要更加審慎。這與宋儒不
同，也與乾嘉諸老有異。故劉芬評價其書是"詳引諸經各注，異於陳、戴之自
立一幟。以此説經，經由是明；以此應世，庶不執臆見爲理義，敗壞天下事
矣"④。這其實正體現出黃以周對漢宋之爭的思考。他在咸豐五年（1855）所作
《周易故訓訂》的序中説："學者必廣搜古注，互證得失，務求其是。若夫舍古
求是，詎有獨是？多見其不自量也。然學必求古，而古亦未必盡是矣。……願
學者執是而從，毋矯異，毋阿同，斯爲善求古、善求是也已。"⑤"求古"是"求
是"的必由之路，所以必須"廣搜古注，互證得失"。這種觀念可以説貫穿在黃

---

①　（清）黃以周：《經訓比義》，《四庫未收書輯刊》第 7 輯，北京出版社，2000 年，
第 663 頁。

②　（清）王引之：《經義述聞》卷 21"比義"條，江蘇古籍出版社，2000 年，第 511 頁。

③　（清）黃以周：《經訓比義》，《四庫未收書輯刊》第 7 輯，北京出版社，2000 年，
第 755 頁。

④　（清）黃以周：《經訓比義》，《四庫未收書輯刊》第 7 輯，北京出版社，2000 年，
第 662 頁。

⑤　（清）黃以周：《周易故訓訂·序》，《續修四庫全書》第 35 册，上海古籍出版社，
2002 年，第 579 頁。

以周的所有著作之中。

據《經訓比義》黃以周所作"敘目"，可知此書作於咸豐四年(1854)，至光緒二十一年(1895)刊刻時，已過四十年，正合黃氏在"弁言"中所説，"秘藏家塾垂四十年"。而被認爲是黃以周最具代表性的《禮書通故》作於1860年，到1878年完成。可以想見，《禮書通故》的撰作也應當遵循了《經訓比義》的宗旨。對於兩書之間的關係，以周堂兄以恭所作《經訓比義序》記錄了他與以周的關於此一問題的問答，是一篇非常重要的文獻。學者對此未加注意，今不憚其煩，引之如下：

> 元同自幼好深湛之思，口訥於辭，心鋭於學，閉户讀書如賈景伯，無人事於外，足不踏省闈已十有五年。所著《經訓比義》，自漢至宋及近儒之説理義者，必詳考有據而後已。以恭讀其書，喜其原原本本，不同臆説，館課時嘗舉以撖門弟子之懷。今元同又著《禮書通故》，於古禮之至纖至悉，剖之極詳，一若考據之中有理義存焉。以恭就而問其故，元同答曰：小德川流，大德敦化。其謂大德既厚，小德自通與？抑謂小德如川之流，脈絡分明，而後大德之化愈出不窮與？禮者理也，考禮即窮理也，優優大哉，贊道之無小非大也。以恭聞是言，愈知考據、理義之不可分。抑竊有感焉。孟子言經正則庶民興，庶民興斯無邪慝。方今盜賊橫行，邪説充塞，得非經中之義、禮有未明乎？不示之以經義，民烏知聖道？不曉之以經禮，民烏知天秩？元同作《比義》，復作《通故》，談義理於舉世不談之日，實藥石之言也。韓子曰尋墜緒之茫茫，獨旁搜而遠紹，障百川而東之，回狂瀾於既倒，元同其勉爲之。而考據以理義爲歸，理義亦以考據而精。讀其書者自知焉。①

黃以恭讀《禮書通故》，感到在細密的考據中好像有義理存在，以此相問。黃以周用《中庸》"小德川流，大德敦化"作喻，在陸王傾向的"大德既厚，小德自通"與朱子傾向的"小德如川之流，脈絡分明，而後大德之化愈出不窮"之間，他選擇了後者，認爲"道之無小非大也"。黃以恭稱贊以周"談義理於舉世不談之日，實藥石之言也"，實在道出了以周畢生考禮以求聖人義理的苦心。今之

① （清）黃以周：《經訓比義》，《四庫未收書輯刊》第7輯，北京出版社，2000年，第754~755頁。

學者僅以總結古代禮制視《禮書通故》①，而沒有看到其中所蘊含的黃氏的禮理觀，不能不說是一種偏失。

第二節　黃以周論禮與理

從戰國中期開始，諸子開始用"理"來闡釋"禮"。《禮記·樂記》："禮也者，理之不可易者也。"同樣的表述也出現在《荀子·樂論》中。這裏的"理"，基本上相當於《孟子·告子上》"心之所同然者何也？謂理也、義也。聖人先得我心之所同然耳。故理義之悦我心，猶芻豢之悦我口"中的"理"，是指倫理道德而言②。但鄭玄注的解釋有所不同，他說："理，猶事也。"孔疏："禮見於貌，行之則恭敬。理，事也，言事之不可改易也。……禮在於貌，故云'禮'也，變易改換也。"③貌似不同，但所謂"事"，也是體現倫理之事。《禮記·仲尼燕居》："禮也者，理也。樂也者，節也。君子無禮不動，無節不作。"孔穎達《正義》云："理，謂道理。言禮者，使萬事合於道理也。……言古之君子，若無禮之道理，不妄興動。"④所說也是一樣。這種對禮的界定是在春秋宗法秩序解體的背景下，在戰國的秩序重整中提出的。不過，它卻爲宋明理學及清代漢學論禮與理的關係奠定了基礎。

北宋時期，學者將理抬高成爲最高範疇，出現了"以理補禮"的現象。如程頤解《論語·顏淵》"克己復禮"云："視聽言動，非禮不爲，即是禮。禮即理也，不是天理，便是私欲。入于私欲，雖有意於爲善，亦是非禮。無人欲即皆天理。"這樣禮就不再只是倫理規範，而具有了本體的地位。朱子在《答曾擇

---

① 如王文錦先生就說："黃氏通過這部巨著，將兩千年來的古代禮制研究成果，做了出色的總結。"見(清)黃以周撰，王文錦點校：《禮書通故·點校前言》，中華書局，2007年，第3頁。

② 理與義是密切相關的。《論語·衛靈公》："君子義以爲質，禮以行之。"《禮記·禮運》："禮也者，義之實也，協諸義而協。"《管子·心術上》："義者，謂各處其宜也。禮者，因人之情，緣義之理，而爲之節文者也。故禮者謂有理也，理也者，明分以諭義之意也。故禮出乎義，義出乎理，理因乎宜者也。"禮與義本爲一體之兩面，無義則禮爲虛文，無禮則義無體現，故禮乃有理。

③ (漢)鄭玄注，(唐)孔穎達正義，呂友仁整理：《儀禮正義》卷58，上海古籍出版社，2008年，第1517頁。

④ (漢)鄭玄注，(唐)孔穎達正義，呂友仁整理：《儀禮正義》卷58，上海古籍出版社，2008年，第1935頁。

之》中説："禮即理也，但謂之理，則疑若未有形迹之可言。制而爲禮，則有品節文章之可見矣。"①朱子認爲禮即是理，但若僅表述爲理，則會抹殺禮的具體表現。可見，在朱子那裏，禮是有體有用的，其體的地位來自宋儒對"天理"的重新解讀。②

清代戴震不滿宋儒對"理"的解釋所帶來"以理殺人"的後果，而用《詩經》中的"有物有則"將"理"釋爲具體事物中的規則③，即"分理""條理""文理"。這樣的詮釋要求"求情而得理"，不再執著於超越的"天理"，對於普通民眾的"達情遂欲"有積極的作用，但也引起了現代新儒家的批評。如劉述先先生就説："强調達情遂欲而不爽失，表面上看好像肯定人的情欲本能不受桎梏，但其實價值主體不立，遂結果不免要求準則於外在的禮。後來凌廷堪索性'以禮代理'決非偶然。以之與宋明儒相比，宋明儒言禮仍有道德心性作爲基礎，故禮仍是活活潑潑的。如今東原之重禮卻已失掉了心性之基礎，到頭來只剩下外在的規範，用孔子的話來説即只是徒具禮之末而無禮之本。這樣看來，東原斥宋明儒以理殺人，但恐怕他自己才是真的下開了以禮殺人的傳統。"④這樣的評

① （宋）朱熹：《朱文公文集》卷60《答曾擇之》，《朱子全書》第23册，上海古籍出版社、安徽教育出版社，2002年，第2893頁。錢穆先生對此説："朱子以理學大儒而晚年以大力修禮，觀此，其用意大可見。清儒挾門户之見，力排宋學，謂宋儒好言理，不如古人之重禮。然清儒考禮，一意古籍修訂，曾於當代政治制度民生日用好不措意。較之朱子，度量相越，洵不可以道里計矣。"錢穆：《朱子新學案》卷4，九州出版社，2011年，第151~152頁。
② 萬人傑曾問朱子曰："程子曰：'禮即理也。不是天理，便是人欲。'尹氏曰：'禮者，理也。去人欲，則復天理。'《或問》不取尹説，以爲失程子之意，何也？"曰："某之意不欲其只説復理而不説'禮'字。蓋説復禮，即説得著實；若説作理，則懸空，是個甚物事？"（宋）黎靖德編，王星賢點校：《朱子語類》卷41《論語二十三·顔淵篇上》，中華書局，1986年，第1065頁。
③ 顧炎武在《答友人論學書》説："聖人之道，下學上達之方，其行在孝弟忠信；其職在灑掃應對進退；其文在《詩》、《書》、三《禮》、《周易》、《春秋》；其用之身，在出處、辭受、取與；其施之天下，在政令、教化、刑法；其所著之書，皆以爲撥亂反正，移風易俗，以馴致乎治平之用，而無益者不談。一切詩、賦、銘、頌、贊、誄、序、記之文，皆謂之巧言而不以措筆。其於世儒盡性至命之説，必歸之有物有則，五行、五事之常，而不入於空虛之論。僕之所以爲學者如此，以質諸大方之家。"將"盡性至命之説"歸之"有物有則"，開清學之先。（清）顧炎武撰，華忱之點校：《顧亭林詩文集》，中華書局，1983年，第135頁。
④ 劉述先：《從道德形上學到達情遂欲——清初儒學新典範論析》，《儒家思想意涵之現代闡釋論集》，臺灣"中研院"中國文哲研究所，2000年，第103頁。

價雖然新奇，但其實不能成立。吳根友先生已指出戴震的學說根本沒有進入官方的意識形態層面，劉先生所説恐怕只是出於想象而非歷史的事實①。另一方面，清人其實也並未只是將禮視作外在的規範，而同樣重視禮的心性基礎，與"天"的關係。

清儒淩廷堪在其《復禮上》《復禮中》中説明他復性靠禮、道德實踐靠禮的主張，在淩氏之後，黃式三、黃以周父子也對戴震、淩廷堪之説作出了積極的回應。黃式三在《崇禮説》中説：

> 君子崇禮，以凝道者也。知禮之爲德性而尊之，知禮之宜問學也而道之。道問學，所以尊德性也。……後世君子外禮而内德性，所尊或入於虚無；去禮而濫問學，所道或流於支離，此未知崇禮之爲要也。不崇禮，即非至德，何以能凝至道？②

他强調禮兼有尊德性與道問學兩個面向，而"道問學所以尊德性也"，因此批評"後世君子外禮而内德性，所尊或入於虚無；去禮而濫問學，所道或流於支離"。在《復禮説》中，他指出：

> 禮也者制之聖人，而秩之自天。當民之初生，禮儀未備，而本於性之所自然，發於情之所不容已，禮遂行於其間。何則？蜂蟻有君臣，豺狼有父子，鴻雁有行列之序，豈聖人教之而然哉？物不受教於聖人，而物自能之。安得謂聖人未教人，而人盡無禮乎？恭敬辭讓，此心爲禮之端，無是心，非人也。

"禮"並非後天强加的規範，而是"秩之自天"的。蜂蟻豺狼乃宋儒舊喻，朱子曾舉之以證父子君臣之倫皆得自理③。式三之意，與朱子無異。

宋儒周敦頤《通書》中説顏子樂貧，是因爲其"見其大則心泰"。程頤説顏

---

① 吳根友：《戴震、乾嘉學術與中國文化》，福建教育出版社，2015 年，第 151 頁。另見鄧國宏：《戴震"以情絜情"説辨析》，《安徽大學學報》（哲學社會科學版）2012 年第 5 期。

② （清）徐世昌等編撰，沈芝盈、梁運華點校：《清儒學案》，中華書局，2008 年，第 5944～5945 頁。

③ 見（宋）朱熹：《中庸或問》，《朱子全書》第 6 册，上海古籍出版社、安徽教育出版社，2002 年，第 551 頁。

子之樂"自有其樂"，但所樂爲何，亦未説明。對此，黃以周認爲，顏子所樂乃天，而樂天之學要從好禮做起：

> 《虞書》曰："天秩有禮，自我五禮有庸哉。"禮者，體也，體之於心，知其理之不可易實出於性之烏可已，則手舞足蹈有不自知者矣。理不可易，故曰"秩"；性烏可已，故曰"天"。禮秩自天，故好禮即以樂天理。《中庸》曰："大哉，聖人之道！洋洋乎！發育萬物，峻極於天。優優大哉！禮儀三百，威儀三千。"言聖道峻天之大，由於修禮之大也。顏子所見大，雖無容輕擬，要不越《中庸》所謂"優優之禮"矣。由博文以約禮，既竭一生之才；能克己以復禮，遂安三月之仁。①

將禮與天、理、性相聯繫，看起來是宋儒舊説，但若放在明清學術思想史的背景下，便會發現其獨特的意義。

明末清初時學者强調"天"的重要性，在觀念上有助於對"禮"的重視。吕留良以天作爲批判異端的標準，日本學者伊東貴之説："如果（辨別異端與正學）依據的是'天'，那麼必然就要歸結到'一定之理'，而且必然從哲學層面上保證了作爲儒家'秩序'觀之核心的、作爲天意之具體客觀表現的'禮'的重要性。"與吕留良同時的陸世儀、黃宗羲、張爾岐等人也有類似的强調"天"的傾向②。如清初陸世儀（1611—1672）説："先儒有言，天即理也。予曰理即天

---

① （清）黃以周：《儆季文鈔》卷1《顏子見大説》，首都圖書館藏定海黃氏所著書本。黃以周又在《德性問學説》中説："荀卿力勸人學，而並詆德性爲惡，謂禮義出於聖人之心，常人學而後能明禮義。是問學取諸外，而德性無諸内矣。宋儒謝上蔡，後有陸象山，大反荀卿之説，則又謂此心虚靈不昧，萬理畢具，而不待外求。是德性求諸内，而問學又遺諸外矣。"又黃以周在《禮書通故》中説："夫禮秩自天出，於性之烏可已。雁有行列，遽知君臣，鳥獸昆蟲，不教而成，人之有禮，豈非性哉？《記》曰：'禮本於大一，分而爲天地，轉而爲陰陽，其降曰命，其官於天也。'降謂賦畀，官謂職掌。《傳》曰'民受天地之中以生，以定命也'，所謂'其降曰命'也。又曰'是以有動作禮義威儀之則，能者養以之福，不能者敗以取禍'，所謂'其官於天也'。禮官於天，故曰'天秩有禮'，二帝三王無異教也。荀子外禮以言性，不知性者也。老子離道德仁義以言禮，不知禮者也。"（清）黃以周著，王文錦點校：《禮書通故》，中華書局，2007年，第20~21頁。此兩例也是同樣的意思。

② ［日］伊東貴之：《"秩序"化的諸相》，［日］溝口雄三、小島毅主編，孫歌等譯：《中國的思維世界》，江蘇人民出版社，2006年，第252頁。在此文中，他提出："在清初時期……出現了各種'秩序'化思潮，這些思潮試圖解決當時社會中的混亂局面。在我看來，作爲標識清初時期思想序列的關鍵字，可以認爲是'秩序化'。"（第248頁）

也。識得此意，敬字工夫方透。"①即意在提高天之地位，否則人之敬將無法持續。黃以周極欽佩的胡培翬，曾駁賈公彥《周禮》乃統心、《儀禮》是踐履之說："不知踐履必本於心，外之有揖拜辭讓之文，内之必有恭敬謙遜之實。故魏氏了翁以爲《儀禮》一經，非由外心以生，凡皆人性之固有，天秩之自然。則以二禮分别外内，非矣。"②

因此黃以周對禮理關係的詮釋其實與宋儒並不相同，最明顯的表現就是他對"理"的解釋。黃以周通過歸納《禮記·中庸》、《孟子》中"理"的含義，認爲"理者分也，謂道之分明者也。故理以有别言，此古訓也"③。他舉任啓運（1670—1744）《禮記章句》之語爲證：

> 理乃玉文細密之名，孟子言始終條理，子思言文理密察，孔子言窮理盡性以至於命，皆就分别細密處言之，非大本大原之名也。朱子言天即理，性即理，與《易》言"性命之理"同，言渾然中即具此秩然之理耳。或乃謂先有此理，乃有是天，謬之謬矣。④

理非大本大原之名，而是依物而存在的。由此黃以周提出了他的"理氣說"："凡氣之具於身者皆物也，而各有則焉其理也。有物即有則，有氣即有理也。故逞氣而滅理者非也，求理於氣外者亦非也。"⑤此外，理指分理，曾是戴震重點强調的⑥，但黃以周卻未提及，而是引用任啓運的觀點，這是有他的用意的。黃氏雖同意戴震對"理"的解釋，但卻不贊成其過激的態度，及引發的漢宋之爭。任啓運生於戴震之前，學宗朱子，精於三禮，黃氏引他的釋理之語，更可見漢宋兩派對理有共識。

理既然以分别言，則不免會被宋學家視爲外在，對此，黃以周則將理與義聯繫起來，說明理並非"外理"。《禮記·喪服四制》曰："理者，義也。"黃氏據此指出：

---

① （清）陸世儀：《思辨録輯要》卷2《居敬類》，清文淵閣《四庫全書》本。

② （清）胡培翬撰，段熙仲點校：《儀禮正義》，江蘇古籍出版社，1993年，第5頁。

③ （清）黃以周：《經訓比義》卷中，《四庫未收書輯刊》第7輯，北京出版社，2000年，第701頁。

④ （清）任啓運：《禮記章句》卷1，清乾隆刻本。

⑤ （清）黃以周：《經訓比義》卷上，《四庫未收書輯刊》第7輯，北京出版社，2000年，第685頁。

⑥ （清）戴震撰，何文光整理：《孟子字義疏證》卷上，中華書局，1982年，第1頁。

　　理與義渾言相通。理者，條分縷析，使事物一無紊亂而各得義之所宜也。或者疑此爲外理，非也。有條有縷，屬外之物；分之析之，由内之心。是猶長者非義，長之者爲義也。理豈偏屬之外物哉？①

渾言之，理與義相通，而義非外在，則理亦非外理②。“理”既然有内在的根據，那就人人都可以求得，在這裏，黄以周加以了嚴格的限定，只有聖人才能完全地了解理義，凡人則只能“悦”聖人之理義。他説：

　　理者，聖心所分之條理。義者，聖心所斷之事宜也。聖人神明之至，能先得理，能先得義，所謂先智先覺是也。凡人不能盡得理義，未有不悦理義者也。……後世恣睢之徒，輒以意見當理義，是一人之私心也，非人心之同然也。先得人心之同然者，惟聖人。③

戴震也强調《孟子》的“心之所同然”，認爲“凡一人以爲然，天下萬世皆曰‘是不可易也’，此之謂同然”④。戴氏雖然也説“聖人始能得理”，但重點卻在人之情：“惟以情絜情，故其於事也，非心出一意見以處之，苟舍情求理，其所謂理，無非意見也。”⑤而黄以周雖然不反對情，但在此處，他卻害怕凡人以一人之私心當理，故强調只有聖人才能盡得理義。如果只有聖人能盡得“心之所同然”之“理”，那麼聖人已亡，其理當於何處求得？答案就只有向聖人所傳之經中去尋找。這樣，戴震强調情到了黄以周這裏，就轉向了經，尤其是禮。

---

　　① （清）黄以周：《經訓比義》卷中，《四庫未收書輯刊》第7輯，北京出版社，2000年，第701頁。

　　② 俞樾在《禮理説》(《賓萌集》卷2，《春在堂全書》光緒二十三年重訂本)中則提出要將禮、理分開，治天下以禮不以理，乃“無弊之道”。他認爲“以理”則“有是非曲直在”，而君臣父子之間不應論是非曲直的，如果君臣父子之間不遵循禮，而據“理”以論是非曲直，那便是“大亂之道”。這還是將倫理道德置於客觀標準之上，不如黄以周的禮理説富有彈性。

　　③ （清）黄以周：《經訓比義》卷中，《四庫未收書輯刊》第7輯，北京出版社，2000年，第701頁。

　　④ （清）戴震撰，何文光整理：《孟子字義疏證》卷上，中華書局，1982年，第3頁。

　　⑤ （清）戴震撰，何文光整理：《孟子字義疏證》卷上，中華書局，1982年，第5頁。

第三節 黄以周論禮與情

黄以周對於情也是很重視的，他非常反對佛家的滅情復性之説，而以聖人有情説來對抗。他説：

> 氣之秩然者理，情之當然者性。理不可見，見之於氣。性不可見，見之於情。自佛氏有滅情復性之説，而或者遂謂聖人無情，天地無情，非也。天地聖人不能無情，讀《易傳》自知。①

《易·文言傳》云："乾元者，始而亨者也。利貞者，情性也。……大哉乾乎，剛健中正，純粹精也。六爻發揮，旁通情也。"黄以周據此闡述了他的性情觀。他認爲：

> 利者，乾元之情。貞者，乾元之性。剛健中正，純粹精者也，貞之性也。……六爻發揮，旁通情也，利之情也。……以己之情，旁通乎人，《傳》所謂"利以合義"，《樂記》所謂"反躬"也。②

對於情與性之間的關係，黄氏與宋儒不同。宋儒一般認爲性是體，情是用③；性屬靜，情屬動。而黄以周由於要據經典以立説，根據《易·文言傳》"利貞者，情性也"，將情性與坤乾相聯繫，強調經典中都是"情性"，這樣就抬高了情的地位。黄以周非常重視"六爻發揮，旁通情也"，認爲這合於"反躬"。這類似於戴震所主張的"以情絜情"，不過他用《易傳》來證成其説。

此外，他還引《説文》《白虎通》性爲陽氣、情爲陰氣的記載，反對性靜情動之説："《白虎通》：'情者，靜也。'靜函於心氣中，而有自然智覺也。……或又謂性屬靜，情屬動，與《説文》性陽氣、情陰氣相反。此各據大判言之，

① （清）黄以周：《經訓比義》卷上，《四庫未收書輯刊》第7輯，北京出版社，2000年，第683頁。
② （清）黄以周：《經訓比義》卷上，《四庫未收書輯刊》第7輯，北京出版社，2000年，第683~684頁。
③ 見（宋）黎靖德編，王星賢點校：《朱子語類》卷5，中華書局，1986年，第91頁。

亦未可泥。"①因此他贊同朱子《仁説》中所説的"性情者，雖其分域之不同，然
其脈絡之通，各有攸屬，曷嘗判然離絶而不相貫"。

在此基礎上，他反對"情惡"説。他説："情者，人之良知。⋯⋯情可以爲
善，是情非惡也。情非惡即可見性之善也。性之欲爲情，而情之善即性善。"②
他贊成朱子性情貫通之説，力排禪家滅情以復性，認爲如果没有了情，那麽仁
義禮智的善端也不能存在。對於此可以爲善之情，黄以周認爲要用禮治之。他
説："治情之道，必節己之所有餘，而勉其所不足，以審乎中正之則而已。"③
而這"中正之則"就是禮。

先秦典籍中，就有關於情禮關係的記載。《禮記·樂記》："合情飾貌，禮
樂之事也。""樂章德，禮報情。"對此，黄以周説：

> 禮也者，報其情也。欲報情而飾貌，貌根於心也。而澆情者往往專於
> 飾貌，非禮之罪也。故澆情飾貌者，非惡其飾貌，惡其澆情，惡其澆情而
> 專於飾貌，不能報情耳。後儒謂禮不足以防僞，僞之招也。禮不足以講
> 信，信之薄也。衆言淆亂，宜折諸聖。④

有後儒認爲禮不僅不足以防僞講信，還是招致虛僞無信的原因，這是黄以周無
法接受的。他引《禮記·樂記》"禮報情"就是要説明，禮爲報情才用外在的器
物儀節來修飾，是根於心的。那些只會專注外在禮儀修飾的人往往會損害情，
但這不是禮的問題。《禮記·樂記》云："著誠去僞，禮之經也。"孔疏："言顯
著誠信，退去詐僞，是禮之常也。若人内心虛詐，則外貌敖狠，唯禮知之，故
云'禮之經也'。"可見禮乃檢驗人是否誠正的標準，而不只是外在的規範。

黄以周並不主張禮要排除情、欲，同時也反對那種不循禮的放蕩行爲。
《論語·學而》："有子曰：'禮之用，和爲貴。先王之道，斯爲美。小大由之，
有所不行。知和而和，不以禮節之，亦不可行也。'"黄式三對此解釋説：

---

①　(清)黄以周:《經訓比義》卷上,《四庫未收書輯刊》第 7 輯, 北京出版社, 2000
年, 第 683 頁。

②　(清)黄以周:《經訓比義》卷上,《四庫未收書輯刊》第 7 輯, 北京出版社, 2000
年, 第 684 頁。

③　(清)黄以周:《經訓比義》卷上,《四庫未收書輯刊》第 7 輯, 北京出版社, 2000
年, 第 685 頁。

④　(清)黄以周:《經訓比義》卷中,《四庫未收書輯刊》第 7 輯, 北京出版社, 2000
年, 第 714 頁。

> 此爲放蕩者戒。……好放蕩者其意以禮爲不和耳，視爲繁瑣拘苦，以舊坊無用而壞之，好脱略簡率之爲，卒生悖逆欺陵之釁。其人非特不循禮，並不得謂之能和。有子特揭禮中之和以示之，見禮由和用，所以能範圍小大之事，而外禮者之和失其和矣。①

此乃式三借有子之言而對當時社會現實所發的不滿之辭。視禮爲繁瑣拘苦之人，認爲禮會導致不和。但在黃式三看來，這些人雖然拋棄了禮，但仍然得不到和，只有遵守禮，才能將各種事物安排好，沒有禮的和就失去了和的靈魂。在其父的基礎上，黃以周進一步將禮和情聯繫起來，他説："禮以報情，故其用和。先王之道斯爲美，即優優大哉之意。大而禮義三百，小而威儀三千，無非將以和意，可謂先王之禮乃束縛斯人之具乎？"②他將有子的"禮之用，和爲貴"與《禮記·樂記》的"禮報情"聯繫起來解釋，認爲禮回報人情就會達到和。這樣，先王的"禮義三百，威儀三千"就都是爲了求得和，不像有些人説的是束縛人的工具。可見，黃以周是在調和禮的外在形式與情之間的關係，努力爲禮爭取正當性。

第四節　經曲之辨：禮儀與禮義

1788 年，章學誠作《禮教》一文，文章起首即辨經禮與曲禮。他説："經禮之學，開端先辨經曲。經曲之義未明，是出入不由户也，而學者往往昧之。"③章氏認爲《禮記·禮器》"經禮三百，曲禮三千"中的"經禮""曲禮"應當依劉向之説，分別指《周官》與《儀禮》，前者爲"經"，後者爲"曲"。他的看法依然與其"六經皆史"説一樣，核心是强調王朝典章的重要性。但到黃以周，雖然在《禮書通故》的開頭也先分辨經、曲，但出發點與章學誠完全不一樣。

黃以周是從禮儀與禮義的角度來論述這一問題的。他既不同意孔穎達説

---

① （清）黃式三撰，張涅、韓嵐點校：《論語後案》，鳳凰出版社，2008 年，第 17 頁。

② （清）黃以周：《經訓比義》卷中，《四庫未收書輯刊》第 7 輯，北京出版社，2000 年，第 717~718 頁。

③ （清）章學誠著，倉修良編注：《文史通義新編新注》，浙江古籍出版社，2005 年，第 69 頁。

"《周禮》爲本，《儀禮》爲末"，也不同意賈公彥"《周禮》爲末，《儀禮》爲本"，
而是根據其父黃式三的意見，將《儀禮》《周禮》《禮記》三書都分出經禮與曲禮
兩部分①。他著《禮書通故》的第一件事就是要正名，而這也是繼承了其父的
思路。黃式三曾撰《經禮曲禮說》一文，文中小注云："穆生弟曰：《中庸》'禮
義'訛'儀'，二千餘年不校正，三百三千，各以意說。《五禮通考》卷首集諸儒
說，無定論，賴此糾正。"②黃以周詳細地分析了《禮經》名稱的演變，指出在
漢代鄭玄及其弟子並不稱《禮經》爲"儀禮"，"儀禮"之名乃東晉人所加③。對
於此種變化，他分析說：

> 自東漢"三禮"之名出，禮爲《周官》、《禮》、《禮記》之總名，而西漢
> 五十六篇之專名，反爲《周官》、《禮記》所渾。自魏晉號四十九篇爲《禮
> 記》，亦謂之《小戴禮》，而東漢十七篇之名"禮記"、名"小戴禮"者，又
> 爲四十九篇《戴記》所奪，於是別號之爲"儀禮"，此與鄭君以十七篇爲"曲
> 禮"同意。然"曲禮"雖不足當十七篇，而名猶見於經；謂之"儀禮"，實爲
> 不典。④

《禮經》在漢代有"禮""禮記""小戴禮"等名稱，但這些名稱在後世卻被《周官》
《禮記》混淆，於是《禮經》被別號爲"儀禮"。這與鄭玄視《儀禮》十七篇爲"曲
禮"類似，都是降低了禮經的地位，在以周看來，"實爲不典"，"經義既繆，
經名亦因之不正矣"⑤。
　　需要指出的是，黃以周對《周禮》與《儀禮》的看法，也是《儀禮》重於《周
禮》。黃氏反對後人對於《周禮》乃周公所作的懷疑，他從古書的注釋體例出
發，根據"古人經傳分行，後世多比附之"，認爲"《周官傳》不見，其屬入經中
亦必不少，故《周官》間有可疑，特不可如後人之掊擊"。也就是說，《周禮》中
的可疑之處，都是因爲後人將解釋之語屬入的結果。他的辯護當然是無力的，
只不過表現了他對經書權威的維護，同意將《周禮》視作周公之遺典。但對於
《儀禮》與《周禮》，他還是說："二書無本末可分，《漢藝文志》依劉歆《七略·

---

①　(清)黃以周撰，王文錦點校：《禮書通故》，中華書局，2007年，第3頁。
②　(清)黃式三：《儆居集·經說一·經禮曲禮說》，清光緒十四年刻本。
③　(清)黃以周撰，王文錦點校：《禮書通故》，中華書局，2007年，第4頁。
④　(清)黃以周撰，王文錦點校：《禮書通故》，中華書局，2007年，第4~5頁。
⑤　(清)黃以周撰，王文錦點校：《禮書通故》，中華書局，2007年，第2頁。

禮類》，《禮經》先，《周官》後，極當。"①也就是認爲《禮經》重於《周官》，從他的《禮書通故》一書的整體來看，也是主要在討論《儀禮》的内容。這其中的考慮其實都是要提高《儀禮》的地位，糾正前人以"曲禮"、禮之末節看待《儀禮》的傾向。

黃以周區别經禮與曲禮，其實是要分别"禮儀"與"禮義"。《禮記·禮器》"經禮三百"，在《中庸》作"禮儀三百"，《春秋説》作"禮義三百"。以周與其父式三，對此進行了細密的考證，認爲"禮儀三百"當作"禮義三百"。黃以周將《詩經·大雅·抑》"敬慎威儀，維民之則"和《左傳·成公十三年》"民受天地之中以生，所謂命也。是以有動作禮義威儀之則，以定命也"相聯繫，他説：

> 禮爲天地之中，而民受之以生，是以有禮義。有禮義，故動作有威儀。威儀所以定命，故勤禮。禮無不敬，故莫如致敬。……後人每視動作威儀爲末節，宜讀此，悚然自悟矣。程子云：灑掃應對與盡性至命是一統事，無有本末，無有精粗。②

東漢賈逵云："取法陰陽之中，春爲陽中，萬物以生；秋爲陰中，萬物以成。欲使人君動作不失中也。"③唐孔穎達疏解釋説："'天地之中'，謂中和之氣也。民者，人也。言人受此天地中和之氣以得生育，所謂命也。"但黃以周在此却别出新解，釋"天地之中"爲禮，而"民受之以生"，這樣，禮之動作威儀就不再是外在的規範，而具有了形上的根據。

因此，黃以周對於禮容非常重視，認爲其直接反映了禮義。《禮記·樂記》云："致禮以治躬，則莊敬，莊敬則嚴威。……外貌斯須不莊不敬，而易慢之心入之矣。"黃以周把"禮以治躬"釋爲遵守外在的"規矩""度數"，又進一步將此"治躬"建基於"心"："禮之規矩森嚴，度數詳明，存諸心則易慢不入，足以杜人之非心逸志也。飭諸躬則莊敬日强，足以固人之肌膚筋骸也。"④不過，在黃氏的眼中，容禮不能做作，而必須是對於"禮義"真正有得後的自然

---

① （清）黃以周撰，王文錦點校：《禮書通故》，中華書局，2007年，第3頁。
② （清）黃以周：《經訓比義》卷中，《四庫未收書輯刊》第7輯，北京出版社，2000年，第714頁。
③ （清）李貽德：《春秋左氏傳賈服注輯述》卷1，清同治五年朱蘭刻本。
④ （清）黃以周：《經訓比義》卷中，《四庫未收書輯刊》第7輯，北京出版社，2000年，第714頁。

而然的體現。他説："容貌不須矜持而自莊，顏色不須嚴厲而自威，語言不須令申而自信，其有得禮義之學乎！"①他還將《禮記·表記》中孔子的"君子不失足於人，不失色於人，不失口於人"與《禮記·冠義》的"禮義之始，在於正容體，齊顏色，順辭令"聯繫起來，得出"修此三者，是謂禮義備"的結論。黃氏的這一論斷並非曲解，而是有依據的。《論語·泰伯》："曾子言曰：'君子所貴乎道者三：動容貌，斯遠暴慢矣；正顏色，斯近信矣；出辭氣，斯遠鄙倍矣。籩豆之事，則有司存。"黃以周對此有精闢的解釋：

> 君子所貴乎道者，貴其能行禮義也。籩豆存，有司陳其數也。君子所貴乎道，貴乎能知其義也。能知其義，斯遠暴慢鄙倍而近信矣。"動容貌"以四體言，故亦曰"容體"。曾子此言，即本《表記》所載夫子語不失足、不失色、不失口之意。合讀兩節，自知禮義之不可輕，而學者每視此為粗迹而忽之，於為人之道其遠矣！②

可見他認為對容體、顏色、辭令的重視就是對道、禮義的重視。

為了提高容禮的地位，黃以周還特別考證了"禮義"與"禮儀"的內涵及相互關係。《禮記·冠義》曰："凡人之所以為人者，禮義也。禮義之始，在於正容體，齊顏色，順辭令"，"容體正，顏色齊，辭令順，而後禮義備"，"君臣正，父子親，長幼和，而後禮義立"。黃以周認為這裏的"禮義"還沒有被人改為"禮儀"，故保存了先秦時容體、顏色、辭令為禮義表現的古義。他說："禮義也者，兼內外、上下、賅始終，故君子所貴乎道者，亦不越此三者也。"③他詳細地分析了古代典籍中"義"字被改為"儀"字的現象，指出《禮記·中庸》"禮儀三百，威儀三千"中的"禮儀"當作"禮義"，其所依據的是《周禮·肆師》鄭注"故書'儀'為'義'。鄭司農云'義'讀為'儀'。古者書'儀'但為'義'，今時所謂'義'為'誼'"。在黃氏之前，徐養原已根據《說文》指出："義"的本義是"己之威儀也"，"儀"的本義是"儀度"，誼的本義是"人所宜也"。王引之在

① （清）黃以周：《經訓比義》卷中，《四庫未收書輯刊》第7輯，北京出版社，2000年，第715頁。
② （清）黃以周：《經訓比義》卷中，《四庫未收書輯刊》第7輯，北京出版社，2000年，第715頁。
③ （清）黃以周：《經訓比義》卷中，《四庫未收書輯刊》第7輯，北京出版社，2000年，第715頁。

其《經義述聞》中也數次指出，先秦典籍中，"禮義"當作"禮儀"①，黃氏更進一步區分了義與儀的不同：

第一，義爲禮之綱，儀爲禮之委曲。他説："禮義之則有三百，威儀之則有三千，則義爲禮之大經，故禮義亦曰經禮。儀爲禮之委曲，故威儀亦曰曲禮。"②

第二，義爲自己之禮義，儀爲儀度他人之義。他説："就我大義而言，字當作'義'，'儀'者假借。……就人儀象而言，字當作'儀'，'義'者假借。"③

第三，義、儀、誼三字在漢代發生混淆，本義盡失。他説："凡人容止有禮謂之義，有義而可象謂之儀。……義以儀象爲本義，威儀乃儀之引申。禮義者，禮之大義，義本而儀末。"④

禮義爲本，而禮儀爲末，此一點本爲常識。其特別之處在於，黃氏將禮義解釋爲"容體正，顏色齊，辭令順"，即"義以儀象爲本義"，而禮儀是他人有儀象而仿效之。不過黃氏同時也非常重視威儀，他説："禮以辨上下，在禮義，亦在威儀，義質而儀文。文之重猶質，質之重猶文，見文質彬彬，不可偏廢也。"⑤總之，黃以周通過對禮義的詮釋與對禮義、禮儀的區分，極大地提高了禮容的地位，而這與黃氏重視外在形式規範是直接相關的。

黃以周不僅認爲禮/禮容這種行爲規範與天、命有關，而且和性有着密切的關係。《左傳·成公十三年》："民受天地之中以生，所謂命也，是以有禮義動作威儀之則，以定命也。"他對此解釋説：

> 禮義可以定命，是不在性之外矣。荀子外禮義以言性，謂人之性惡，聖人爲之起禮義以矯之。若順其自然，則生爭奪，是以禮義爲明於其必然，所以制其性之自然也。不知必然乃自然之極則，禮義所以保定其性命

---

① 見(清)王引之：《經義述聞》卷15"別之以禮義"條、卷20"禮義"條、卷21"比義"條，江蘇古籍出版社，第361~362、481、511頁。

② (清)黃以周：《經訓比義》卷中，《四庫未收書輯刊》第7輯，北京出版社，2000年，第716頁。

③ (清)黃以周：《經訓比義》卷中，《四庫未收書輯刊》第7輯，北京出版社，2000年，第716頁。

④ (清)黃以周：《經訓比義》卷中，《四庫未收書輯刊》第7輯，北京出版社，2000年，第716頁。

⑤ (清)黃以周：《經訓比義》卷中，《四庫未收書輯刊》第7輯，北京出版社，2000年，第717頁。

也。荀子重禮義而輕言性，失之。①

黃以周一方面要爲禮儀、禮義找到天、命、性的超越源頭，另一方面又要避免宋明空談心性的弊端。明代王陽明就曾在《博約説》中提出"約以微而難見之理曰禮"的觀點，這在黃氏父子看來，無疑是對聖人之教的曲解。黃式三説：

> 《論語》縷言博文約禮，聖訓章矣。禮即先王之《禮經》也。王陽明《博約説》，博其顯而可見之禮曰"文"，約以微而難見之理曰"禮"。豈聖人之教必待王氏斡補而後明乎？禮，一也，分顯、微而二之；文與禮，二也，以禮之顯者爲文而一之，其所謂"理"，誰能明之乎？夫明心見性之學以心爲理，自以爲是者也。君子博文約禮，存不敢自是之心，而篤於求是者也。此心患其誤用，必博學於古人之文。……此心因博而易雜，必約以先王之禮。所行或不及，禮以文之。所行或太過，禮以節之。博約如此其難，庶幾不畔於理矣。且古之所謂理者何耶？《禮器》曰："義理，禮之文也。"《樂記》曰："禮也者，理之不可易者也。"然則禮之三百、三千，先王所條分縷析，燦然顯著，別仁義，明是非，君子不敢紊而畔之者，此理也。王氏（王守仁）所謂"微而難見之理"，則自信本心之光明洞徹，萬理畢備，已知其是，人莫能見耳。何所據而言之？由來漸矣。《論語》言心，自"從心所欲，不逾矩"始。聖人心與矩一，猶以矩自印，雖曰不勉而中，抑亦聖心不敢自是也，況下者可無矩乎？胡氏致堂注則曰："人心一疵不存，萬理明盡。日用之間，本心瑩然。隨所意欲，莫非至理。"則以臆見爲聖心矣。《論語·八佾》篇詳言禮，不空言理。胡氏於"媚灶"章注曰："天即理也。理無不在，在人則人心之昭昭者是也。"心即"理"，即"天理"説，起於謝氏顯道。胡氏喜道謝説，於是先王之禮不言，直言心已矣，直言本心之天理爲天秩之禮已矣。陸氏象山言本心，祖謝、胡二氏也，王氏祖陸氏而張惶言之也。以心之臆見爲理而理已誣，以本心之天理言禮而禮又誣。②

---

① （清）黃以周：《經訓比義》卷中，《四庫未收書輯刊》第 7 輯，北京出版社，2000年，第 705 頁。

② （清）黃式三著，閔澤平、葉永錫點校：《儆居集一·經説一·約禮説》，程繼紅、張涅主編：《黃式三全集》第 5 册，上海古籍出版社，2014 年，第 23~24 頁。標點有更動。

在這篇《經禮説》中，黃式三清理了宋明以來的"心即理"之説，他認爲如果以陽明所説"約以微而難見之理曰禮"爲是，那麼勢必要將明白可見的外在規範又轉向難見之理，這會造成人人"自信本心之光明洞徹，萬理畢備，已知其是，人莫能見耳"的後果，會使人"以臆見爲聖心"，可不必再下"博文約禮"的功夫，到最後既誣理又誣禮。式三此説是發揮凌廷堪的《復禮下》，但凌氏在文中説"聖學，禮也，不云理也"，有點過激，所以阮元當年刻凌書時删掉了這篇。黃式三認爲《復禮下》不該删掉，而應"駁而存之"，故作《經禮説》以救之。式三始作此文在道光十四年（1834），至咸豐八年（1858）才最後改定，此時式三已七十歲了。可以説《經禮説》是他的晚年定論。以周從文字、訓詁、校勘上又對此説進行了嚴格的證明，也得到了同時人的認可①。清儒皮錫瑞在其《論禮所以復性節情經十七篇於人心世道大有關繫》一文中也贊同凌廷堪《復禮篇》中的觀點，他説：

> 漢以十七篇立學，灼見本原。後人以《周禮》爲本，《儀禮》爲末，本末倒亂，朱子已駁正其失矣。又引陳振叔説《儀禮》云："此乃儀，更有禮書。《儀禮》只載行禮之威儀，所謂'威儀三千'是也。禮書如天子七廟之類，説大經處，這是禮，須更有個文字。"則猶未知《禮經》關繫之重，更在制度之上也。（《儀禮經傳通解》有"王朝禮"，即是説大經之文字，制度雖不可略，然不如冠昏喪祭之禮可以通行。）②

皮錫瑞是著名的今文經學家，早年篤信宋學。但他也同意凌廷堪的看法，並認爲《禮經》更在《周官》（王朝禮/典章制度）之上，其禮儀可在民間通行③，與黃

---

① 以周再傳弟子沈文倬先生對黃氏的禮儀、禮義之説也有解釋，但只是從談周代制禮之原入手，而並未看到此説的學術思想史特徵。見《菿闇述禮·曲禮考敍論》，《菿闇文存》，商務印書館，2006年，第627頁。

② （清）皮錫瑞：《經學通論·三禮》，中華書局，1954年，第13頁。

③ 這種觀點在明末清初的學者中就形成了，後來更影響到了清廷。乾隆就説："五經乃政教之源，而《禮經》更切於人倫日用。"（《清高宗實錄》卷10"乾隆元年丙辰六月乙卯"條）陳居淵先生説："這種由獨尊程朱理學到崇尚禮學的變化，表明了官方將原來以理學治國的理念，開始轉向提倡以禮來維繫社會人心。這一理念變化的直接社會效應，便是引發了學界對'三禮'之學的更大關注"，是可以成立的。陳居淵：《倡復古典禮學的凌廷堪》，姜廣輝主編：《中國經學思想史》第4卷，中國社會科學出版社，2003年，第400~401頁。

氏父子之説相枠應，都帶有明顯的時代特徵。

第五節　芬格萊特的啓示

　　20 世紀初期，許多主張社會、文化革命的思想家將中國古代社會的種種罪惡都歸於禮教，其流風所至，幾使人談禮色變。許多學者只好圍繞仁來探討孔子和儒家的思想體系①。而在西方，由於受基督教翻譯和佛教思想的影響，學者在探究孔子學説時仍不免從個人主義和主觀主義出發，側重於個人的心性、内在的生命和個體的實在等方面②，對於禮，則多有忽視與誤解。1972年，芬格萊特出版《孔子：即凡而聖》一書，針對孔子思想中的禮，提出了新的解讀，在西方學界影響極大。他對於禮儀的重視，與黃以周的禮儀説頗有異同，可互相啓發。

　　芬格萊特同樣認爲禮才是孔子思想的核心，對禮儀在適宜環境中所造成的“神奇魅力”（magic）再三致意，認爲孔子發現了人類所具有的非凡力量。他説：

　　　　我所謂的“神奇魅力”（magic），是指一個具體的人通過禮儀（ritual）、姿態（gesture）和咒語（incantation），獲得不可思議的力量，自然無爲地直接實現他的意志。……在那種神奇魅力的施展中，並沒有在實用性上經過發展和經過檢驗的策略。他只是在適宜的禮儀環境中、通過恰當的儀態和言詞來希冀他的目標。對他來説，不需要作進一步的努力，這種行爲就達成了。③

這種禮儀的政治效用，以《論語・衛靈公》中所説“無爲而治者，其舜也與？夫何爲哉？恭己正南面而已矣”最爲神奇，在西方漢學家（杜威恩達克）看來，其中“蘊藏着最高神奇魅力潛能的一種狀態”。芬格萊特對此的解釋是：“孔子思想的特徵便是使用‘禮’的語言和意象作爲媒介，在禮儀活動中來談論道德習

---

　　①　當然，也有學者認爲“禮”是孔子思想體系的核心，如陳獨秀、蔡尚思等，但其出發點仍是借反禮教來反孔子。

　　②　見［美］芬格萊特著，彭國翔、張華譯：《孔子：即凡而聖・序言》，江蘇人民出版社，2002 年，第 2 頁。

　　③　［美］芬格萊特著，彭國翔、張華譯：《孔子：即凡而聖》，江蘇人民出版社，2002年，第 3 頁。

俗(mores)的整體，或者更確切地説，在禮儀活動中來談論社會的真正傳統與合理習俗的整體。”①也就是説，道德習俗必須通過具體的禮儀活動而展現，進而在群體中形成秩序。這與黃以周所説的“窮理者，窮究先王之典禮也。能窮典禮，則能盡其德性；能盡德性，則能順受天命而惇庸秩敘矣”相一致②。

在此禮儀秩序之中，一個人要想融入其中，就必須對自己的行爲有所節制，這種節制的建立有“仁”作爲基礎，但更爲關鍵的是禮。程剛曾指出，“芬格萊特反對‘個人/社會’的二元論，他將人看作一種‘being’，而不是‘individual’；同理，他也試圖不使用‘society(社會)’一詞，而是他挑選了‘community(社群、社區)’一詞”，因爲“在芬格萊特看來，理想的社會形態是社群，好的社會應當像社群一樣的親切和諧，富於人情味，人與人之間有直接的符合禮儀的接觸與交際”③。這樣，個體與禮儀之間就不是機械的服從與被服從關係，而是“‘禮’是人的衝動的圓滿實現，是人的衝動的文明表達——不是一種剝奪人性或非人性化的形式主義”④。同樣地，黃以周雖然強調禮儀對於個人的形塑，但也認爲不能由此而否定情感。他説：“禮以報情，故其用和。先王之道斯爲美，即優優大哉之意。大而禮義三百，小而威儀三千，無非將以和意，可謂先王之禮乃束縛斯人之具乎?”⑤他將有子的“禮之用，和爲貴”與《禮記·樂記》的“禮報情”聯繫起來解釋，認爲禮回報人情就會達到和。這樣，先王的“禮義三百，威儀三千”就都是爲了求得和，不能像有些人説的是束縛人的工具。這與芬格萊特的説法是很一致的。

此外，不僅芬格萊特與黃以周對禮儀的重視相似，而且其學説存在的不足也是一樣的。對芬格萊特提出最重要批評的應當來自史華慈，他認爲前者不重視孔子對人內在品質的強調，指出：“芬格萊特大力抨擊的那個觀點是一個正確的觀點，這一觀點認爲：孔子主要關注的是那些品質、身份以及内在的心理

① ［美］芬格萊特著，彭國翔、張華譯：《孔子：即凡而聖》，江蘇人民出版社，2002年，第5頁。

② (清)黃以周：《經訓比義》卷中，《四庫未收書輯刊》第7輯，北京出版社，2000年，第716頁。

③ 程剛：《人是禮儀的存在——芬格萊特對禮的闡釋》，《中國思想史研究通訊》第三輯，2004年，第20~23頁。

④ ［美］芬格萊特著，彭國翔、張華譯：《孔子：即凡而聖》，江蘇人民出版社，2002年，第6頁。

⑤ (清)黃以周：《經訓比義》卷中，《四庫未收書輯刊》第7輯，北京出版社，2000年，第717~718頁。

傾向，我們不僅將其與具體行動，還將其與活生生的具有人格的人關聯在一起；而且孔子對這些品質的強調是他的真正創新之一。"①而黃以周對"心"的論述也正反映了這一點，他削弱了心的德性意蘊，強調仁需在事物上求、己之放心也必須從學問入手，其言曰："空求心者，禪學也，非聖賢之學也。其心三月不違仁，豈離事物而空言心乎"，"古人言求仁心，比於心之發見乎事物者求之"。又云："求放心不離學問，即學問求放心也。故曰學問之道無他，求其放心而已矣。人讀聖賢書，不能輾轉歸己，所學爲何事乎？矯之者瞑目靜坐，衹葆其虛靈空洞之真，所求爲何心乎？學問所以求已放之仁心，非泛騖其學而可謂求心之切也，亦非空求此心即可當學問之實也。"②黃氏此說自然是針對禪學與陽明學末流而言，但不可否認，在其禮學思想體系中，心遠不如道、命重要。可以説，兩人都是由於重禮而減少了對內在生活的關注。

雖然有以上種種的共同之處，但由於學術背景、問題意識等方面存在差異，黃以周和芬格萊特的學說之間也有很大的不同，其中的關鍵在於對聖王的認識。在芬格萊特看來，禮儀可分爲兩種，一種是政治性的神聖禮儀，一種是社會性的日常生活禮儀。從日常語言學派的理論出發，他將神聖禮儀視爲日常交際禮儀的延伸③。但這種説法顯然沒有考慮到先秦禮樂文明時期王權所發揮的作用。史華慈就對此提出批評："如果不存在着那種普遍王權，以便讓有德行的君王能夠藉以影響整個社會，單獨的禮也就不能最終實現，因而禮必須從各個方面來支持王權的典章制度。"④而在黃以周的禮學思想中，聖王的位置極其重要，它是禮儀合法性的保證。他說："先王體天地之序以制禮，學者體先王之禮以制德性"，"聖人能制禮，君子能崇禮也"⑤。禮是天秩的體現，但這種天秩只有先王才能把握，君子可以崇禮，但不能改變。

但也正是沒有了"聖王"的束縛，而重視傳統習俗，芬格萊特學說中的禮

① ［美］史華慈著，程剛譯：《古代中國的思想世界》，江蘇人民出版社，2004年，第73頁。
② （清）黃以周：《經訓比義》卷上，《四庫未收書輯刊》第7輯，北京出版社，2000年，第689、670頁。
③ 見［美］芬格萊特著，彭國翔、張華譯：《孔子：即凡而聖》，江蘇人民出版社，2002年，第9頁。
④ ［美］史華慈著，程剛譯：《古代中國的思想世界》，江蘇人民出版社，2004年，第69頁。
⑤ （清）黃以周：《經訓比義》卷中，《四庫未收書輯刊》第7輯，北京出版社，2000年，第713、714頁。

儀，相比起黃以周具有更大的彈性①，而後者禮學中的崇古傾向則直接導致其缺少適應性，難以在社會上普及。古禮在黃以周心中，已經成了信仰，他的一舉一動，都要以古禮爲準則。他對禮之具體節文的重視也體現在日常生活中。同治元年（1862），其父黃式三卒後，黃以周"居喪盡禮，不徇時俗"②。與黃氏同時稍後有虞景璜，爲人清峻，非禮不動，"後生有效其行者，人輒目之曰'黃、虞禮法'"③。光緒十二年（1886）秋，他赴處州遂昌縣任訓導，曾購買兩個當地黃石所做壽星，並給兩個壽星取名長公與次公，其中長公右杖，次公左杖。當時他五十九歲，快要用杖了，但因"執杖之法，或左或右，經無見文"，乃命其高徒丹徒陳慶年考證。陳慶年據《儀禮·少儀》認爲應當是左手執杖，他不同意，舉《説文》等爲例，證明應當是右手執杖爲古禮，並説這是"禮以體人心"的表現，還特別作文以記此事④。但這種恢復古禮的努力，其實在某種程度上是限制了民間社會根據實際環境進行調節的空間，因而難以實施。清代民間的活力較前代已有減弱，無法與學界進行良好的互動。禮學最後發展到黃以周、孫詒讓，在考訂古禮上已達到極限，而這些考訂出的古禮卻無法很好地適應時代需求，難免遭遇冷落。

綜上所述，芬格萊特和黃以周雖然有着不同的學術背景和問題意識，但同樣都將禮儀視作建立良好社群秩序的關鍵因素。儘管前者並沒有意識到神聖禮儀背後所需要的王權保證，可正如程剛所説，"芬格萊特從西方分析哲學的最新進展開闢出一種新的視野，它既不否認人的物質生活，也不將人歸入僅憑良知便可獨立自存的存在，重新啓動了中國古典哲學中豐富的禮儀素材"⑤，也讓我們可以再次審視晚清時期以黃以周爲代表的禮學家們，以會通漢宋爲目的考證、實踐古禮的意義和局限。

---

① 芬格萊特説："正是以禮儀爲媒介，我們生命特有的人性成分，才得以有鮮活的表現。禮儀行爲是第一性的、不可化約的重要事件。脱離了它所植根於其中的傳統習俗，語言便是不可能被理解的；脱離了界定它所植根於其中的傳統習俗，語言便是不可能被理解的；脱離了界定它並且構成其組成部分的語言，傳統習俗也同樣不可理解。"見［美］芬格萊特著，彭國翔、張華譯：《孔子：即凡而聖》，江蘇人民出版社，2002 年，第 11 頁。

② （清）繆荃孫：《藝風堂文續集》卷 1，《續修四庫全書》第 1574 册，上海古籍出版社，2002 年，第 170 頁。

③ （清）徐世昌等編撰，沈芝盈、梁運華點校：《清儒學案》卷 154《儆居學案下》，中華書局，2008 年，第 6022 頁。

④ 見（清）黃以周：《儆季文鈔·黃石公記》，首都圖書館藏定海黃氏所著書本。

⑤ 程剛：《人是禮儀的存在——芬格萊特對禮的闡釋》，《中國思想史研究通訊》第三輯，2004 年，第 23 頁。

餘　論

　　清代學術思想史的一個最重要主題無疑是漢宋之争，當時著名的學者幾乎都要面對此一問題。乾嘉考據"訓詁明則義理明"的方法有其内在的局限，學者們所提出的求義理於典章制度、史學、禮學，固然都有一定的理據。但由於心存漢宋之分，其所求義理實在難以與宋學相比。至黄以周著《經訓比義》，形式上雖借鑒戴震、阮元，但在理念上還是能比較公允地看待漢學與宋學，基本上做到漢宋兼采。可是另一方面也要看到，黄氏父子的"君子博文約禮，存不敢自是之心，而篤於求是者也。此心患其誤用，必博學於古人之文"，雖然給自己的行事提供了"古禮"作爲準則，但也與時代脱離。

　　古禮在黄以周心中，已經成了信仰，他的一舉一動，都要以古禮爲準則。他對禮之具體節文的重視也體現在日常生活中。與黄氏同時稍後有虞景璜，亦是如此，被人稱爲"黄、虞禮法"。王兆芳曾記黄氏一事："或有就南菁講舍肄業者，初見子，屈一膝而不拜。子艴然不悦，曰：'此何禮也?'答曰：'官場行此禮。'子曰：'弟子見師有此禮乎?'"①

　　當然要指出，黄以周的這種禮儀主義並非僅僅是個人偏好，而是有着深長的思想史背景。清初顔元即要求在每一視聽言動上都必須與古禮相符，在其《年譜》中此類事例極多。王汎森先生就從鄧潛谷、陳瑚、顔元等人的禮容之學中，看到"由内本論向禮的轉變，從内在看不見的心靈的狀態到外在看得見的行爲儀節的謹守"的趨勢②。這是很精闢的觀察，可以解釋清代禮學研究的興起與學者個人的禮儀實踐特徵。

　　清代禮學發展至黄以周，在禮儀的考證和實踐上已達高峰③，對他來説，禮儀本身就是天道的體現。查勒在考察印度吠陀文獻中的某些章節後指出：

①　（清）王兆芳輯録，尤秋中、尤晨光點校：《傲季子粹語》，詹亞園、韓偉表主編：《黄以周全集》第9册，上海古籍出版社，2014年，第596頁。

②　參見王汎森：《日譜與明末清初思想家——以顔李學派爲例》，《晚明清初思想十論》，復旦大學出版社，2008年，第173頁。

③　在考證方面，黄氏高足胡玉縉在給其師《禮説》撰寫提要時評價説："通觀全書，竟無一可議……禮學至斯爲盛。盛極必衰，無惑乎近世學者罕言三禮矣。"（中國科學院圖書館整理：《續修四庫全書總目提要·經部》，中華書局，1993年，第628頁）將民國時的禮學衰落歸爲黄氏考證已達頂峰，自是過譽，但也可説明在傳統三禮學上黄氏的成就。

"實際儀式變得比它所供奉的諸神還要重要。儀式不再只是向上祈求好感的行爲，在人們的心目中，它本身就變得具有宇宙論意義上的重要性，那些諸神遠遠不再是祭祀儀式所供奉的物件，而僅僅同其他人一樣，只是此項活動的參與者而已。"①這與黃氏的禮儀觀很相近。可是這種對於古禮的過度重視，很容易導致忽視社會政治環境的變化而顯得缺乏適應性。清代民間的活力較前已有減弱，無法做到與學界進行良好的互動。禮學最後發展到黃以周、孫詒讓，在考訂古禮上已達到極限，而這些考訂出的古禮卻無法很好地適應時代需求，難免遭遇冷落②。葉國良先生就説：

> 　到了近代，新式學校把"曲禮"教學納入公民或社會課程中，但分量稀少，範疇有限，逐漸式微，又由於中小學教師往往缺乏國際經驗，未適當的教導國民最基本的西方禮儀，遂使國人在待人接物方面普遍不夠成熟或顯得粗糙，與擁有兩千餘年"曲禮"教育的傳統極不相稱，委實辜負"禮儀之邦"的美名，考古思今，令人歎息。③

而芬格萊特從當時最新的日常語言分析哲學角度出發，強調日常交際文明可延伸爲神聖禮儀的觀點，正有助於打破黃氏禮學的封閉性。當然其思想在西方哲學史上也並非無源之水。亚里士多德就説：

> 　公正的人由於做了公正的事，節制的人由於做了節制的事，如果不去做這些事，誰也別想成爲善良的人。有些人卻什麼合乎德性的事情都不去做，躲避到道理言談中，認爲這就是哲學思考，並由此而出人頭地。這正

---

　① ［美］史華慈著，程剛譯：《古代中國的思想世界》，江蘇人民出版社，2004年，第50頁。

　② 當然也要看到，黃以周在面對實際的民間問題時，也並非完全固守，毫不退讓，而是也會隨風俗人情有所調整。王兆芳曾記黃氏一事："子之友人劉芾人（名芬）之族有爭議繼嗣者，芾人請於子，欲以定其事。子據古禮今律定之，謂芾人曰：'俗議沸騰，積非成是，今欲申明禮意，正恐增兹多口。吾子處此，知而不言不可也，言而爭辯亦不可也。達其是非，以聽族中長老之採擇，此爲"處鄉黨恂恂似不能言"之義。'"（清）王兆芳輯録，尤秋中、尤晨光點校：《儆季子粹語》，詹亞園、韓偉表主編：《黃以周全集》第9冊，上海古籍出版社，2014年，第638頁。

　③ 葉國良：《〈論語〉中的"曲禮"論述及其影響》，《禮學研究的諸面向》，臺灣"清華大學出版社"，2010年，第147頁。

像病人們，很認真地聽醫生所説的話，卻不做醫生所吩咐做的事。正如言談不能改善就醫者的身體狀況一樣，這樣的哲學也不能改善靈魂。①

在亞里士多德看來，人的美德來自日常行爲實踐的合理得體。從禮學的觀點來看，也就是禮義存於禮儀，只有在周旋揖讓的儀節中，人才能體會到先王制禮之精義的超越性存在，美德從而引發。

---

① ［古希臘］亞里士多德著，苗力田譯：《尼各馬科倫理學》，中國人民大學出版社，2003 年，第 31 頁。

第四章 誤讀與想象：黃以周《宫室通故》中的"周代"制度

　　宫室制度是三禮學的基礎，所謂"讀禮者苟不先明乎宫室之制，則無以考其登降之節、進退之序，雖欲追想其盛而以其身揖讓周旋乎其間且不可得，況欲求之義乎"①，因此歷代的禮學家都對此備加留意。至清代禮學復盛，名家輩出，關於宫室的研究也愈加精密，各種禮圖層出，而黃以周作爲晚清著名的禮學大家，也在其《禮書通故》中專辟《宫室通故》《禮節圖》與《名物圖一·宫》來繼續推進此一問題。

　　由於黃以周在經學、禮學上的突出成就，特別是經過章太炎等人的表彰，其立論謹嚴，"精研故訓而不支，博考事實而不亂，文理密察，發前修所未見，每下一義，泰山不移"的印象已經深入人心②，加之黃氏在書中對前儒均有批評③，且對後人頗多影響④，給人一種感覺，似乎他的研究已經後來居上，可爲定論了。而事實上，黃氏所定宫室制度問題頗多，其中有不少對於經書、鄭注的誤讀與想象，近來學者對此已有一些認識，但或因非專研宫室，或

――――――――――

　　① （宋）李如圭：《儀禮釋宫》，《景印文淵閣四庫全書》第 103 册，臺灣"商務印書館"，1982 年，第 523 頁。

　　② 章太炎：《太炎文錄初編》卷 1《説林下》，《章太炎全集》第 8 卷，上海人民出版社，2014 年，第 118 頁。

　　③ 黃以周對鄭玄、賈公彦、陳祥道、李如圭、江永、戴震、段玉裁、孔廣森、焦循、洪頤煊、張惠言、胡培翬、凌廷堪等學者的各種説法都進行了檢討批評，並歸納總結説："舊圖之誤，近儒已能正之。而近儒之説，又多紙上空言，不求實事，亦難如其説以營造，故備言之。"可見其宫室研究不僅要解決學術上的問題，更要能付之於具體營造。見（清）黃以周撰，王文錦點校：《禮書通故·禮節圖一》，中華書局，2007 年，第 2267 頁。

　　④ 如錢玄在其宫室圖中采用了黃氏關於夾、兩闈、門廣同於堂室之廣三點，沈文倬采用閩門在寢之東壁廟之西壁之説，而錢、沈二氏之書又爲治三禮學者所必讀。見錢玄：《三禮通論》，南京師範大學出版社，1996 年，第 168 頁；沈文倬：《周代宫室考述》，《菿闇文存》，商務印書館，2006 年，第 812 頁。

因焦點不在黃氏學術本身①，故認識還不夠全面，受之前學者的評價影響仍大，需要澄清之處尚多。

基於此，本章試圖以黃以周宮室制度中的幾項錯誤爲中心，辨析其致誤之由，首論其"箱即牆"之説及從而引發的對廟寢之制的重構，次論其壁非牆之論及導致的對士昏禮冠者見母儀節的想象，再論其室堂同廣的界定而帶來的一系列矛盾，最後就其在楣梁落時阼、正堂位置和北出之向問題上的新説進行檢討。

第一節 "箱即牆"：由《爾雅·釋宮》引出的奇説

在禮學中，學者們對寢廟前堂後室房的結構認識大體相同，分歧主要集中在寢是否有左右房上。但黃以周除了關注房的問題外，更將注意力放在了東西廂上，他以《爾雅·釋宮》的記載爲基礎，構擬出了別具一格的廟、寢、榭之制。

在《爾雅》的訓釋中，從廟到寢再到榭，在房屋的結構上逐漸少了東西廂和室，這給後世學者帶來了很大的困惑。《爾雅·釋宮》曰："室有東西廂曰廟，無東西廂有室曰寢，無室曰榭。"郭璞分別注曰"夾室前堂"，"但有大寢"，"榭即今堂堭"②。"無東西廂有室曰寢"及郭氏的理解與經書所記不合，從而引出了各種的猜測，如孔穎達云："廟是接神之處，其處尊，故在前；寢，衣冠所藏之處，對廟爲卑，故在後。但廟制有東西廂，有序牆，寢制惟室而已，故《釋宮》云'室有東西廂曰廟，無東西廂有室曰寢'是也。"③李如圭也提出了疑問："《書·顧命》路寢有西夾。《士喪禮》'死於適寢。主人降，襲絰於序東'，注曰：'序東，東夾前。'則正寢亦有夾與箱矣。《釋宮》所謂無東西箱者，

① 顧遷以明堂之高爲例評價黃氏之説"缺乏實據，近於臆説"，非常正確，但可惜只舉一例而未及其他，見其《〈禮書通故〉的詮釋方法及其疏誤舉隅》，《古籍整理》合刊，安徽大學出版社，2009年，第318頁；陳緒波在夾室的問題上也不同意黃説，見其《〈儀禮〉宮室考》，上海古籍出版社，2017年，第247頁。

② （晉）郭璞注，（宋）邢昺疏：《爾雅注疏》，《十三經注疏》，中華書局，2009年，第5652頁。

③ （漢）鄭玄注，（唐）孔穎達正義，呂友仁整理：《禮記正義》卷22《月令》，上海古籍出版社，2008年，第636頁。

或者謂廟之寢也與？”①李氏從《儀禮》和《尚書》經文出發，認爲正寢也有夾與厢，因此對於《爾雅》的記載，他也只能暫時采用孔穎達的假設。

由於郭璞、孔穎達、李如圭等都没有實質性地解決《儀禮》與《爾雅》之間的矛盾，這自然就成爲黄以周宫室説中必須要解決的問題。他首先在天子、諸侯、士大夫的寢廟制度上建立起了一個等差序列：“天子諸侯廟寢，當依伏生《書傳》所言：諸侯以天子燕寢爲其路寢，大夫士又以諸侯路寢爲其廟寢，廟與正寢無甚區别，所異者，一有東西箱，一無東西箱也，故《爾雅》特著之。”②黄氏所説伏傳云云，乃是誤記，其義當出自《詩經》鄭箋及孔疏③。《王風·君子陽陽》“右招我由房”孔疏云：“《斯干》箋云‘宗廟及路寢制如明堂’，則天子路寢有五室，無左右房矣。……天子小寢，如諸侯之路寢，故得有左右房。”④又《小雅·斯干》“築室百堵，西南其户”孔疏：“言天子之寢有左右房者，以天子之燕寢，即諸侯之路寢。……天子路寢既制如明堂，自然燕寢之制當如諸侯路寢，故知天子之燕寢有左右房也。既有左右，則室當在中，故西其户者，異於一房之室户也。大夫以下無西房，唯有一東房。”⑤孔疏的推論是建立在鄭箋“宗廟及路寢制如明堂”的基礎上的，本不足論。而黄以周則更進一步，認爲廟與正寢的區别是有無東西箱，並且他對東西箱的界定更是發前人所未發：

> 箱即牆，見《鄉飲酒禮》疏，東西箱爲東堂東、西堂西之牆。《説文》：“箱，大車牝服也。”鄭注《考工記》釋牝服爲較。較在車之兩旁，猶箱爲堂之外牆也。郭注箱訓堂，失之。廟之祧主藏于夾室，故夾室之前不可無東西牆。無東西箱有室曰寢，室亦謂夾室。郭注兩室異解，亦失之。不云室無東西箱者，明室自有牆也。夾室有牆，其堂無牆，凡寢皆然。《記》言天子設食閣于夾南，謂之左達右達，是天子燕寢亦東西堂洞達無牆也。若

---

① （宋）李如圭：《儀禮釋宫》，《景印文淵閣四庫全書》第 103 册，臺灣“商務印書館”，1982 年，第 528 頁。按：厢、箱通用，下仿此。

② （清）黄以周撰，王文錦點校：《禮書通故·宫室通故一》，中華書局，2007 年，第 25~26 頁。

③ 這一點顧遷已經指出，見其《〈禮書通故〉的詮釋方法及其疏誤舉隅》，《古籍整理》合刊，安徽大學出版社，2009 年，第 312 頁。

④ （漢）鄭玄箋，（唐）孔穎達正義：《毛詩正義》，《十三經注疏》，中華書局，2009 年，第 699 頁。

⑤ （漢）鄭玄箋，（唐）孔穎達正義：《毛詩正義》，《十三經注疏》，中華書局，2009 年，第 935 頁。

並夾室而無之，謂之榭，故下文即繼以無室曰榭。杜注宣十六年《左傳》
"宣榭火"，引《爾雅》文云"無室曰榭"，謂屋歇前。屋歇前者，謂自兩夾
以前皆無牆也。①

黄氏此處的論證充滿了誤讀與想象：首先，從《鄉飲酒禮》疏中根本得不出箱
即牆的結論，"主人坐奠爵於序端"鄭注："東西牆謂之序。"賈疏："云'東西
牆謂之序'者，《爾雅·釋宮》文。但彼云'東西厢'，厢即牆，故變言之也。"
所謂"厢即牆"之説，可能是由於賈公彦對《釋宮》前後文的理解有誤，其本身
在禮經中是毫無根據的。其次，以此毫無根據的"箱即牆"爲前提，再通過將
《説文》與《考工記》鄭注相聯繫，他又創造性地得出了"較在車之兩旁，猶箱爲
堂之外牆也"的結論。這樣箱就由堂上的兩處空間變爲了兩堵牆，但其論證本
身是錯的：《説文》釋箱爲大車牝服指的正是車箱，這與《考工記·車人》鄭注
"長八尺，謂較也"指車箱兩旁之較木，完全是兩義，絶不能牽合比附。再次，
他又以此新論訓釋《爾雅》，於是就得出了室謂夾室，"不云室無東西箱者，明
室自有牆也。夾室有牆，其堂無牆，凡寢皆然"的説法，並以此繪出了"天子燕
寢諸侯以爲路寢大夫以下以爲廟制"與"士庶人正寢"兩圖（見圖4.1、圖4.2）。

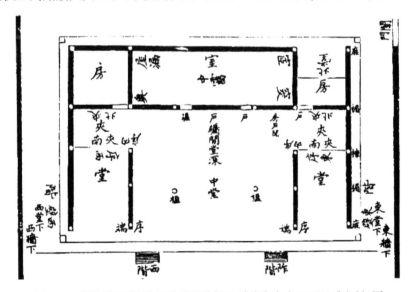

圖4.1　黄以周所構想"天子燕寢諸侯以爲路寢大夫以下以爲廟制"圖

① （清）黄以周撰，王文錦點校：《禮書通故·宮室通故一》，中華書局，2007年，
第26頁。

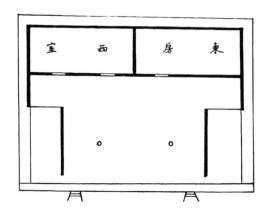

圖 4.2　黄以周所構想“士庶人正寢”圖

可是在《爾雅》中，並無室謂夾室之説。最後，他認爲“無室曰榭”乃是“並夾室而無之”，且“自兩夾以前皆無牆也”，與典籍中所載之榭已無任何相似之處，已經完全成了一種想象。

　　通過一系列的“誤讀”，黄以周終於可以將《儀禮》與《爾雅·釋宫》的記載相“融貫”了，可是這種“融貫”的結果是他的“士庶人正寢”圖已經到了令人無法理解的地步：無東西箱變成了將東堂東和西堂西的牆壁去掉；“夾室有牆，其堂無牆”，於是在東西兩夾的南部也沒有牆壁。這樣，在士之正寢的堂上，就只剩下了孤零零的兩序，而在東房西室之前又突出兩堵短牆（參見圖 4.2，圖中粗線部分表示有牆，虛線表示無牆）。再加上他所謂的榭是“並夾室而無之”，且“自兩夾以前皆無牆也”，那不就成了一房一室，連堂也沒有了？①

　　黄以周這樣看似“融貫”的解釋，其實是從根本上忽略了經書之間的差異，因此其結論根本不可能真正做到融貫。最爲明顯的就是他認爲“天子燕寢亦東西堂洞達無牆”，但在“天子燕寢諸侯以爲路寢大夫以下以爲廟制”圖中，天子燕寢的東西堂又有牆（見圖 4.1）。這是因爲如果東西堂沒有牆，天子燕寢就無法成爲大夫以下的廟制，可是如此一來，又必然會與他的新論形成矛盾。但他

---

　　①　一般來説，學者們在對榭的理解上都基本同意李巡“但有大殿而無室，名曰榭”的説法，但黄以周由於固守箱即牆，於是反駁李説：“《爾雅》‘無室曰榭’，蒙上‘無東西箱有室曰寢’爲文。箱者牆也，有室謂之夾室，説已詳上。若並夾室而無之謂之榭，則榭者，自後楣以前無夾也。……榭即所謂堂皇，非在臺上。孔疏謂居台而臨觀講武，直以爲臺上之屋，誤。”黄氏並未繪出榭的形制，可能是由於他所謂的“榭”只有房室，難以繪製？（清）黄以周撰，王文錦點校：《禮書通故·宫室通故二》，中華書局，2007 年，第 69~70 頁。

似乎没有察覺，反而以此想象出的廟、寝、榭之制來嚴厲地批評張惠言説：
"周之寝制，自夾以南，無東西牆。……近之圖宮室者，以張皋文《儀禮圖》爲
最當。但室居堂五分之一（按：'五'當作'三'），難行祭禮；西房亦有北堂，
經無見文；序牆連房，仍沿舊誤；寝制東西堂有東西牆，與《爾雅》尤違；門
爲堂，塾爲室，經有明文，張氏於塾又分室堂，尤爲杜撰。"[①]從整體上看，張
氏之圖固然有不恰當之處（見圖4.3），如西房有北堂、東西夾無户等，但相比
起黄氏之圖，杜撰的成分還是要少得多。

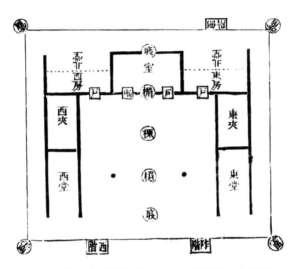

圖4.3　張惠言《儀禮圖》卷一"天子諸侯左右房圖"

第二節　壁非牆：短垣與冠者見母於東壁的想象

在《儀禮》一經所涉先秦宮室中，牆爲總名，堉、壁、序爲別稱。李如圭
云："牆者，堉壁之總名。室中謂之堉……堂上謂之序，室房與夾謂之堉，堂
下謂之壁，謂之牆，其實一也，隨所在而異其名耳。"[②]但在黄以周設想的宮室
制度中，卻對"壁"有着特别的界定，並進一步影響到了他對經義的理解。

①　（清）黄以周撰，王文錦點校：《禮書通故·名物圖一》，中華書局，2007年，第
2267頁。
②　（宋）李如圭：《儀禮釋宮》，《景印文淵閣四庫全書》第103册，臺灣"商務印書
館"，1982年，第533頁。

黄以周認爲壁乃專指東西堂下之壁，而非周繞寢廟之牆。他辨析前儒之説云：

> 鄭玄云："西壁，堂之西牆下。舊説南北直屋桷。"陳祥道云："廟之左右，有牆周之，在西曰西壁，在東曰東壁。"以周按：《特牲禮》"主婦眂饎爨於西堂下"，《記》曰"饎爨在西壁"，則西壁爲西堂下之牆，非堂上南北直屋桷者。鄭云"西壁，堂之西牆下"，明經義也；又引舊説，存別義也。賈疏誤會鄭意，以爲引舊説證成其義。則注云堂之西牆可矣，何以云下乎？注云"西牆"，釋《記》西壁，云"堂之下"，本經"西堂下"爲文。蓋古人堂基高，外有短垣衛之，其高如坫，《西京賦》所謂"設砌厓陳"是也。《説文》："壁，垣也。"馬注《書》"垣墉"，云"卑曰垣"。渾言之，壁、牆、墉、廂通稱；析言之，在堂謂之序，在房室謂之墉，在東西堂上謂之廂，在東西堂下謂之壁，其廟外四周之垣謂之牆。……陳氏以東牆當東壁，與經顯違。李氏《釋官》、江氏《鄉黨圖考》、洪氏《官室答問》，皆沿陳訛。①

這裏黄氏又在論證上出現了一系列的問題：首先是對鄭注的誤讀，鄭玄所云"西壁，堂之西牆下"指的就是廟西之牆，但因饎爨的南北之節不明，故又引舊説"南北直屋桷，稷在南"加以補充（其實此舊説在禮經中亦無根據）。賈疏云："案上經云：'主婦視饎，爨於西堂下。'逼西壁爲之，故以舊説辨之也。"②黄氏説"賈疏誤會鄭意"，是正確的，但他認爲鄭注"引舊説，存別義也"，同樣也是誤會鄭意。其次，鄭玄云"堂之西牆下"，不過是爲了與堂上之牆相區別，黄氏卻以爲"注云堂之西牆可矣，何以云下乎"，可謂求之過深。最後，他引《西京賦》"設砌厓陳"爲證，構想出"蓋古人堂基高，外有短垣衛之，其高如坫"，既在《儀禮》中没有佐證，也與行禮儀節不符。因此，黄氏由此一連串論證而得出的壁非牆與廟之堂基外有短垣的結論，其實只是對經文和鄭注的誤讀。他反而以此批駁陳祥道、李如圭、江永、洪頤煊等人，今日看來確爲以是爲非。

黄以周之所以有"蓋古人堂基高，外有短垣衛之，其高如坫"的推測，可

---

① （清）黄以周撰，王文錦點校：《禮書通故·官室通故一》，中華書局，2007 年，第 45 頁。

② （漢）鄭玄注，（唐）賈公彦疏：《儀禮注疏》，《十三經注疏》，中華書局，2009 年，第 2583 頁。

能是考慮到在廟堂之基旁邊生火設爨有所不妥，所以才想方設法地從漢賦中找一些證據。其實《西京賦》"設切厓陳"不過是説以石砌成高臺四周之基，與堂之"短垣"是完全不搭邊的。

　　至於他否認壁乃牆之别名，主要是爲了重新解釋士冠禮結束後冠者見母的位置①。《儀禮·士冠禮》："冠者奠觶於薦東，降筵，北面坐取脯，降自西階，適東壁，北面見於母。"鄭注："適東壁者，出闈門也。時母在闈門之外，婦人入廟由闈門。"②對於經文，鄭注本來很明白：冠者從西階降下，到廟之東牆，出東牆之闈門見母。但黄以周卻在壁非牆的前提下，提出了完全不同的解釋：

　　　　依鄭注饎爨在東壁，謂廟之東堂下，此適東壁謂寢之東堂下，故云適東壁出闈門也。知不在廟之東堂下者，經無主婦入廟之文。又禮，婦人不下堂，位在房中。廟之東壁，不得有婦人位也。知非廟之周垣東牆者，禮，周垣謂之牆，堂下謂之壁，其稱謂異也。冠子將入見母於寢，降自西階，即由廟之西壁出闈門，適寢之東壁，爲時母不在廟中也。下見姑姊曰"入見"，鄭注"入，入寢門"。此見母不曰入，下又曰"送母又拜"③，則其母在寢之東壁可知。婦人自寢入廟由闈門，闈門在廟之西牆，寢之東牆，舊圖多誤。④

由於誤讀鄭注而堅持東壁乃東堂下，可是經文中又無主婦入廟的記載，所以黄以周只能推出冠者之母是在寢之東壁下，他以此批評"前圖皆誤"，進而畫出了奇特的冠者見母圖（見圖4.4）⑤。可是他的這個新圖卻有一個很大的漏洞，

----

①　歷代學者關於"適東壁，北面見於母"及闈門的討論頗多，可參看許子濱：《禮制語境與經典詮釋》，上海古籍出版社，2018年，第74~107頁。

②　（漢）鄭玄注，（唐）賈公彦疏：《儀禮注疏》，《十三經注疏》，中華書局，2009年，第2056頁。

③　《儀禮·士冠禮》："母拜受，子拜送，母又拜。"黄以周似乎有意讀爲"母拜受，子拜。送，母又拜"，則是母送其子由寢過闈門入廟又拜。其意爲，經文冠者見姑姊曰"入"，而見母不曰"入"，使人懷疑當時母在廟中。因此黄以周將"送"字下讀，則是母拜而送子回廟繼續行禮，則可推知母不在廟而在寢。

④　（清）黄以周撰，王文錦點校：《禮書通故·宫室通故一》，中華書局，2007年，第46頁。

⑤　在《冠禮通故》中，他又重申此説："《特牲·記》'饎爨在西壁'，《鄉射·記》'俎由東壁'，皆謂東西堂垂之下牆也，廟與寢皆有之。冠禮無與婦人之事，其母不入廟，則冠者適東壁見母，爲寢之東壁明矣。"（清）黄以周撰，王文錦點校：《禮書通故·冠禮通故》，中華書局，2007年，第228頁。

就是《儀禮·士昏禮》"入見姑姊，如見母"鄭注："入，入寢門也。廟在寢門外。"①如果冠者見母是在寢之東堂下，那麽爲何不像見姑姊一樣入寢門見而是"適東壁"？難道母的地位還不如姑姊，只能穿過牆之闈門去見？這是無法説通的，黄以周給出的辯護是"此見母不曰入，下又曰'送母又拜'，則其母在寢之東壁可知"，並無理據可言。

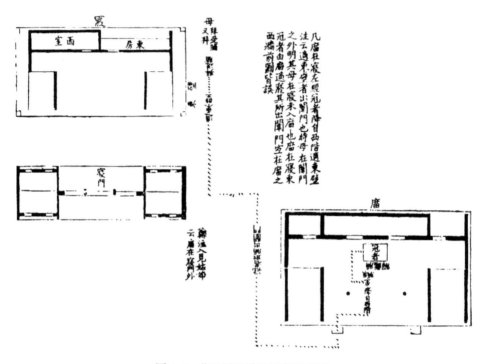

圖4.4　黄以周所構想冠者見母圖

黄以周的壁非牆之説固誤，但從理解《儀禮·士冠禮》經文本義來講，鄭玄已經出現了偏差。所謂"適東壁，北面見於母"，只是冠者到廟之東牆北面見母之意，而鄭注"適東壁者，出闈門也。時母在闈門之外，婦人入廟由闈門"實爲增句解經，其意乃在嚴男女之別，這點賈疏申發得很明白："男子居外，女子居内。廟在寢門外，入見，入寢門可知。"②黄以周也承其

① （漢）鄭玄注，（唐）賈公彦疏：《儀禮注疏》，《十三經注疏》，中華書局，2009 年，第 2057 頁。
② （漢）鄭玄注，（唐）賈公彦疏：《儀禮注疏》，《十三經注疏》，中華書局，2009 年，第 2057 頁。

説云"禮，婦人不下堂，位在房中"。可是這種將男外女内之別置於禮經中，又會出現矛盾：在禮經中，婦人於行昏、祭、喪等人生禮儀時皆可以由闈門入廟，爲何單單母在行冠禮時不可，而必須站在闈門之外①？因此，鄭玄的"時母在闈門之外"只是一種建立在男女之別基礎上的推測，在先秦的禮儀情景下，冠者在堂行禮，母在東壁等候，並無任何不妥。而清儒在鄭注的基礎上，不論是將闈門定在東牆、北牆、西牆還是四周，都只是對鄭注的補充，而非經文之本義②。

綜上，黄以周由於誤讀鄭注"西壁，堂之西牆下"一語，而得出了壁非牆、東西壁爲東西堂之壁的錯誤結論；再以此爲前提，爲了將堂基下立爨合理化而牽附《西京賦》"設砌厓陳"，構擬出了堂基之旁有"短垣"護衛的設想；最後還將此説運用於對《儀禮·士冠禮》冠者"適東壁，北面見於母"的解釋中，重繪了禮圖，其實是在鄭玄對經義建構的基礎上所進行的二次建構，與經文本義相差甚遠。在黄氏本人看來，其説完整精密，遠超前儒，但實際上卻存在着很多的漏洞，錢玄先生在東西夾、兩闈、室廣、門廣等頗有争論的問題上都采黄以周之説，而獨不從其壁非牆之論，黄氏之説不能服人可見一斑③。

第三節　室堂同廣：伏傳、鄭注帶來的矛盾

在黄以周宫室圖中，有一個很明顯的地方，即室和堂之廣相等，這是在之前的禮圖中從未出現的。這一堂、室、房的比例，其實源自伏生《尚書大傳》的影響。

由於接受了伏傳之説，黄以周在繪圖及闡發經義上又出現了一系列的問題。伏生《書傳》云：

① 關於這點，許子濱在《"禮例"與〈儀禮〉〈周禮〉的詮釋》一文中有詳細的討論，其中也涉及了《士冠禮》"適東壁見母"及黄以周之説，不過其重點在説明歷代各家對此句經文的解釋，尤其是鄭玄以禮例爲本而未能有效解釋經文，故並未對黄説致誤之由加以分析。但他從分析禮制情境出發，指出士冠禮時母在廟中則是正確的。見氏著《禮制語境與經典詮釋》，上海古籍出版社，2018年，第74~119頁。
② 黄以周批評清儒没有把闈門畫對，説"江慎修、戴東原、張皋文圖在東牆，孔巽軒圖在北牆，金誠齋又説四周皆有闈，俱未可信"，其實最不可信的是他的西牆説。(清)黄以周撰，王文錦點校：《禮書通故·宫室通故二》，中華書局，2007年，第68頁。
③ 錢玄：《三禮通論》，南京師範大學出版社，1996年，第177頁。按：黄以周再傳弟子沈文倬在其宫室圖中將闈門繪於寢之東壁廟之西壁而無考釋，明顯是從黄説而來。見沈文倬：《周代宫室考述》，《菿闇文存》，商務印書館，2006年，第812頁。

> 天子之堂廣九雉，三分其廣，以二爲内；五分内，以一爲高；東房、西房、北堂各三雉。公、侯七雉，三分其廣，以二爲内；五分内，以一爲高；東房、西房、北堂各二雉。伯、子、男五雉，三分其廣，以二爲内；五分内，以一爲高；東房、西房、北堂各一雉。士三雉，三分其廣，以二爲内；五分内，以一爲高；有室，無房、堂。①

伏傳此説本爲周秦時人對於古代宫室之想象杜撰，疏漏頗多，其要者有三：首先，只有天子之堂廣（九雉）可與東房、西房、北堂之廣（各三雉）相合，公侯以下至士皆不能相配。其次，士室之廣爲三雉，而雉高一丈，那麽以"三分其廣，以二爲内；五分内，以一爲高"計算，士室之高只有五分之二雉，换成今制，不足一米，豈能住人？最後，若士只有室，而無房與堂，則"三分其廣，以二爲内"有何意義？宋儒李如圭將伏傳之説附在其《儀禮釋宫》之末，云："此《傳》説房堂及室，與經亦不合，然必有所自，姑存之以備參考。"②李氏説伏傳必有所自，當然只是猜測之語，但他指出《傳》説房堂及室與《儀禮》不合，卻是不可否認的事實。但黄以周卻依伏傳擬出了"伏生書傳路寝"（見圖4.5），並得出了他對室堂問題的兩點認識："伏生《書傳》'三分其廣，以二爲内'。室與堂同廣，得三分之二，牖居室楹之西，户居室楹之東，各得三分之一，户牖間亦得三分之一。"③一是"室與堂同廣"，一是室之牖、户將室廣分爲三等份。前者是由伏傳直接推出來的，而後者只是他個人的構想，但這兩點都嚴格地貫穿在了他所繪的所有宫室圖中。不過必須指出，他由伏傳所得出的這兩點，從《儀禮》文本的角度看，都是不能成立的，特別是前一點"室與堂同廣"，是其宫室圖有别於其他清代禮學家的重要特徵。

不僅如此，黄氏對門堂及比例的界定也與前儒有别。《周禮·考工記·匠人》"門堂三之二，室三之一"鄭注："門堂，門側之堂，取數於正堂。……《爾雅》曰：'門側之堂謂之塾。'……兩室及闈各居一分。"④此處乃所謂"夏后氏世

---

① 鄭玄注云："内，堂東、西序之内也。高，穹高也。今士禮有房，此云無房、堂也。"（清）皮錫瑞撰，吳仰湘點校：《尚書大傳疏證》卷6《多士》，中華書局，2022年，第269~270頁。

② （宋）李如圭：《儀禮釋宫》，《景印文淵閣四庫全書》第103册，臺灣"商務印書館"，1982年，第535頁。

③ （清）黄以周撰，王文錦點校：《禮書通故·宫室通故一》，中華書局，2007年，第37頁。

④ （晋）郭璞注，（宋）邢昺疏：《爾雅注疏》，《十三經注疏》，中華書局，2009年，第5651頁。

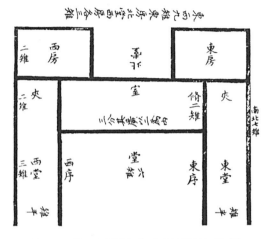

圖 4.5　黃以周所擬"伏生《書傳》路寢"圖

室"之制。"門堂三之二，室三之一"，段玉裁云："孰之制，於正堂之修廣得
三之二，其室於正堂之修廣得三之一。北向堂者爲孰，得堂修廣三之一。南向
者亦爲孰，亦得堂修廣三之一，故曰門堂三之二也。室三之一者，北向南向兩
孰之中共一室。室得堂修廣亦三之一。及閨之修廣等。"①張惠言云："門有四
堂四室，前後各以一架爲室，一架爲堂。"②段、張皆認爲門之兩塾爲前堂後室
之制，不同者在於段氏以爲南北向堂共一室，即東西塾共四堂兩室，而張氏云
有四堂四室。對於段、張之説，黃以周都不同意，而別出新解云：

> 　　門有左右塾，共夾一堂，故曰夾室。《考工記》："門堂三之二，室三
> 之一。"門堂即門，室對門堂爲文，即所謂塾是也。非塾更有室，段、張
> 兩説，俱不足憑。鄭云"門堂取數於正堂"，謂正堂六筵，門居三之一，
> 得二筵。故解"路門不容乘車五個"，以爲"此門半之，丈六尺五寸"。其
> 實亦難依據。寢廟同制，廟門容大扃七個，其廣二丈一尺矣。左右塾亦可
> 分內外爲四塾，《士虞禮》"羞燔俎在內西塾"，是其證。③

①　（清）段玉裁：《説文解字注・埱》，上海古籍出版社，1988 年，第 686 頁。
②　（清）張惠言：《儀禮圖》，（清）阮元、王先謙編：《清經解　清經解續編》第 10 册，
鳳凰出版社，2005 年，第 1638 頁。
③　（清）黃以周撰，王文錦點校：《禮書通故・宮室通故二》，中華書局，2007 年，
第 58~59 頁。

　　黃氏之説的錯誤是很明顯的：首先，他認爲門堂指的乃是門，東西塾由於夾門堂，故稱爲夾室，而非如段、張二氏所説東西塾爲前堂後室之制。這完全是對《考工記》的誤讀，不必細論。其次，他將鄭注"門堂取數於正堂"解釋爲門的寬度要佔正堂的三分之一，説"正堂六筵，門居三之一，得二筵。故解'路門不容乘車五個'，以爲'此門半之，丈六尺五寸'"，乃是將鄭玄對夏后氏世室和周人明堂之制相混合，是對鄭注的誤讀。最後，他認爲寢與廟同制，其門都應當是容大扃七個，即二丈一尺，但又同意金鶚"不容五個，是四個有餘，五個不足之文，其廣三丈也。廟門二丈一尺，是羣廟之門。若大廟之門，當與路寢門同"之説，認爲"金説本焦理堂，其語較明"①，將群廟之門與太廟、路寢之門相區别，更是疊床架屋，治絲益棼。

　　更加奇怪的是，黃以周雖然提出了廟寢同制，其門二丈一尺；太廟與路寢門同，當爲三丈的説法，但在所繪宫室圖中卻並未遵守。在黃氏圖中，凡是寢廟，其門之廣皆與正堂相同，再加上他所堅持的堂室同廣，於是其禮圖的整體格局就形成了全新的室與堂、門的廣度一致的樣式（見圖4.6）。類似這樣的矛盾，在黃氏的禮學著作中時有所見，其中原因很多，此不贅述②。

---

　　①　（清）黃以周撰，王文錦點校：《禮書通故·宫室通故二》，中華書局，2007年，第59頁。

　　②　再就黃氏禮圖舉一例。胡培翬認爲親迎成昏之寢乃壻之燕寢，燕寢之房與室有户相通而其南無户。黃以周則認爲成昏之寢即正寢，但同時又認爲胡説"房與室有户以相通，近是"，這在宫室形制上其實就造成了明顯的矛盾：如果正寢之室與房之間有户以相通，而廟之制又如正寢，那麽廟之室與房之間亦當有户，這在禮經中是找不到任何根據的。其致誤之由在於胡培翬對《士昏禮》'主人入，親脱婦之纓'鄭注'入者，從房還入室也'的膠固理解。鄭玄之所以對"主人入"出注，不過是因爲之前經文講到"主人脱服于房"，這裏再加以説明而已，而無法推出房室之間有户。由於缺少證據的支持，黃以周對此説其實不能完全肯定，因此在禮節圖中，並未在昏禮的相關儀節中畫出房室之間的户。但他仍然認爲胡説"近是"，其原因就在於後者將《士昏禮》與《特牲》的兩處經文作了比義，這是黃氏在經學解釋方法上的一貫主張，是不能否認的，由此才有了經説與禮圖間前後不一致的矛盾現象。（清）黃以周撰，王文錦點校：《禮書通故·宫室通故一》，中華書局，2007年，第36頁。另，黃氏弟子曹元弼及再傳弟子沈文倬亦持此説，且更加堅定。沈氏在其所繪士宫圖中就明確標識出了房室間的户，其論證與胡培翬一致："房室之間有户，無明文可據。《儀禮·士昏禮》婦至成禮節云：'主人説服于房，媵受；婦説服于室，御受。……主人入，親説婦之纓。'注：'入，從房還入室也。'主人這時在房中，云入自是由房入室，注的推論甚確，房室有户相通無疑。"其實鄭注云"從房還入室"只是省略了出房的環節，並不表明房與室之間有户，胡培翬及黃氏師弟都未能在《儀禮》經文中找到旁證。見沈文倬：《周代宫室考述》"考釋4"，《菿闇文存》，商務印書館，2006年，第819頁。

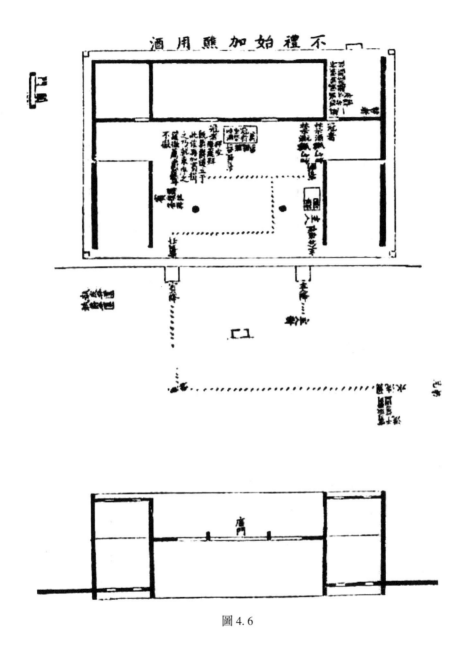

圖 4.6

　　既然確定了新的堂室之制，在經義的闡釋上也必然會隨之產生變化，尤其是在士冠禮上。黃以周特別對嫡子與庶子行冠禮時所站方位之不同加以強調：

　　《記·冠義》"適子冠于阼，以著代也"，而《士冠禮》主人之贊者筵于東序少北。以周案：東序有阼階上之名。《燕禮》云"小臣設公席于阼階上"是也。筵于東序，即冠于阼。若庶子則冠于房户前，非阼也。舊圖宫室者，房居三分之一，房户直東序西，則冠房户前，與冠阼無别矣，于此可證舊圖之失。①

可見，他非常重視《冠義》所云嫡子在阼階上行冠禮的"著代"之義，所以才特别强調庶子行禮時乃"冠于房户"而非阼。可是如果按照舊圖，如張惠言《儀禮圖》中房户的位置（見前圖4.3），則房户外正好對着阼階，這就會造成"冠房户前，與冠阼無别矣"的問題，因此他才説舊圖不對。但實際上從行禮本身來看，這種看法完全是多慮的。堂上行禮位置的不同，即代表不同的含義，不能因爲房户外與阼階正對，就認爲與冠阼無别②；更不能因此而將室廣畫得與堂廣相通，這樣東西兩房就非常狹小，根本無法容納特牲、少牢等禮中的人與物。

綜上，黃以周以伏傳"三分其廣，以二爲内"爲前提，確立了室堂同廣的宫室原則，並結合《考工記》"門堂三之二，室三之一"的記載，提出了門堂即門，東西塾爲夾室的新説，不過這些新説都是建立在對伏傳和鄭注誤讀的基礎上，加之伏傳的説法本身就是一種想象，因此是完全無法成立的。但在黃以周看來，他的新説可以很好地解决群經之間的矛盾，更好地闡發士冠禮的"著代"之意，而實際上，這些新説又造成了新的矛盾，並且是黃氏本人也無法嚴格貫徹的，最後只能成爲一種對傳统的發明。

第四節　充滿創意的"楣梁落時阤"、正堂和北出之向

除了上文所述箱爲牆、壁非牆和室堂同廣等宫室制度新説外，黃以周還有一些對於堂上名物、方位的獨特説法，特别是"楣梁落時阤"、正堂的位置和北出之向，爲前人所未道。

黃氏關於楣梁、落時、阤的新説來自對《爾雅》的創造性詮釋。《爾雅·釋

---

① （清）黃以周撰，王文錦點校：《禮書通故·冠禮通故》，中華書局，2007年，第227頁。

② 《士冠禮》嫡子"筵于東序少北"，蓋黃以周認爲若按舊圖，可能嫡子之位會與庶子的"房外"之處重合。因此他要縮小房的寬度，"庶子冠于房外"，則在嫡子筵東之處。

宫》曰："楣謂之梁。樞謂之椳。樞達北方謂之落時。落時謂之戺。"郭璞注："梁，門户上横楑。門持樞者，或達北櫨以爲固也。"①《玉篇》云："落時謂之爬。爬，窗巳切，砌也。"②對於郭璞將樞釋爲"門持樞"，黄氏認爲與"或達北櫨"有矛盾而提出了不同的看法：

> 　　櫨，棟也。門樞無達北棟者，此謂寢東西堂之門樞也，無東西箱有室曰寢。寢制，堂之東西無壁而設以門，門上設梁，門下設落時，落時之長與梁等，皆自南柱達北宋。《爾雅》"宋廇謂之梁"。方者宋之借，宋者棟也，故郭注以櫨言之。凡五架之柱無專名，多以所駕之庪、楣、棟名之。達北之宋，謂駕棟之柱也。③

黄以周認爲樞非寢門之門樞，而是寢之東西堂之門樞，因爲在前文所説箱即牆的前提下，寢之東西堂是無壁的，故只能設以門。此東西堂之門的形制爲：門上設南北向之楣梁，門下設南北向的門限即落時，落時的長度與梁相等，都是從堂之南柱通到中央之棟（即北櫨或曰北宋），由此，他繪出了所謂的"楣梁落時爬"圖（見圖 4.7）。

　　不過，黄以周對樞和落時的理解都是錯誤的。《釋宫》所説的"樞謂之椳。椳達北方謂之落時"乃承前文"枨謂之闑。椳謂之楔。楣謂之梁"而言，皆指宫室之門制④。所謂"樞達北方謂之落時"指的是固定門樞之縱木可向北延伸，郭璞云落時爲"門持樞者"是正確的，而説"或達北櫨以爲固也"，蓋是以後世宫室之制（即"或"）以爲佐證，非謂門樞可達北櫨也。但是黄以周卻將郭注與《爾雅》文本相牽合，用假借之法釋方爲宋，再加上其寢無東西壁的前提，提

---

　　① 　（晉）郭璞注，（宋）邢昺疏：《爾雅注疏》，《十三經注疏》，中華書局，2009 年，第 5649 頁。

　　② 　日藏宋本《玉篇》作："床巳切，砌也。《爾雅》曰：'落時謂之爬'。亦作戺。"（南朝梁）顧野王撰，吕浩點校：《大廣益會玉篇》上册，中華書局，2019 年，第 377 頁。

　　③ 　（清）黄以周撰，王文錦點校：《禮書通故·宫室通故一》，中華書局，2007 年，第 49~50 頁。

　　④ 　關於這一點，黄以周其實很明白，但他卻説："《爾雅》楣梁與闑闑椳椳並列，是梁屬於門，謂東西堂之門梁。觀下樞達北方謂之落時，自知寢之東西堂無牆，而加楣梁以爲門。其門之梁亦以持楣，故楣與梁皆有梁稱。"硬是將寢廟之大門説成東西堂之門，可見其心中寢之東西堂無牆觀念的影響之大。（清）黄以周撰，王文錦點校：《禮書通故·宫室通故一》，中華書局，2007 年，第 49 頁。

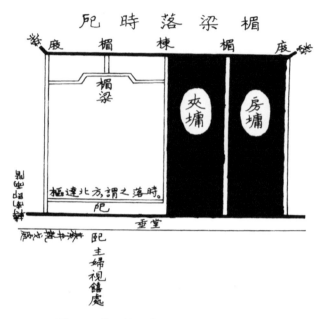

圖4.7 黃以周所構想的"楣梁落時戺"圖

出了《釋宮》所云乃是東西堂之門制的説法。可是此東西堂之門實在無法成立，因爲黃氏未曾想過，在東西堂之兩邊設長達兩架的門是否可能？若有此門，該如何開啓(向堂開則影響行禮，向牆開則幾乎到達甚至超過牆壁)？即便能開啓，又有何實際用途？

在東西堂有門的基礎上，黃以周還對昆和階戺提出了新的解釋。他指出:

> 《釋文》戺作"昆"云: "本作戺，音俟。或作扈，音户。"戺之言切也，限也。扈讀如扈民之扈，止也。限止同義，謂所以止其扉也。《爾雅》"柣謂之閾"。柣字漢人多作"切"。《考工記》鄭衆注: "眼讀如限切之限。"限切謂門限也。門限謂之切，切謂之戺。《廣雅》: "柣、戺，切也。"《西都賦》"玄墀釦切"，即《顧命》之"階戺"。切以銅遝，故《西京賦》謂之"金戺"，金戺即釦切。自廟寢之制不分，而楣梁之制失，樞達北棟之解昧，戺之名亦淆，"室有東西箱曰廟，無東西箱有室曰寢"之文亦不明。①

---

① (清)黃以周撰，王文錦點校:《禮書通故·宮室通故一》，中華書局，2007年，第50頁。

他以切、限、止訓皃與庲，並將其與門限相聯繫，認爲不論是《爾雅》中的柣還是《西都賦》中的"釦切"，都指的是門檻，也就是《尚書·顧命》中的"階皃"。這其實也不能成立，《顧命》之"階皃"，僞孔傳曰"堂廉曰皃"①，爭論頗多，但經過清儒的研究，已基本搞清，所謂階皃即是臺階旁之斜石②；《西京賦》之"金皃玉階"指的是金制階旁之斜石與玉制之臺階，也清楚明白。但黃氏不取常説，而通過輾轉聯繫，將階皃和金皃均解爲門限，並發議論説"自廟寢之制不分，而楣梁之制失，樞達北棟之解昧，皃之名亦淆，'室有東西箱曰廟，無東西箱有室曰寢'之文亦不明"。實際上，是他的新説並未解決《爾雅·釋宮》的疑問，反而把已經弄清的楣梁落時皃又搞錯了："楣謂之梁"本是指門制而言，但黃氏卻將其與堂制相混，而創造出了南北向的"楣梁"（見圖4.7）；落時原本也是屬於門制，是與門檻成直角相交的，黃氏卻將其解釋成了東西堂的門檻。

不僅如此，他還要以古文或體與通借的方法對皃在群經中的含義作貫通的解釋。其言曰：

> 僞孔傳云："堂廉曰皃。"一説皃之言砌，南面兩階之旁，砌石以捍階齒。以周案：落時謂之皃。皃者，樞之達北方而地近南階之厓陠，其下爲主婦視饎處。饎古文作"配"，或從食作"餥"，今《周禮》又作"餥"，《説文》云："配，古文作皃。"以其上門樞名皃，其下饎爨名配，古文以爲假借字，故許云爾也。知配皃之通借，而皃之地亦可定矣。《書》四人綦弁夾兩階皃。寢之南面有兩階，其東西兩端有兩皃，二人立兩階下，二人立兩皃下，皆南面夾之也。知立在階皃下者，以四人皆綦弁也，東西兩皃亦有階。知階非東西階者，以下文有二人立東西垂，是東西階有防之者矣。僞傳皃訓堂廉，廉在堂上，何云夾階？堂上宜冕，何云綦弁？階旁設砌，亦不獨南面爲然。張衡《西京賦》"刊層平堂，設切厓陠"，四面皆同。③

---

①　(唐)孔穎達正義，黃懷信整理：《尚書正義》卷18，上海古籍出版社，2007年，第735頁。

②　諸説中以程瑤田《釋宮小記·夾兩階皃圖説》最爲合理，其言曰："皃，謂階至兩旁自堂至庭地斜安一石，捍階齒而輔之。"俞樾取程説而更加確化，以皃爲階廉而非堂廉。見劉起釪：《尚書校釋譯論》，中華書局，2005年，第1784~1786頁。

③　(清)黃以周撰，王文錦點校：《禮書通故·宮室通故一》，中華書局，2007年，第50~51頁。

在黃氏看來，主婦視饎處之"饎"、《周禮》之"𩟲"與《説文》之"𪏮"，都可因𢇍爲止限之義聯繫起來，即"其上門樞名𢇍，其下饎爨名𪏮"，並由此解釋《尚書·顧命》"四人綦弁，執戈上刃，夾兩階𢇍"爲"寢之南面有兩階，其東西兩端有兩𢇍，二人立兩階下，二人立兩𢇍下，皆南面夾之也"，"東西兩𢇍亦有階"。所謂"兩𢇍亦有階"是説東西堂兩邊之門樞（即𥮓時）下也有兩階。黃氏的論證看似精巧，實際上是先有𢇍乃門限之預設，再從典籍中找相關的材料加以證明，但其説的最大問題在於，除了一些古文或體外，没有經書中有力的語證作爲支撑。他對僞孔傳的批評固然有理，但《尚書·顧命》原文爲"夾兩階𢇍"，如訓𢇍爲門樞，如何可通？因此，從表面上看，他在論證時采用的是乾嘉諸儒的考證方式，但實際上卻是觀念先行，駕多言以爲辭，説服力並不强。

黃以周對堂之位置的界定也不同於前人，認爲堂乃棟以南至庪的空間。之所以如此，是出於他對《儀禮·聘禮》經義不同於鄭注賈疏的解讀。《儀禮·聘禮》："公側襲，受玉于中堂與東楹之間。"鄭注："中堂，南北之中也。入堂深，尊賓事也。東楹之間，亦以君行一，臣行二。"賈疏："今於當楣北面拜訖，乃更前北侵半架，於南北之中乃受玉，故云南北之中，乃入堂深，尊賓事故也。云'東楹之間，亦以君行一，臣行二'者，兩楹之間爲賓主處中，今乃於東楹之間，更侵東半閒，故云君行一臣行二也。"[1]在聘禮的受玉儀節中，賓與公所處的方位是"中堂與東楹之間"，鄭玄認爲中堂是南北之中，所謂"入堂深"，即是將堂上後楣以南的空間縱向分爲二，中堂即在前楣與棟之間，因此賈疏才説"今於當楣北面拜訖，乃更前北侵半架，於南北之中乃受玉，故云南北之中"。李如圭也説："東楹之間，侵近東楹，非堂東西之中而曰中堂，則中堂爲南北之中明矣。"[2]對此，黃以周是完全不同意的：

> 序以北曰户牖間，曰户東、户西，曰房户間，曰序内，《禮經》皆不謂之堂。序當棟，自棟以南至庪，乃有堂名，堂正值兩楹之間。經曰楹間，明東西之節；曰中堂，明南北之節。中堂與楹間相值。聘禮受玉在中堂之東，東楹之西，故曰于中堂與東楹之間。以歸饔餼問卿"受幣堂中西"例之，亦可曰"堂中東"。凡賓主人行禮，皆在兩楹間。賓敬主君，則

---

① （漢）鄭玄注，（唐）賈公彦疏：《儀禮注疏》，《十三經注疏》，中華書局，2009 年，第 2279 頁。

② （宋）李如圭：《儀禮釋宫》，《景印文淵閣四庫全書》第 103 册，臺灣"商務印書館"，1982 年，第 527 頁。

趨就中堂東；卿敬聘君之命，則趨就中堂西。公行聘時，位在東楹東，與賓相向，其授玉何必於兩楹間更侵東半間。凡曰之間，皆東西相對，未有以邪言者。①

首先，他確定了與鄭玄不同的堂之方位，認爲不是後楣以南皆爲堂，而是"自棟以南至庪，乃有堂名"，其證據是像户牖間、户東、户西、房户間、序内這些方位，《禮經》都没有稱之爲堂。這點一望便知是曲説，《儀禮》中提到户牖間、户東、户西等方位時指的當然是堂上的位置，因爲堂的面積大，故需借户牖以表明具體位置，這是毫無疑問的。其次，由於他將堂定位自棟以南至庪，而中堂又爲南北之節，則其位當在前楣之下、兩楹之間，聘禮受玉時賓主之位自當在"中堂之東，東楹之西"（見圖4.8）。最後，他還以"凡曰之間，皆東西

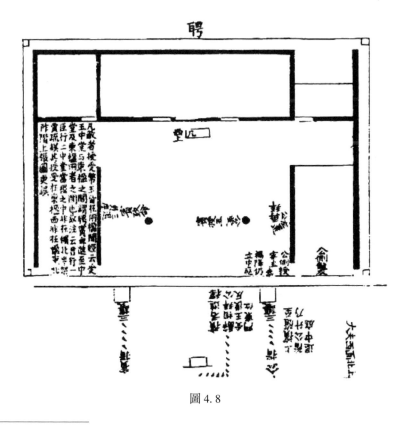

圖 4.8

①　（清）黄以周撰，王文錦點校：《禮書通故·宫室通故一》，中華書局，2007年，第38~39頁。

相對，未有以邪言者"的禮例形式，强調了其中堂之説的根據。不過，黄氏在反駁鄭、賈之説時，似乎有意忽視了其禮意：在鄭玄看來，賓主受玉之所以在中堂(前楣與棟之間)，乃是要"尊賓事"，故不能如一般之禮行於楣下，黄氏於此不加辨析，則鄭説之根基並未動摇；而賈公彦云"於當楣北面拜訖，乃更前北侵半架"，在禮儀的實踐上也未嘗不可，並非如黄氏批評的那樣是以"邪言者"。總之，他提出的聘禮受玉於前楣下兩楹間，從禮學上講自可爲一家之言，但他對堂的界定卻是無法成立的。

此外，黄以周對"向"也做了創造性的詮釋。《詩經·七月》"塞向墐户"，毛傳："向，北出牖也。"但在鄭箋和三禮鄭注中卻並未提到此北出之牖，因此，如何將毛傳之説與經書所載相貫通，就成了黄氏要解决的任務。

首先，他從文字上區分了牖、窗與向，指出向的特徵是不用交木，也不設版扇，形狀正方，其論證云：

> 考牖與窗異，向與牖亦有不同。……竊謂《説文》"在牆曰牖，在屋曰囪"，自是古義，而"以木爲交窗"乃囪之義，不可以施諸牖。……向字上從宀，象交覆屋深之形。下從口，象四方周圍之形。其物既不若囪之施交木，又不若牖之設版扇。形正方，與牖同其達而庳，人亦可以出入，又如今無扇之門，蓋東房之北謂之北堂，堂北出無牖，而有向焉。《毛傳》謂之北出牖，以形名也。其不謂之門者，門從兩户，以扇名。向無扇，不得謂之門也。或以爲北出牖在室之北牖，於文無稽。室之爲用最大，其名咸著於《經》，無所謂北出牖者。……《詩》曰"塞向墐户"，塞如樹塞門之塞，謂别以物搚之，爲向無扇故也。東房之北有向，西房之北蓋亦有户，墐户者，亦墐其北户也。若南牖南户，雖值冬寒，無墐塞禮。舊説非也。①

他從向的字形分析入手，結合宫室之制，認爲向與牖不同，不在室中，而是在東房之北堂，"堂北出無牖，而有向焉"。這真可謂是創新：北堂之所以有"堂"稱，正因爲其北無牆，既然無牆，又在何處安放不設版扇、正方形之"向"？在無北牆之北堂，設此一奇怪之向又有何用？不僅如此，他還從文法分析的角度，認爲"塞向墐户"之"墐户"乃是墐西房北牆之户，這又是創新，西房之有無本來還是禮學上的問題，又從何而來北開之户，更不用説在群經文

---

① (清)黄以周撰，趙統點校：《禮説》卷4"牖向"條，詹亞園、韓偉表主編：《黄以周全集》第10册，上海古籍出版社，2014年，第128~129頁。標點有改動。

獻中從未見過此西房北户了。

其次，他將對向的界定又用於對《儀禮》的分析。《士虞·記》："既饗，祭于苴，祝祝卒。……主人哭，出復位。祝闔牖户，降，復位于門西，男女拾踊三，如食間。祝升……啓户。主人入，祝從，啓牖鄉，如初。"鄭注："牖先闔後啓，扇在内也。鄉，牖一名也。如初者，主人入，祝從在左。"鄭玄訓經文之"鄉"爲牖之别名，解釋非常簡明通暢，本不應有異議。但黄以周卻認爲這裏的"鄉"乃是别有所指，云：

> 無尸之祭，"既饗，祭于苴，祝祝卒。主人哭，出復位。祝闔牖户，降，如食間。祝升，啓户。主人入，祝從，啓牖，鄉如初"。"啓户"、"啓牖"皆句絶。"鄉如初"，别爲句。户、牖皆有扇，故曰"闔"、曰"啓"。向無扇，義不得言闔、啓。"如初"者，如經有尸之饗也。有尸之饗，户、牖、向皆不揜閉，祭畢乃闔户牖。無尸之饗，户牖俟闔俟啓，與有尸之饗異。或者嫌向亦同於户牖，故特著其"如初"，以明無異焉。鄭注以鄉牖爲一名，固失其義，近儒又讀鄉爲饗，直忘饗祭於苴在闔牖户之前，尤失之矣。①

他認爲"祝從，啓牖鄉，如初"當斷爲"祝從，啓牖，鄉如初"，"如初"是指前文有尸之饗，"無尸之饗，户牖俟闔俟啓，與有尸之饗異。或者嫌向亦同於户牖，故特著其'如初'"，並駁鄭注及近儒之説。但他没有想過，如果向是指北堂之正方形無扇之木框，那不管是無尸之饗還是有尸之饗，都與其無關，經文何必要云"鄉如初"，豈非多此一舉？

最後，他將向與《尚書·顧命》相結合，創造出了太室北牆之向。其言云：

> 天子諸侯廟制當如伏生《大傳》，後有東房、西房、北堂(此北堂居兩房間)，各三筵，凡廣九筵，三分其廣，以二爲内，是謂太室。大夫以下寢室在北楣之後，其地小，惟天子諸侯廟制室居中央，可大爲之。《書》曰"王入太室，祼"，《春秋》曰"世室屋壞"，皆廟室之在中獨大者。太室亦有南牖、南户以通南堂，其北又有達向以通北堂，此北堂即正寢之所謂室，以其在太室後，故又謂之翼室。《書·顧命》"延入翼室，恤宅宗"即此。禮，未斂前，孝子不離屍側。時成王之屍在太室，"恤宅"於此者，

---

① (清)黄以周撰，趙統點校：《禮説》卷4"牖向"條，詹亞園、韓偉表主編：《黄以周全集》第10册，上海古籍出版社，2014年，第129頁。

爲太室北翼室南有達向以通之，如在左右也。①

他認爲在伏生的天子廟制中（黃氏這裏認爲即是圖 4.5），在室（黃氏認爲即太室）之北牆上應當有一個向以溝通北堂（黃氏認爲即《顧命》之"翼室"），這與其他學者所繪《顧命圖》都不相似（見圖 4.9）②。這又有很多問題：太室爲太廟或明堂之別名，如何成了室之一名？此"向"如果只爲一方框，如何溝通太室與北堂，爲何不乾脆於牆上開户？《顧命》之"翼室"前人説解雖異③，但堂室有別，怎可混淆？成王始死，其屍怎麼能在太室？康王時爲太子，爲何要在北堂"不離屍側"？這些都是黃氏新説無法解釋妥帖的。

總之，黃以周對《詩經·七月》"塞向墐户"及毛傳"向，北出牖也"的新解，還是試圖以文字通訓詁，再以訓詁重詮經義。但問題是，《七月》所云並非天子諸侯宮室之制，而是描述周時豳地普通百姓的勞苦生活，根本不能以貫通群經的方式來作闡釋。黃氏一味地想在經書中的各種記載間找到與毛傳相一貫的解釋，而忽視了各經所記皆有其不同之歷史情境，因此他的苦思繁解最後只能成爲一種創造性的誤讀與想象④。

綜上，黃以周在箱即牆的基礎上，前所未有地對《爾雅·釋宮》中的楣梁、落時、㕔等名物提出了新的解釋：楣梁、落時（即㕔）都是東西堂之門的組成部分。特別是㕔，它是門檻，而橝霤之名"霤"，也由於在其下建造之故。可是黃氏的這些説法既沒有《儀禮》經文的支持，在實際的操作上無可能與必要，所以只是一種想象而已。在堂的方位問題上也是如此，他將堂定位與棟以南至前庪，認爲中堂是在兩楹間前楣下，以《儀禮》不稱户牖間等爲堂作爲證據，並以此反駁鄭注賈疏之説，既是對堂之方位的誤解，也沒有很好地理解鄭注賈疏之意。對於《七月》及毛傳所云之向，他的貫通群經式的解釋並未達到理想的效果，反而誤駁了鄭注，臆解了《士虞·記》和《顧命》，成爲一種創造性的想像與誤讀。

---

① （清）黃以周著，趙統點校：《儆季雜著一·禮説》卷 4"牖向"條，詹亞園、韓偉表主編：《黃以周全集》第 10 册，上海古籍出版社，2014 年，第 129~130 頁。
② 此處只引王國維之圖爲例，之前元明清學者所繪皆大同小異。見劉起釪：《尚書校釋譯論》，中華書局，2005 年，第 1889~1894 頁。
③ 劉起釪：《尚書校釋譯論》，中華書局，2005 年，第 1741~1743 頁。
④ 黃以周對向的問題思考了很久，曾説："曩日作《宮室通故》，考向未晰，刻已成，不及改，爰著是篇。"（清）黃以周撰，趙統點校：《禮説》卷 4"牖向"條，詹亞園、韓偉表主編：《黃以周全集》第 10 册，上海古籍出版社，2014 年，第 130 頁。

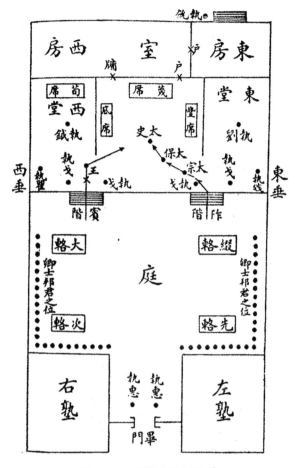

圖 4.9　王國維《顧命圖》①

餘　論

　　黃以周曾自述其作禮圖之動機云:"禮節有圖,昉于趙彥肅、楊信齋,堂
階廡具,榘矱全非。近張皋文圖,較有度數。然室居堂五之一,其地狹隘,何
以行禮。西房有北堂,既乖經典之文;堂墉連兩房,亦昧序內之位。碑如洗

　　①　吳其昌:《王觀堂先生〈尚書〉講授記》,王國維:《古史新證——王國維最後的講
義》,清華大學出版社,1994 年。

深，射時何以設楅；闡在廟東，冠時何以見母。門只一闑，既沿舊誤；塾復有堂，更逞肊見。以宮室之大判言，違失若爾，況小節之出入乎，此禮節圖之所以作也。"①可見其目的最初在於駁正張惠言的《儀禮圖》，使宮室之制不論大的規模還是小的細節都能符合周代行禮之實情。

雖然如此，但黃以周絕不僅止於在學術層面對宮室問題加以探討，他還利用種種時機，希冀將其心中的周代宮室付之於禮儀實踐。光緒五年(1879)，他應寧波知府宗源瀚之請主講辨志精舍，掌漢學齋②，其間就曾想依據自己對周禮的考證重建古宮室。章太炎云："(黃以周)其說經，陳事象物閎肆，超出錢大昕、阮元諸儒上遠甚。時寧波知府宗源瀚有循吏聲，獨嚴事先生，就辨志精舍屬主焉。嘗欲效鄒、魯習禮，性解營造，畫古宮室爲圖，命匠將裁矣，源瀚行視，良久曰：'至矣！所謂發育萬物，駿極於天者也。顧皇代衣帽，懼不可以行周禮！'先生乃罷。"③章氏的稱贊可謂尚矣，同時亦可見黃氏於宮室制度之用心④。

不過如本章所論，雖然在禮學與實踐上黃以周都對宮室極爲重視，但在具體的論證過程中也暴露了他在治經方法上的種種問題：對《爾雅》、伏傳的理解或不夠精確，或過於膠固，使得其貫通群經以定一是的目的根本無法實現，反而淪爲臆想；在論證時中對通假、聲訓的使用不夠嚴謹，在各種證據材料間常常牽合比附，以致其許多新論無法服人；在一些問題上，他是先有"經義"橫亘心中，然後再找證據，屬於"由義理以通訓詁"。這些問題在《禮書通故》及黃氏其他著作中皆有所體現，但都不如在《宮室通故》中表現得明顯。沈文倬先生在評價清代學者關於伏傳天子寢廟之制的研究時云："清人考證，似很精密，其實是憑空虛擬，不足據信。"⑤將此判斷用在本章所論黃以周關於宮室制度的幾個設想上，也是很恰當的。

---

① (清)黃以周撰，王文錦點校：《禮書通故·禮節圖一》，中華書局，2007年，第2088頁。

② 王逸明：《定海黃式三黃以周年譜稿》，王逸明：《新編清人年譜稿三種》，學苑出版社，2000年，第57頁。

③ 章太炎：《太炎文錄初編》卷2《黃先生傳》，《章太炎全集》第8卷，上海人民出版社，2014年，第221頁。

④ 黃氏弟子王兆芳曾說："子考宮室制度，依古步筵之數，縮而小之。自取紫竹，搆成一象，以爲較前人著實也。"見王兆芳輯錄，尤球中、尤晨光點校：《儆季子粹語》卷1，詹亞園、韓偉表主編：《黃以周全集》第9冊，上海古籍出版社，2014年，第601頁。

⑤ 沈文倬：《周代宮室考述》，《菿闇文存》，商務印書館，2006年，第826頁。

第五章　復古與經世：黃以周禮學
考證中的現實關懷

　　明清之際，禮學漸興，學者力倡，蔚成風潮。始有孫奇逢復興古禮，稍後顏元、李塨親自實踐禮學，南方有陸世儀在地方試驗禮教。至乾嘉時期的禮學家中的代表性人物，其治學雖以考據爲主，但大多有濃厚的經世情結。不同於清初的顏李學派，他們的重點不在親身體認，而是要通過對於細密的考證，去復原古禮的原貌，以推求聖王制禮的精義。林喬蔭（1746—?）作《三禮陳數求義》，《續修四庫全書總目提要》評論説："禮之尊，尊其義也。顧行之有其儀，將之有其物。三千三百，是其數也。苟舍義而陳數，固無由見先王體性達情之故；而舍數而專陳義，又何據而得其明備之實，則是二者不可偏廢。喬蔭由考證明物制作之精，以上溯先王制禮之義，故名其書曰陳數求義云。"①

　　黃以周的禮學考證中也蘊有這樣的經世關懷②，即他對世事的見解一般都是通過解釋經典來表達的。但在遇到特殊情況時他也會采用較爲顯豁的方式，這時其關懷便會表露無遺。如晚清有學者在解釋《禮記·禮運》時，"高談道德，托諸皇古，因輕禮教以卑三王"，黃以周對此反應非常激烈，認爲"此老莊之邪説，未可據以説經"。他的《讀禮運》，對孔子所説"大道之行也，與三代之英"進行了新的詮釋：如果説五帝是"仁運"，那麼三王就是"禮運"，即"以禮維持乎世運也"；而孔子絕無貶低三王之義，"三代之英"是指維持禮運

　　①　中國科學院圖書館整理：《續修四庫全書總目提要·經部》，中華書局，1993 年，第 621 頁。
　　②　章太炎云："均田制，蓋先生所欲施行。要其根極，以治禮爲主。嘗曰：'輓漢、宋之末流者，其惟禮學耶？文章非禮則淫哇，政事非禮則雜霸，義理非禮則虛無；禮學廢，故國亂而民蕩。'"章氏曾數謁黃以周，其所述黃氏之語絕對可信。由此可見黃以周精研禮學的目的，其實是爲了解決當時學術、文章、政事、思想等領域所存在的問題。章太炎：《太炎文錄初編》卷 2《黃先生傳》，《章太炎全集》第 8 卷，上海人民出版社，2014 年，第 221 頁。

的禹、湯、文、武、周公；三代之禮治可以媲美大道，"兼有五德"，與"今大道既隱"後的情形不同①。

近來有學者認爲"以周之學與其父的最大差異在於以周心中存有考證古禮、發明經義之大關懷。知考古禮，立論不免多回護古經，重制度過於人情，重古代勝於後世"②，這種説法是值得商榷的。本章就以黃以周的喪禮、昏禮研究爲例，説明其中所蘊含的對世事與人情的重視。

第一節 孝子不忍之心：對喪禮儀節的新詮

先秦時期古禮規定，人在得病時，要在正寢中齋戒，若病重死亡，也要卒於正寢。《儀禮·士喪禮·記》："士處適寢，寢東首於北墉下。有疾，疾者齊。"鄭注："將有疾，乃寢於適室。正情性也。適寢者，不齊不居其室。"鄭玄認爲此種做法是爲了"正情性"，又在注《禮記·喪大記》中認爲是因爲"死者必皆於正處也"，即是説，生病者居於正寢有兩個意思，一是要齋戒，二是爲了死於正處，而不是死於日常的燕寢中③。對此，清儒胡培翬在解釋《士喪禮·記》"有疾，疾者齊"鄭注"適寢者，不齊不居其室"時引了吳廷華和方苞的説法，吳氏云：

> 死於適室，以正終也。然疾不必死，特以適寢爲致齊之地，疾者居之，則心志齊一，可養疾也。

方氏云：

> 齊室，即適寢也。凡有疾即居焉，所以教疾者持生之道盡矣。養者皆齊，所以教子孫妻妾忠養之道盡矣。及至大病，亦不待遷移而終於正寢。

---

① （清）黃以周撰，閔澤平點校：《儆季雜説》，詹亞園、韓偉表主編：《黃以周全集》第9册，上海古籍出版社，2014年，第509~510頁。

② 顧遷：《黃以周學術思想初探》，《船山學刊》2011年第1期，第86頁。

③ 參見（清）胡培翬撰，黃智明點校，蔣秋華審訂：《胡培翬集·燕寢考·天子諸侯大夫士常居皆在燕寢惟齋及疾乃居正寢考》，臺灣"中研院"中國文哲研究所，2005年，第338~341頁。

聖人制禮，所以盡人之性也。①

胡氏認爲此二説"最善"，因爲"若云爲正終而移居正寢，則於人子養疾之義有乖矣"②。黃以周同意胡説，並進一步解釋道：

> 有疾齊於正寢，所以正其性情也。不必爲死，而死自正其終焉。然則居適寢者，以養生爲始義，正終爲餘義。斯義不明，而寢適寢之禮有難行於人子矣③。

也就是説，病人居正寢最初的目的是了養病，死於正處乃是"餘義"，這兩種目的是有主次之分的，否則，生病時居於適寢之禮就不會被人子接受，因爲沒有人子會將自己生病的親人置於一個只是爲了等死的地方。

從《禮記·喪大記》和《儀禮·士喪禮·記》的記載來看，寢於適室分兩種情況：一種是生病之人要在適室中齋戒，使心情寧静、嗜欲減少，以幫助身體恢復；另一種是無藥可救的臨死之人要在適室中等死。後人將這兩種並非必然相關的情況結合起來，這就出現了問題。黃以周接受了吳廷華、方苞、胡培翬等人的説法並加以調整，明顯是爲了能夠使得古禮爲時人所接受。

喪禮規定，要將臨死之人從床上移到地上，這引起了學者們的争論。《禮記·喪大記》："疾病……寢東首於北墉下，廢床。"鄭注："廢，去也，人始生在地，去床庶其生氣反。"鄭玄認爲《喪大記》中所記將病重之人置於地上，是因爲這樣可以使人與地氣相接，有利於恢復。但後世學者並不同意這種説法，蔡德晉曰：

> 《喪大記》疾病有廢床一節，殊爲非禮。觀曾子易簀，反席未安而没，不聞有廢床而置於地之事。鄭康成謂病卒之間廢床，乃仍《喪大記》之誤。

吳廷華云：

---

① （清）胡培翬撰，段熙仲點校：《儀禮正義》卷31《既夕禮》，江蘇古籍出版社，1993年，第1914頁。
② （清）胡培翬撰，段熙仲點校：《儀禮正義》卷31《既夕禮》，江蘇古籍出版社，1993年，第1914頁。
③ （清）黃以周撰，王文錦點校：《禮書通故·喪禮通故一》，中華書局，2007年，第436頁。

廢床之文，高安朱氏非之，謂垂死之身，方保護之不暇，乃舉而委之地。地氣清沁，是益之病而速之死也。且斷無將死而可藉地氣以生之理。

胡培翬同意蔡、吳之説，認爲鄭玄的解釋是錯誤的："《喪大記》有廢床之文，《儀禮》無之。《禮記》，漢儒所採集，而《儀禮》之記，則出於周、孔所傳，較爲可信。鄭氏不能據《儀禮》以訂《喪大記》之非，而反援以爲説，失之。諸儒之辨精矣。"①黃以周對這些説法都不滿意，他認爲"廢床"之"廢"，當訓爲置，《喪大記》的意思是説病人在處於適寢時，要爲其設床。因此，他對鄭玄及諸家之説都提出了批評：

> 鄭以既卒之後云設床，遂訓此廢床爲去床，云"病卒之間去床，至是設之"。如鄭所言，則廢床之文亦應在既没之後，何以《喪大記》于適寢時即云廢床乎？且垂死之日，正人子保護不暇之時，舉而委之地，反以速其死矣，何生之可望？朱可亭、蔡宸錫、胡竹村知鄭説之難通，遂斥《記》文，斯亦謬矣。訓詁不明，有害禮義，率類此。②

黃氏認爲如果是去床則應在人死之後，而《喪大記》所記是人在處於適寢時就廢床，所以廢字當釋爲置，這樣符合情理。若按鄭玄的解釋，將垂死之人置於地上，則"垂死之日，正人子保護不暇之時，舉而委之地，反以速其死矣，何生之可望"。諸儒因爲鄭説難通，便駁斥《喪大記》，是不明白廢當訓置而使得禮意不明。

其實，《喪大記》中的"廢床"上承"疾病"，就是將垂死之人從床上移到地上，其後文爲"徹褻衣，加新衣""男女改服，屬纊以俟絕氣"，明確表明此舉並非如鄭玄所説是爲了病人康復，而是等其死亡。這裏，"廢床"是有其特定含義的，可能是爲了讓其靈魂安息。在今天臺灣的一些地方，當人病危時，要將其從床上移到地上，因爲人們相信，親人死在床上，靈魂將會吊在空中而不

① （清）胡培翬撰，段熙仲點校：《儀禮正義》卷 31《既夕禮》，江蘇古籍出版社，1993 年，第 1920~1921 頁。
② （清）黃以周撰，王文錦點校：《禮書通故·喪禮通故一》，中華書局，2007 年，第 436~437 頁。

能安息，會來騷擾親人①。

但後世儒家由於已經不明此意，所以他們對《禮記·喪大記》中的"廢床"，即將重病之人置於地上的記載便持不同態度：一種是支持，如鄭玄及孔穎達，他們認爲此舉是爲了使病人與地氣相接，幫助康復；一種是反對，如朱熹、胡培翬等人，認爲這樣只會使人速死，根本起不到康復的作用。到了黃以周，他既不想否認《喪大記》，又不能遵從其做法，所以便將廢解釋爲置。

《禮記·喪大記》在"廢床"之後有"徹褻衣，加新衣"，鄭注新衣即朝服，加新衣是"明其終於正也"。依照同樣的思路，黃以周也反駁這種説法，因爲這樣説等於是"未死而致死之，是何忍也"②！因此，他引《儀禮·士喪禮·記》"疾者齊，養者皆齊"，認爲加新衣是爲了齋戒。但正如上文所説，《喪大記》"徹褻衣，加新衣"之後接着就是"屬纊以俟絕氣"，根本不是要齋戒，加新衣就是臨死前爲將要死去的親人換套新衣服。可見，黃以周對《喪大記》"徹褻衣，加新衣"的解釋，也是由於其心中有古禮本就適合今日之人情的觀念。

依照同樣的觀念，黃以周也批評了鄭玄對斂衾的解釋。《儀禮·士喪禮》："死於適室，幠用斂衾。"鄭注："斂衾，大斂所並用之衾。衾，被也。小斂之衾當陳。"經文的意思是病人死於適室後，要用"斂衾"覆蓋屍體。鄭玄將"斂衾"釋爲兩天後大斂之衾。這樣就出現了問題，因爲經文在"幠用斂衾"之後還有復，即招魂之禮，如果在復之前就用大斂之衾去蓋剛死之人，難道不是將其看作已死之人嗎？所以，黃以周反駁説："始死安得有小斂衾、大斂衾？且時將復，猶有望生之心，安得用喪斂之衾！"③因此，他認爲"斂"當讀爲"纖"，纖衾即用細繒帛做成的衾，乃"生時之潔被，非斂服也"。對於"幠用斂衾"的問題，還有一種説法，就是認爲用斂衾覆蓋屍體當在復後，但黃以周認爲這是"信注而疑經，不足爲訓"。

不過，不管是認爲幠用斂衾在復後，還是黃以周將斂讀爲纖，都是爲了調和始死與復之間的矛盾。在他們心目中，復就是孝子不忍親人已死而做的最後努力，所以在復之前都不應以任何對待死人的儀式對待始死之人。而實際上，這只是後人對先秦禮俗的誤解，復是招魂儀式，但目的不是使人復活，而是不

---

① 參見許進雄：《古事雜談》，商務印書館國際有限公司，1991 年，第 233 頁。
② (清)黃以周撰，王文錦點校：《禮書通故·喪禮通故一》，中華書局，2007 年，第 437 頁。
③ (清)黃以周撰，王文錦點校：《禮書通故·喪禮通故一》，中華書局，2007 年，第 437~438 頁。

想親人的魂氣飄落遠方，希望將其招回，享受祭祀，得到安寧，這可以從《楚辭·招魂》中看出來。但後人對先秦時的習俗已不大了解，故賦予了復以希望死者復生的意義。其實，從《儀禮·士喪禮》"幠用斂衾"之前的"死於適室"，及緊接其後的儀式，都可看出復並無後人所説的含義，鄭玄也只是説復乃"招魂復魄"，並沒有提到復有希望死者復活的意思。鄭玄在注"復者降自後西榮"時云"自是行死事"，也是説在將死者的魂招回後，才能正式開始進行儀式。後人不察，才在經文與鄭注間不斷調和，提出種種説法。

《儀禮·士喪禮·記》："屬纊以俟絶氣。"鄭注："爲其氣微難節也。"《禮記·喪大記》："屬纊以俟絶氣。"鄭注："纊，今之新綿，易動搖，置口鼻之上以爲候。"此經文及鄭注是説在病人將死氣息微弱之時，要在其口鼻之上放置絲絮，以查看其生命體徵。若絲絮不動，説明病人已死。如元代敖繼公曰："蓋將死之際，其氣甚微，難於辨別，故屬纊以爲候也。"這在先秦本屬正常之事，但卻也引起了爭論。如朱軾就説："屬纊以俟絶氣，是早逆其死也，此記或非先王之制。"朱氏認爲這種等病人死亡的做法不合於先王之制，所以胡培翬調和説："此孝子之慎也。蓋病者雖氣絶，而孝子不忍竟以爲死，故屬纊以候之，冀其氣之存而可復生也。俟字，據鄭注當爲候之誤。"[1]胡氏之意，孝子屬纊，乃是"候"死者復生。黃以周贊同此説並加以修正云：

> 《記》不曰"以俟氣絶"，而曰"以俟絶氣"，俟之言候，鄭義自精。俟候一義，無煩改字。朱氏不體文意，自眛眛耳。[2]

在他看來"氣絶"與"絶氣"兩個片語不同，前者是主謂結構，意爲氣息消亡；而後者是偏正結構，意爲最後要消亡之氣。這樣，"屬纊以俟絶氣"就具有了"孝子不忍竟以爲死"之意，而且不需改字。

《儀禮·士喪禮》記載復者在屋頂招魂之後"降自後西榮"，鄭注："不由前降，不以虛反也。降因徹西北厞，若云此室凶，不可居然也。"同樣的，鄭玄的解釋也是認爲病人已死，這就與黃以周心中復乃希冀死者復生之意相矛盾：還沒有將裝有死者之魂的衣服蓋於死者身上看是否有奇迹出現，怎麼能就這樣

---

① （清）胡培翬撰，段熙仲點校：《儀禮正義》卷 31《既夕禮》，江蘇古籍出版社，1993 年，第 1918 頁。

② （清）黃以周撰，王文錦點校：《禮書通故·喪禮通故一》，中華書局，2007 年，第 439 頁。

宣布此室爲凶呢，"如鄭所云，是方冀其生而即致死之，不誠甚亦"，所以，他認爲"復魄、徹薪二事不相涉，本無容牽説"①。

總之，黃以周對《儀禮·士喪禮》"士處適寢"、"死於適室，憮用斂衾"、屬纊、復以及《禮記·喪大記》"廢牀"的解釋與經文原意並不符合。但這並不重要，重要的是他通過對這些儀節的考證爲古禮在現世的實行在情理上掃除了障礙。當然，黃氏本人並不認爲自己曲解了經文，他深信他求得了古禮的"真實内涵"，這些"内涵"從古至今都是適用的，他將其發掘出來就期望有朝一日古禮可以重新爲人們所接受。

第二節 理明與情達：對昏禮儀節的重考與申述

在對昏禮儀節的考證上，黃以周特別照顧到人之情理。宋明清時的許多學者都對昏禮中六禮，即納采、問名、納吉、納徵、請期、親迎的重要性有許多的爭論。朱子認爲，男方問名後歸卜於廟，"若卜不吉，便休"，也就是如果女方之名不吉利，此椿婚事即可取消。而明儒郝敬則持不同意見，認爲："昏姻之約，自納采問名時已定矣。如必問名始卜，倘卜不吉，可中廢乎？故用禮通其義而已。"對此，黃以周通過考證納采的含義推翻了郝氏之説：

> 納采但曰"覬室某"，斥男名，不斥女字，是但約爲婚媾，尚未定其伯仲氏，猶晏子請室曰"遺姑姊妹若而人，辱使董振擇之"也。問名則是定其伯仲氏，而後可加諸卜。納采、問名，賈疏謂一使兼行二事。納采一雁，納吉一雁，其禮殊輕，納徵乃加束帛，故卜不吉可中廢。御孫曰："男贄，大者玉帛，小者禽鳥。"後儒視納采節太重，且以納采時已定其伯仲，故問名、納吉諸節皆説不通。今吾越俗遣人約昏之後，先以菲禮問女子生辰，合之不吉，即還其貼，仿古問名加卜之意。卜不吉中廢，何妨情理？後人視納采禮太重，反疑古禮不可通，自瀆瀆耳。②

他通過考證，認爲在六禮中納采只是約爲婚媾，問名也不過是確定女子的伯仲排行，二禮所用之贄均爲一雁，要輕於納徵，所以問名後若卜不吉，可以取消婚約，而不是如郝敬所説"昏姻之約，自納采問名時已定"。他還舉浙東民俗爲例，指出問名加卜不吉而取消婚約，既通於古禮之意也合於人情，遠比明儒之説爲優。

三月廟見是昏禮中最常引起争論的問題，後世經學家對其與《禮記·曾子問》"擇日而祭於禰"、《儀禮·士昏禮·記》"婦入三月，然後祭行"及《左傳·隱公八年》"先配而後祖"等記載的關係提出了很多不同的説法。其中黃以周對"先配而後祖"的解釋體現出了在嚴格遵循古禮與合理循順人情之間的張力。隱公八年(前715)，鄭國的公子忽到陳國迎娶婦嬀，"陳鍼子送女。先配而後祖。鍼子曰：'是不爲夫婦，誣其祖也，非禮也，何以能育?'"賈逵認爲配即成爲夫婦，祖指三月廟見，曰："禮齊而未配，三月廟見然後配。"鄭眾則釋配爲同牢食，祖指祭祖，故云"先食而後祭祖，無敬神之心"。鄭玄對配的解釋同於賈逵，而將祖解爲軷道之祭："先爲匹配，而後祖道，言未去而行配。"杜預則認爲配爲迎婦，祖爲告廟。對於先儒的眾説紛紜，黃以周通過引用《列女傳》宋伯恭姬、齊孝孟姬三月廟見之事，對行夫婦之道與成婦之義做出明確的區分：

> 　　賈、服謂大夫以上三月廟見成昏，明士自異，不得據士禮以駁之。尋賈、服之意，行夫婦之道與成婦之義二者不同。成婦必待三月廟見，爲上下通制；行夫婦之道，自有遲速，大夫以上禮備，士則事遽有不能不異者焉。以周謂士昏正寢，正寢者，薦祖行禮之地，非私室比。雖即夕對枕，稍知謹飭者，不敢妄行穢事。其或欲動情暱，必自盟爲夫婦矣，義不得執不廟見之説而有退其婦於母家之事，此拂經違道，禮所不言，而其情事可推而知也。①

對於賈逵和鄭玄之間的不同，黃以周從大夫與士有分別的角度進行了解釋：成婦與行夫婦之禮有別，前者爲上下通制，不論地位高低，必待三月廟見之後才算得到男方家族的承認；而後者則有不同，大夫以上行夫婦之道需要等到三月廟見之後，而士則不必。這裏黃以周明顯有調和賈、鄭之意，但更重要的是，

---

① (清)黃以周撰，王文錦點校：《禮書通故·昏禮通故》，中華書局，2007年，第264頁。

他指出如果男女雙方在昏禮當天有行夫婦之道，那麼，即便在三個月內由於種種原因女方未能得到舅姑的認可而無法廟見，男方也不能將其退回母家。

不僅如此，黃以周甚至在一些重要問題上直接以情理爲出發點，提出自己的看法，其中尤其在"五不取"中的"喪父長子"上最爲明顯。《孔子家語·本命解》云：

> 女有五不取：逆家子不取，亂家子不取，世有刑人不取，世有惡疾不取，喪父長子不取。逆家子者，爲其逆德也；亂家子者，爲其亂人倫也；世有刑人者，爲其棄於人也；世有惡疾者，爲其棄於天也；喪父長子者，爲其無所受命也。①

"喪父長子"，《大戴禮記》作"喪婦長子"，清儒王聘珍曰："喪婦長子，謂父喪其婦，其女子年長愆期者也。命者，母之教命也。《孟子》曰：'女子之嫁也，母命之。'"②意爲對於没有母親且年紀偏大超過婚齡的女子，因其未受過母之教命，因此不取。但無論是"喪父長子"還是"喪婦長子"，在情理上似乎都與逆、亂、刑人、惡疾不能等同視之，黃以周也發現了這一點，故云"逆，不順也。亂，不貞也。逆與亂爲大惡之家，是以君子不取也。刑人、惡疾間世或一出，今乃世有之，君子不取，慮其氣類之傳染也。四者之不取，其理明，其氣達，而喪父長子不取，注家多謬爲之説，讀者疑焉"，對於之前流行的三種解釋，他都不滿意，並逐個進行了批評：

首先，對將長子解釋爲女子之長兄，認爲"父既喪，雖有長兄，亦不取"的説法，黃氏反駁道："此説之不可通也。在《易》，震兄嫁兌妹，謂之歸妹。揆之情理，吾未見其不可也。"③他以《周易》歸妹卦（上震下兌）之《象傳》來説明長兄嫁少女是可行的，而且在情理上也"未見其不可"。這個論證雖然巧妙但説服力不足，所以重點還是情理上可通。

其次，對將長子解釋爲無兄之長女，認爲"喪父無兄，女無受命，故不取"的説法，黃氏也不同意："人之取女，論家之正不正，察其女之賢不賢而

---

① （清）陳士珂輯，崔濤點校：《孔子家語疏證》卷6，鳳凰出版社，2017年，第190頁。

② （清）王聘珍撰，王文錦點校：《大戴禮記解詁》卷13《本命》，中華書局，1983年，第255頁。

③ （清）黃以周著，趙統點校：《儆季雜著一·禮説》卷5"喪父長子不取"條，詹亞園、韓偉表主編：《黃以周全集》第10册，上海古籍出版社，2014年，第137頁。

已矣，無父無兄，何暇計也？必計及此，而喪父無兄之女因無受命，遂終身不許嫁人乎？此不合乎情理者也。"①對於這種情況，他連證據都不找，直接就以不合情理爲由否定了。

最後，他對《大戴禮記》作"喪婦長子"及王聘珍的注解也不滿意，反駁説："喪母之女克備婦德者，世多有之，今欲以一律抑之乎？如其説，喪婦之家必將幼年擇配而後嫁之乎？不然，女年已長，人咸棄絶之，將老死於家矣！夷考古者，女子許嫁，必在年十五而後，遲則二十許嫁。六禮之行，俱在昔年中，非若後世鬌齡擇配，而待成人後嫁取之也。"②在他看來，不能因爲女子無母年齡大，就棄絶之，或者在女子還是幼年時就給她許配人家，等成人後再嫁，這都是不合情理的。

在否定傳統的三種説法後，黃以周提出了自己對於"喪父長子不取"的新詮釋：

> 今爲之説曰：喪，亡也，無也，謂無父母家長之子也。晉文公出亡在外，《大學》載舅犯語，稱之曰"亡人"，《檀弓》則稱爲"喪人"。女子無親長，出奔在外，是亦喪人、亡人也。夫子曰"喪父長子"，爲其無所受命也，謂斯女之嫁，必至自獻其身，無父長主其昏禮。《傳》曰"喪家亡人，必去其禮"，其斯之謂與？逆家之子不順，亂家之子不貞，喪父長之子不順不貞，而刑與惡疾或兼有之。之三子者均屬不取，其理明，其情達，讀者勿疑。③

他將父與長連讀，並訓喪爲亡、無，這從訓詁的角度來説是可以的，但置於經義的解釋中卻很明顯不能成立：喪只能解爲亡或者無，而不能同時取無與亡兩義，釋爲"女子無親長，出奔在外，是亦喪人、亡人也"，進而引申説"斯女之嫁，必至自獻其身，無父長主其昏禮"，最後得出"喪父長之子不順不貞，而刑與惡疾或兼有之"。這不僅是增字解經，甚至已經成了臆説。不過，黃氏如此解釋的良苦用心卻昭然可見，即如果要設定女子不取的條件，那必須足夠充

---

① （清）黃以周著，趙統點校：《儆季雜著一·禮説》卷5"喪父長子不取"條，詹亞園、韓偉表主編：《黃以周全集》第10冊，上海古籍出版社，2014年，第137頁。

② （清）黃以周著，趙統點校：《儆季雜著一·禮説》卷5"喪父長子不取"條，詹亞園、韓偉表主編：《黃以周全集》第10冊，上海古籍出版社，2014年，第138頁。

③ （清）黃以周著，趙統點校：《儆季雜著一·禮説》卷5"喪父長子不取"條，詹亞園、韓偉表主編：《黃以周全集》第10冊，上海古籍出版社，2014年，第138頁。

分，做到"其理明，其情達"，而不能在情理上有任何的疑問。

總之，在遵循"古禮"與體貼人情之間，黃以周其實是有很多思考的。如上文所說，他之所以要考證納采、問名與納徵的輕重，其實是要減輕昏禮對女性的束縛；他不同意行夫婦之道後男方退婚，實際是出於對女子權益的保護，因爲此時被退回母家的女孩子，在清代嚴苛的貞潔觀念下，很難有生存空間；他重新詮釋"喪父長子不取"，也是要在情理上最大限度地爲女性獲得婚姻的資格。因此，在經文與情理發生矛盾時，他寧願是以後者爲主而不是死守經義。

第三節 以情量權：對昏禮特殊情況的勘定

類似對於人情的重視，在黃以周對昏禮遇到喪禮該如何處置的考證、解釋中也有很明顯的體現。《禮記·曾子問》："曾子問曰：'昏禮既納幣，有吉日，女之父母死，則如之何？'孔子曰：'壻使人吊。如壻之父母死，則女之家亦使人吊。……壻已葬，壻之伯父致命女氏曰："某之子有父母之喪，不得嗣爲兄弟，使某致命。"女氏許諾而弗敢嫁，禮也。壻免喪，女之父母使人請，壻弗取而後嫁之，禮也。'"①在昏禮的過程中，如果已行納幣之禮而遇到壻之父母死的特殊情況，則昏禮需要中止，待壻免喪之後再做處置。但在如何理解"女之父母使人請，壻弗取而後嫁之，禮也"這句上，歷代經學家爭論頗多。如元代陳澔就說："女氏雖許諾，而不敢以女嫁於他人，禮也。及婿祥禫之後，女之父母使人請婿成昏，婿終守前說而不取，而後此女嫁於他族，禮也。"②陳氏認爲在男方守喪結束後，仍然會遵守之前"不得嗣爲兄弟"的約定，然後女方才可以改嫁。

對於此說，明儒羅欽順很不滿意，提出了嚴厲的批評："此於義理人情皆說不通，何其謬也！安有婚姻之約既定，直以喪故，需之三年之久，乃從而改嫁與別娶耶？蓋'弗取''弗許'者，免喪之初，不忍遽爾從吉，故辭其請，亦所謂禮辭也。其後必再有往復，昏禮乃成。聖人雖未嘗言，固可以義推也。澔

---

① （漢）鄭玄注，（唐）孔穎達正義，呂友仁整理：《禮記正義》卷26，上海古籍出版社，2008年，第769頁。

② （元）陳澔注，萬久富整理：《禮記集說》卷4，鳳凰出版社，2010年，第146頁。

之《集説》未爲無功於禮，但小小疎失，時復有之，然害理傷教，莫此爲甚。"①在羅氏看來，所謂"壻弗取"只是不忍在守喪結束後立刻就辦吉事的禮辭而已，之後還會再重新舉行昏禮的程式，這是可以從義理上推出來的。

羅説雖然於情理可通，但是又與經文所言存在着明顯的張力，故有人認爲可能是經文有誤，應當删掉。這樣就給黃以周提出了難題：如何在不改經文和順達人情之間取得平衡，他給出的解釋是：

> 或云："羅説甚是。但改嫁別娶，本文實明言之，此非獨注家之誤也。經文可删。"以周案：此爲有吉日者言也。有吉日謂已告期。葬畢，乃使人致命不得嗣爲兄弟，爲有吉日而怨期，不可不禮辭也。"不敢嫁"謂不敢嫁此壻也。"女之父母使人請壻弗取"，爲前有不得嗣爲兄弟之命，謙若不敢必其終取，此亦禮辭也。然天下斷無女俟終喪而壻猶弗取者。"而後嫁之"謂終嫁此壻也。"而後"緩詞，對上"不敢嫁"爲文。女氏既不敢於喪中嫁此壻，又俟免喪，請而嫁之，是謂始終有禮，故並曰禮也。自注家讀"女之父母使人請"爲句，以嫁爲改嫁他人，壻弗取爲終不取，遂致文義悖違，而斥者紛紛矣。②

首先，黃以周指出壻之伯父致命於女氏，云"不得嗣爲兄弟"，是在六禮中的請期。按照黃氏之前的考證，只有在納徵之後婚約才算成立，在此之前女方是可以解除婚約的。其次，因爲是在請期後辭婚，而實際上婚約已成，所以女方才不敢嫁壻。最後，黃氏將"壻免喪，女之父母使人請，壻弗取而後嫁之，禮也"的斷句改爲"壻免喪，女之父母使人請壻弗取，而後嫁之，禮也"，意爲待男方喪期已過，女方父母使人請壻不取其女，這是謙辭，不敢肯定男方是否有娶之意。如此一來，不僅在義理上超過了此前，在文法上也使"而後嫁之"與之前的"而弗敢嫁"形成了對應關係。不得不説，黃氏的這一解釋是非常巧妙的，既照顧到了經文本身，又在義理上順應了人情，可謂是禮學詮釋的典範。

又如"女未廟見而死"的問題，黃以周也通過申説鄭注儘量維護女性的權益。《禮記・曾子問》："曾子問曰：'女未廟見而死，則如之何?'孔子曰：'不遷於祖，不祔於皇姑，壻不杖，不菲，不次，歸葬於女氏之黨，示未成婦

---

① （明）羅欽順撰，閻韜點校：《困知記》卷下，中華書局，2013 年，第 37 頁。

② （清）黃以周撰，王文錦點校：《禮書通故・昏禮通故》，中華書局，2007 年，第 269~270 頁。今按：引文斷句有所改動。

也。'"鄭玄注云："壻雖不備喪禮，猶爲之齊衰。"①依照三月廟見才成婦的規定，女子未廟見而死，壻不拄喪杖，不穿喪鞋，不入喪次，以表明該女未成爲男家之婦。鄭玄認爲這時男女雙方已行夫妻之道，所以壻當服齊衰。黃以周更進一步申説此意云："鄭意當夕成昏，此爲已行夫婦禮之制耳。其實女子守貞而死，壻亦當嘉其志而爲之服，《記》文所言豈專爲私行夫婦者設制邪？"②他特別强調，不論在親迎後三月間，女子是否已和壻行夫婦禮，在她死後壻都應服齊衰，這既是對孔子之言的補充，也是對女性的愛護。這樣，對於經典中不利於人情的部分，他就在維護"古禮"的前提下給出了較有彈性的解決方案。

　　再如對於歸寧，黃以周是經過長時間的思考的，在《禮書通故》刊出後，他又在《禮説》中對此問題進行討論，其重視可見一斑。歸寧一般指已嫁女子回娘家看望父母③，但不同等級的婦女特別是國君婦人是否可以歸寧，前儒説各不一。黃氏在綜合考察各家之説後提出了自己的看法：

　　　　《詩・衛風・序》："衛女嫁于諸侯，父母終，思歸寧而不得。"鄭玄云："國君夫人，父母在則歸寧，殁則使大夫寧于兄弟。"杜預説同。孔穎達云："父母在，則身自歸寧。父殁母存，則使卿寧。"惠士奇云："穀梁子曰：'婦人既嫁，不踰竟，踰竟，非禮也。'歸寧非禮，《詩》有歸寧父母之辭者，夫人父母在，使卿歸寧，殁則否。《左傳》襄十二年：'秦嬴歸於楚，司馬子庚聘于秦，爲夫人寧，禮也。'是時秦嬴母在，見孔疏。身不自歸而使卿寧，左氏以爲禮，言惟此爲得禮。凡内女嫁于諸侯，雖父母在，直書來者，皆非禮也。"以周案：鄭箋爲長。歸寧者，女自歸也。如惠説，父母在有寧禮，無歸寧禮，則曰寧可矣，何必云歸。《詩序》思歸寧而不得，何必云父母終。至《葛覃》"歸寧父母"，歸謂歸文王，父母謂文王之父母，與此歸寧義又不同。④

---

　　①　(漢)鄭玄注，(唐)孔穎達正義，吕友仁整理：《禮記正義》卷 26，上海古籍出版社，2008 年，第 771 頁。

　　②　(清)黃以周撰，王文錦點校：《禮書通故・昏禮通故》，中華書局，2007 年，第 264 頁。

　　③　《詩・周南・葛覃》云："害澣害否，歸寧父母。"朱熹云："寧，安也。謂問安也。"(宋)朱熹集撰，趙長征點校：《詩集傳》卷 1，中華書局，2017 年，第 5 頁。

　　④　(清)黃以周撰，王文錦點校：《禮書通故・昏禮通故》，中華書局，2007 年，第 272～273 頁。

鄭玄、杜預認爲對於國君夫人來说，父母在，可以歸寧，父母去世，就只能派大夫寧於兄弟。孔穎達則認爲如果國君夫人父親去世母親還在，就需要派卿寧母。最極端的是惠棟，他引穀梁子"婦人既嫁，不踰竟，踰竟，非禮也"之語，斷定國君夫人既嫁就不能再歸寧了。對此，黃以周從文字入手，指出歸寧與寧不同，前者是夫人自歸，而後者則是父母去世後夫人使卿寧兄弟。這在訓詁上優於惠说，但他認爲《詩經·葛覃》的"歸寧父母"是歸文王，父母謂文王之父母，則是對詩義的誤讀。

　　黃以周在《昏禮通故》中主要解決的是國君夫人歸寧的問題，但對於一般女子能否歸寧，他没有肯定的意見。因此，在之後的時間裏，他總覺舊说不允許女子在父母去世後歸寧兄弟，是"竊疑其不近情"，因而"嘗舉此以問諸當世碩儒"，得到的回答是"《記》言'女子子既嫁而反，兄弟不與同坐食'，是古人嚴男女之辨也"。當世碩儒不知爲誰，但這樣的说法肯定不能令黃氏滿意："以周謂女子子之歸寧不必與兄弟同坐食，且歸寧于父母在時，豈可同坐食于兄弟乎？是不與兄弟同坐食初無分父母之在不在，而父母殁之不歸寧正不關於不同坐食之故矣。"[①]因此他"反復思之而得一解焉"，其说云：

> 《詩序》三言歸寧，不得並以嫁諸侯適異國爲文，此固舉諸侯言之耳。諸侯娶于異國，其往返之爲途遠，爲時久，爲禮繁，故父母殁，不歸寧也。若大夫以下不外娶，則歸寧其兄弟者有之矣。鄭箋《序》曰："國君夫人父母在則歸寧，殁則使大夫寧于兄弟。"鄭據國君夫人禮立说，甚得序意。

這裏他對鄭箋的贊同還是延續了前说，但又增添了"若大夫以下不外娶，則歸寧其兄弟者有之矣"。此说黃氏在《禮書通故》中已通過對《喪服》"不杖期章"的分析提出，但還不夠肯定，他又重新論證说：

> 《禮經·喪服》"不杖期章"曰："女子子適人者，爲其昆弟之爲父後者。"《傳》曰："婦人雖在外，必有歸宗。"鄭注曰："父雖卒，猶自歸宗。"

──────────

　　① （清）黃以周著，趙統點校：《儆季雜著一·禮说》卷5"婦人歸寧"條，詹亞園、韓偉表主編：《黃以周全集》第10册，上海古籍出版社，2014年，第136頁。

賈疏曰："知義然者，父母在，嫁女歸寧父母，何須歸宗子？《傳》言婦人
雖在外必歸宗，明是據父母卒者。"又考之《喪服》經傳通例，凡女行于大
夫以上曰嫁，行于士庶人曰適人。此云女子子適人者，是據大夫以下言，
則大夫以下之妻，雖父母殁而有歸寧者審矣，特非國君夫人之禮也。鄭箋
《詩序》言國君夫人于父母没則使大夫寧于兄弟，其注《禮經》又言父雖卒
猶自歸宗，合讀二文，夙疑頓釋，于以歎鄭注之明達爲不可廢，特人自不
會通耳。①

他特别看重鄭玄"父雖卒，猶自歸宗"的解釋，如果將"宗"釋爲"宗子"，那麼
即使父母已亡，婦人亦可歸寧兄弟。他還用喪服中的通例來證明，女子嫁給大
夫稱爲"嫁"，嫁給士稱爲"適人"，而《喪服》"女子子適人者，爲其昆弟之爲
父後者"，《傳》云"婦人雖在外，必有歸宗"，則這裏歸宗的婦人是士之妻。
如此一來，將鄭玄的《喪服》注和《詩》箋相結合，就可以得出"古禮"對婦人
歸寧的規定：大夫以上，父母在，可自歸寧，父母殁，可使卿寧兄弟；大夫
以下，不論父母是否在世，皆可歸寧。這樣，黃以周就很好地爲現實中婦女
歸寧找到了禮制上的根據，儘管這在經書中没有明文而是通過統合鄭玄之説
得出。

餘　論

如學者所指出的，清儒的禮學研究背後，除了客觀求知的精神外，多數都
有着很强的用世之意。凌廷堪(1755—1809)私淑江永、戴震，用 22 年時間心
無旁騖地撰就了《禮經釋例》，錢大昕稱贊説"尊制一出，學者得指南車矣"②。
時人曾以書畫、辭章、性理、經濟等學勸之，他都拒絶了。在《七戒》中，他
設上卿與處士問答，表達了自己的學術志向，説明爲何自己在經學研究中唯獨
鍾情於《儀禮》，因爲只有理清古禮中的儀式細節，"然後往聖之精神可接，先

① (清)黃以周著，趙統點校：《儆季雜著一·禮説》卷 5"婦人歸寧"條，詹亞園、韓
偉表主編：《黃以周全集》第 10 册，上海古籍出版社，2014 年，第 136~137 頁。
② (清)凌廷堪撰，王文錦點校：《校禮堂文集》，中華書局，1984 年，第 4 頁。

王之制作可推"①。他的弟子胡培翬(1782—1849)，畢生從事《儀禮正義》的撰作，在《上羅椒生學使書》中，他曾表露心迹：

> 憶翬從事《禮經》，自戊辰始，經今四十餘年矣。中間科舉仕宦，消磨歲月，書迄未成。然翬之始志，思欲效用於世。……念《儀禮》實爲周公所作，有殘缺而無僞託，其中冠、昏、喪、祭，切於民用，進退揖讓，昭明禮意，若鄉邑中得一二講習之士，使眾略知禮讓之風，即可消兵刑於未萌，此翬所以急欲成書也。②

可見其治學動力來自"效用於世"，以期"使眾略知禮讓之風，即可消兵刑於未萌"③。

黃以周也在《禮書通故·敘目》中總結對於昏、喪二禮的研究旨趣，於昏禮云："納采用鴈，禮同奠摯。卜而納吉，何嫌乖剌。六禮告廟，敬布几筵。經詳女氏，壻家從簡。鹵莽讀禮，謬曰不情。所訾非疵，以經證經。"其中所謂"鹵莽讀禮，謬曰不情"可能是對陳澔的批評，但也可見他對"情"的重視。於喪禮云："髻髽異髻，變除有節。決握連掔，古義莫失。始死充充，既殯瞿瞿。心痛如斬，面黑如苴。易不如戚，顧瞻衰絰。不稱其服，有名無實。"④

---

①　(清)淩廷堪著，鄧聲國、劉蓓然點校：《禮經釋例·後序》，江西人民出版社，2017年，第7頁。

②　(清)胡培翬撰，黃智明點校，蔣秋華校訂：《研六室文鈔》卷5，《胡培翬集》，臺灣"中研院"中國文哲研究所，2005年，第167~168頁。

③　又比如胡培翬對當時嫁殤現象的反思，對後來的陳立和黃以周都很有影響，其言曰："《周禮·媒氏》有遷葬、嫁殤之禁，余少讀之，不識其何謂。及壯，游四方，見有子幼死未聘，輒取他人之亡女合之以爲婚姻，迎而葬之同處，乃恍然曰：'是即《周禮》所謂嫁殤也，是即《周禮》所謂遷葬也，是今之敝俗，而古人已有之也。'周之嫁殤，漢謂之娶會，唐謂之冥婚。夫非古人有之，《禮》何以有是禁？《禮》既禁之，後人又何必尤而效之也？鄭《注》謂：'生不以禮相接，死而合之，是亂人倫之道。'是釋經所以禁之之意也。"(清)胡培翬撰，黃智明點校，蔣秋華校訂：《研六室文鈔》卷3《周禮嫁殤説》，《胡培翬集》，臺灣"中研院"中國文哲研究所，2005年，第101頁。黃以周云："遷葬者謂娶其未聘者，嫁殤者謂嫁其已聘者，鄭注是也。近時惡習盛行，因遷嫁而祔主，因祔主而爭繼，惜官司無有禁之者。"(清)黃以周撰，王文錦點校：《禮書通故·昏禮通故》，中華書局，2007年，第269頁。

④　(清)黃以周撰，王文錦點校：《禮書通故》，中華書局，2007年，第2714頁。

“始死充充，既殯瞿瞿”“易不如戚”也是對人悲哀之情的强調。從本章所舉例子中可以看出，黄以周對於“不近情”的禮制是很不滿的，他一定要通過重新解釋經典來爲一個合情的説法找到根據。當然在此過程中，他對經文和鄭注的認識未必符合原意①，其新説在邏輯和證據上也常不能令人滿意，但可以看出，在這些缺陷的背後是一顆對於世事人情異常關懷的心靈。

---

①　甚至在鄭注與現實情形發生矛盾時，黄以周會反對注義。如關於“絶族”的問題，《禮記·大傳》“絶族無移服”，鄭注：“謂族昆弟之子不相爲服。”黄氏對此説不滿，云：“禮有絶服，無絶族。……族無絶道，故禮曰‘收族’，曰‘合族’，亦所以撫民也。……唐叔封晉，分殷餘民懷姓九宗，至春秋時，翼九宗五正逆晋侯，有藉故家之力，古宗法之有裨于家國如此。”“絶族無移服”在《儀禮·喪服》中作“絶族無施服”，彼注云“出妻之子爲父後者，則爲出母無服”。兩注相較，顯然《喪服》注更好，故黄以周所駁乃《大傳》鄭注之説。(清)黄以周撰，王文錦點校：《禮書通故·宗法通故》，中華書局，2007年，第290頁。

第六章 "相時度法，知古通今"：
黃以周的禮法觀

中國古代的法律思想是以禮教爲中心的，可以概括爲禮主刑輔，所謂"禮之所去，刑之所取，出禮則入刑"①。黃以周作爲清末的禮學大家，也非常重視禮法關係，他在《刑法通故》中，通過對一系列禮法問題的探討，以其特有的考證、章句之學表達了深切的現實關懷。在《禮書通故·敘目》中，他歸納其宗旨爲"肉刑贖刑，議論浸滛。相時度法，知古通今。述《刑法通故》第四十五"②，已經表明其不僅要解決經學中關於肉刑、贖刑等頗有爭議的論題，更要結合實際情況以關照律法條文，達到"知古通今"的效果。

基於此，本章將分三節論述黃以周的禮法思想，首先從五極和象刑兩個問題切入撮論其禮主刑輔觀，其次考察他對《尚書》諸篇中的刑罰相及與罪人不孥等問題的新詮，最後分述他對贖刑、自衛和出入人罪的解釋。

第一節 "五極"與"象刑"：先王政教的一體兩面

在《尚書》所收西周各篇文獻中，多有涉及刑法內容與原則的，如《堯典》的"象以典刑"、《皋陶謨》的"象刑惟明"、《吕刑》的五刑，都是對三代刑法的具體記述，而《立政》的"庶獄庶慎，惟有司之牧夫是訓用違。庶獄庶慎，文王罔敢知於兹"與《康誥》的"明德慎罰"則涉及先王治理天下的法則。對於這些記載，歷代經學家都有許多的討論，解釋各不相同，黃以周從禮學與歷史的角度出發，在《刑法通故》中都給出了自己的看法。這些看法仍然多以考證的面

---

① 《後漢書·陳寵傳》。
② (清)黃以周撰，王文錦點校：《禮書通故·敘目》，中華書局，2007年，第2720頁。

目出現，但在關涉先王政教根本之處，黃氏會直接下斷語，帶有明顯的價值偏向。

《刑法通故》開篇第一條便是對"咎繇制五常之刑"的討論，因爲這涉及先王修教之原則。《尚書·堯典》"象以典刑"，僞孔傳云："象，法也。法用常刑，用不越法。"①而《史記集解》則引馬融曰："言咎繇制五常之刑，無犯之者。"②僞孔傳將象釋爲動詞，典刑即常刑，意爲舜效法常刑（即下文之"五刑"），而不隨便逾越；馬融則將典刑釋爲五常之刑。對此，黃以周將"五常之刑"與《尚書·吕刑》"哲人惟刑，無疆之辭，屬於五極，咸中有慶"之"五極"相聯繫，認爲五極即是指君臣父子等五倫，只有將五刑屬於五極，才能"咸中有慶"：

> 常謂倫常，五常猶云五倫。帝王修五倫之教，以爲民極，故五倫亦謂之五極。而五刑以濟五倫之窮，故必屬於五極而後咸中有慶。大司徒以鄉八刑紏萬民，曰不孝，不友，不睦，不婣，不任，不恤，又增以造言、亂民，皆不越倫常之事，故刑曰五常之刑也。王氏《後案》申孔疏，言殊無當。③

"五刑以濟五倫之窮"，反映的正是禮主刑輔的觀點，即帝王修教要五倫爲主（"屬於五極"），這樣在使用五刑時才能處理準確而可慶（"咸中有慶"）。所謂"王氏《後案》申孔疏"，指清儒王鳴盛贊同孔穎達將"五極"釋爲仁義禮智信④。但黃以周認爲這種解釋"言殊無當"，因爲在他看來，先王之政教必須以人倫爲本，而非五種德性，這樣他就爲《堯典》的"象以典刑"賦予了比僞孔傳更爲宏大且根本的含義。

---

① （唐）孔穎達正義，黃懷信整理：《尚書正義》卷3，上海古籍出版社，2007年，第88頁。
② 馬融此說當來自《白虎通·五刑篇》"五刑者，五常之鞭策也"，但他又在"言咎繇制五常之刑，無犯之者"後接着說"但有其象，無其人也"，則是將五常之刑與伏生《尚書大傳》中的"象刑"之説相聯繫。而象刑是黃以周所不同意的，因此在《刑法通故》中他只截取了馬融之説的前半段。
③ （清）黃以周撰，王文錦點校：《禮書通故》卷45，中華書局，2007年，第1825頁。
④ （清）王鳴盛：《尚書後案》卷23，陳文和主編：《嘉定王鳴盛全集》，中華書局，2010年，第1092頁。

其實"五極"當解爲五刑之標準，"象以典刑"也與人倫五常無關，但這樣的解釋會使人以爲舜之修教乃以刑爲主，一切措施"用不越法"，禮不過處於邊緣的地位。因此，不同於將禮釋爲外在的行爲規範與禮典的一般認識，黃以周將禮提升到了本體的高度："禮者，天之經，地之義，民之則。崇效卑法，有天地即有是禮。故典曰天敘，禮曰天秩，而謂禮爲後起之物，豈其然乎？君臣、父子、兄弟、夫婦、朋友之間，恭敬撙節退讓，有不能自已者，是禮出於性之自然。"①如此，則禮不是後起之物，而本身就是天秩的表現，出於性之自然。由此可知，黃以周不同意將五極釋爲仁義禮智信，而解爲五倫，意在表明帝王修教，必以禮爲本，以刑輔之，否則會引起極大的負面作用。

至於儒者關於治世有象刑而無肉刑的爭論，黃以周從禮學的角度給出了自己的判斷。"象刑"一語出自《尚書·皋陶謨》，而所謂治古象刑之説，蓋戰國時法家所建構②，伏生牽引其説以釋"象以典刑"。《尚書大傳》云："唐、虞象刑而民不敢犯，苗民用刑而民興相漸。唐、虞之象刑，上刑赭衣不純，中刑雜屨，下刑墨幪，以居州里，而民恥之。"③此説陳義雖高，但在邏輯上有很明顯的缺陷，荀子早有犀利的反駁："世俗之爲説者曰：'治古無肉刑而有象刑：墨黥，慅嬰，共，艾畢；菲，對屨；殺，赭衣而不純。治古如是。'是不然。以爲治邪？則人固莫觸罪，非獨不用肉刑，亦不用象刑矣。以爲人或觸罪矣，而直輕其刑，然則是殺人者不死，傷人者不刑也。罪至重而刑至輕，庸人不知惡矣，亂莫大焉。凡刑人之本，禁暴惡惡，且懲其末也。殺人者不死而傷人者不刑，是謂惠暴而寬賊也，非惡惡也。故象刑殆非生於治古，並起於亂今也。"④後世的經學注疏中兩種説法時有爭論，加之與黃以周的禮學思想有關，所以他也對此問題進行了分析，其思路如下。

首先是區別關於象刑的今古文之説，他將伏傳歸爲今文家之祖，以荀子爲

---

① （清）王兆芳輯録，尤秋中、尤晨光點校：《儆季子粹語》，詹亞園、韓偉表主編：《黃以周全集》第 9 册，上海古籍出版社，2014 年，第 609 頁。

② 黃以周認爲象刑之説起於慎到，今《慎子》逸文有"有虞氏之誅，以幪巾當墨，以草纓當劓，以菲屨當刖，以艾韠當宮，布衣無領當大辟，此有虞之誅也。斬人肢體，鑿其肌膚，謂之刑；畫衣冠，異章服，謂之戮。上世用戮而民不犯也，當世用刑而民不從"之語（《太平御覽》六百四十五引），蓋伏生之説所從出。

③ （清）皮錫瑞撰，吳仰湘點校：《尚書大傳疏證》卷 1，中華書局，2022 年，第 28 頁。

④ （清）王先謙撰，沈嘯寰、王星賢點校：《荀子集解》卷 12《正論》，中華書局，2013 年，第 385~387 頁。

古文家之宗。其次再將漢儒馬融、鄭玄之注的今古文偏向加以區分辨析，他指出：

> 鄭注《書》宗古文。《周官》疏引鄭《書》注云："正刑五，加之流宥、鞭、樸、贖，此之謂九刑。"鄭意"象以典刑"句爲下諸文之綱，此正義也。馬注據伏傳象刑之説，云"但有其象，無其刑"，又注"流宥五刑"云"五刑，墨、劓、剕、宫、大辟"，其意畫象與五正刑並用。鄭注《司圜》"掌收教罷民凡害人者，弗使冠飾而加明刑"云"弗施冠飾，著墨幪，若古之象刑"，是周亦兼用之。皆參用今文家言。①

黄以周認爲鄭玄注《尚書》宗古文説，因此以"象以典刑"總領下文九刑，這是"正義"，而馬融注《尚書》時則將畫象與五正刑並用，鄭玄注《周禮·司圜》時用了今文家言。可見，在"象以典刑"的問題上，黄氏是主張古文家説的，也就是古代無象刑，所以他批評《漢書·刑法志》"禹承堯舜之後，自以德衰而制肉刑"云："參用緯書'三皇無文，五帝畫象，三王肉刑'之言，一似墨、劓、剕、宫、大辟起于夏初，斯爲謬矣。如唐虞之先無五正刑，則所謂畫刑者何自而象？所謂'怙終賊刑'者又何用而賊哉？"②其反駁簡潔明快：如果没有五正刑，那象刑所象爲何？如果有虞氏用象刑，那《尚書·堯典》中的"怙終賊刑"又該如何解釋？③

正是由於堅持以刑輔禮的必要性，黄以周才對經典中的一些規定提出了異議。《禮記·曲禮》云："父之仇弗與共戴天，兄弟之仇不反兵。"《周禮·地官·調人》云："凡和難，父之仇辟諸海外，兄弟之仇辟諸千里之外。"兩説顯有矛盾：如果父之仇、兄弟之仇必報，則不應有調人之官來從中"和難"。對此，黄以周没有進行文獻考證，而是直接下了判斷：

> 殺人者死，傷人者刑，此正法也。人有父母兄弟之讎，不能不報。讎

① （清）黄以周撰，王文錦點校：《禮書通故》卷45，中華書局，2007年，第1826頁。

② （清）黄以周撰，王文錦點校：《禮書通故》卷45，中華書局，2007年，第1826頁。

③ 黄以周弟子曹元弼有《〈書〉"象刑"〈周禮〉"刑象"解》一文，全從《慎子》、伏傳立論，與其師所説不同，見氏著《復禮堂文集》卷3，林慶彰主編：《民國文集叢刊》第一編，臺灣文聽閣圖書有限公司，2008年，第223~225頁。

不能報，官又不之治而且調和之者，其辱焉而未傷，傷焉而未死者與？否
則其父母兄弟亦有應得之罪，所謂殺人而義者也。不然，令讎人遠辟，非
所以申國法而慰孝友之心矣。①

很明顯黄氏是主張當有正法的，也就是殺人者死，傷人者刑，那麽調人的存在
在他看來就非常不合理，"非所以申國法而慰孝友之心"。又如東漢何休曾説：
"王者受命，不追治前事。"若不加分別依此説而行，則流弊甚大，所以清儒劉
逢禄才加以彌縫説："古者改元必大赦，以爲亡主所縱，未必非逋逃之藪；其
所治，未必非枉橈之獄也。武王克殷，反及嬴内，以無射之上宫，布憲施舍于
百姓，漢之伯九有也，入關而除秦苛法，皆此意也。後世不察，或以子孫縱祖
宗之囚，或以災祥出眾定之讞，所謂知日之圓而不知其不可爲規也。"也就是
説，古人改元大赦的目的爲的是減少冤獄的概率，而非明知其有罪也要赦免。
對於劉説，黄以周很是贊同，故云："國多赦令，下多倖民，劉説有見
於此。"②

　　總之，黄以周對"五極"和"象刑"的解釋，在義理上乃是一體之兩面。他
將五極訓爲五倫，是要建立禮之大本，有此大本，五刑才有所依托。他反對伏
生的象刑之説，主張古文家的五正刑，也是要落實禮主刑輔的設想，而不願禮
治建立在邏輯混亂的世俗之説上。

第二節　"刑罰相及"還是"罪人不孥"：
對舊説章節的重釋

　　在確立禮主刑輔的治國原則後，《刑法通故》重點討論了周禮中是否存在
"刑罰相及"，也就是罪行連坐之事。黄以周在處理此問題時，對《尚書》《周
禮》中的相關記述作了十分有新意的訓解，並對《尚書·康誥》的章節大義提出
了不同於前人的解釋。

　　首先，他將《尚書·甘誓》"予則孥戮汝"的"孥戮"訓爲没而爲奴與殺之，

① （清）黄以周撰，王文錦點校：《禮書通故》卷45，中華書局，2007年，第1840
頁。

② （清）黄以周撰，王文錦點校：《禮書通故》卷45，中華書局，2007年，第1842
頁。

從而在義理上解決了先儒所困惑的問題。之前，僞孔傳釋“孥戮汝”爲：“孥，子也。非但止汝身，辱及汝子，言恥累也。”孔穎達疏引《詩經》申之曰：“《詩》云：‘樂爾妻孥。’對‘妻’別文，是‘孥’爲子也。非但止辱汝身，並及汝子亦殺，言以恥惡累之。《湯誓》云：‘予則孥戮汝。’傳曰：‘古之用刑，父子兄弟罪不相及。今云孥戮汝，權以脅之，使勿犯。’此亦然也。”①“予則孥戮汝”在《尚書·湯誓》中有，劉起釪先生認爲《甘誓》中的“予則孥戮汝”是後世儒家從《湯誓》中抄入的②。歷史上鄭玄注及僞孔傳都將“孥戮汝”釋爲連坐③，但黄以周卻不願接受，因爲在其心中，古代的聖王是不會將刑罰延及罪人之子的，所以他解釋説：

> 先鄭注《司厲》引《書》作“奴戮”，並引《論語》“箕子爲之奴”，《春秋傳》“斐豹隸也，著在丹書”，以明奴爲罪隸其身，不及其子。許叔重云“奴婢皆古之罪人”，此奴之本義。妻孥字古用帑，《説文》無孥字。僞孔破讀爲孥，以爲權脅之，非也。收孥之刑始于秦。④

其實僞孔傳已經發現了“孥戮汝”的義理問題：湯是聖王，怎麼會行連坐這種峻法呢？這與《左傳·昭公二十年》苑何忌引《康誥》“父子兄弟，罪不相及”之語明顯矛盾，所以才有“今云孥戮汝，權以脅之，使勿犯”的調和之説。而黄以周則不同意僞孔傳之説，特別是其將孥釋爲子，在句法上不詞，因此他選擇了鄭衆引《書》作“奴戮”之説，訓孥爲奴，既照顧到了義理的要求，在文法上也優於舊説，故而受到了其學生唐文治的極力推崇⑤。

類似的情況也出現在黄氏對《尚書·費誓》“汝則有無餘刑，非殺”一語的

---

① （唐）孔穎達正義，黄懷信整理：《尚書正義》卷7，上海古籍出版社，2007年，第261頁。

② 劉起釪：《尚書校釋譯論》，中華書局，2005年，第863頁。

③ （唐）孔穎達正義，黄懷信整理：《尚書正義》卷7，上海古籍出版社，2007年，第259頁。

④ （清）黄以周撰，王文錦點校：《禮書通故》卷45，中華書局，2007年，第1831頁。

⑤ 唐文治云：“經文‘予則孥戮汝’，案古時用刑，父子兄弟，罪不相及。文王之政，罪人不孥。而《甘誓》、《湯誓》言‘孥戮’，先儒咸以爲疑。先師黄元同先生曰‘戮謂殺之，孥當依《王莽傳》作奴’，謂有罪而没爲奴也，蓋罪有輕重，輕者没爲奴，重則戮之爾。疑義乃涣然矣。”唐文治著，陳文嘉點校：《尚書大義》，華東師範大學出版社，2016年，第56頁。

解釋上。從文意上講，此句當依鄭玄注解爲"盡奴其妻子，不遺其種類，在軍使給廝役，反則入於罪隸、春槁，不殺之"①。可是這樣一來就會在義理上損害伯禽的形象，推崇周禮的黄以周難以接受，於是他采用了其父黄式三的新説："當讀'汝則有無餘'句，'刑非殺'句。嘗聞諸先君子云：'餘除通，治也。非，荆之省。謂有不治者，其刑荆若殺也。'"②黄式三的斷句是錯誤的，其説迁曲，因爲"汝則有無餘刑"與《費誓》上文之"汝則有常刑""汝則有大刑"乃同一句式，決不能將刑字下讀。他將餘解釋爲治，非解釋爲荆，這樣原文的意思就變爲了：如果有不好好工作的，就會給以荆刑或者死刑。這種新解不僅在訓詁上難以説通，而且曲解了原意，不過卻保留了魯侯的仁德。

其次，他對《康誥》中的"罪不相及"與《周禮》中罪有相及的記載分別作了解釋，去除了經義間的矛盾之處。《周禮·族師》有"四閭爲族，八閭爲聯，使之相保相受，刑罰慶賞相及"的記載，這與《左傳·昭公二十年》苑何忌引《康誥》"父子兄弟，罪不相及"也有矛盾。漢儒早已注意到了這一點，《鄭志》："趙商問：'《族師》之職，門内相坐，《康誥》之云門内尚寬，不知《書》《禮》孰錯？'答曰：'族師之職，周公新制禮，使民共相救法。《康誥》之時，周法未定，又新誅三監，務在尚寬，以安天下。'"可見，鄭玄是從時間不同的角度來解決此矛盾的：《康誥》所説是周初爲了安定天下的權制，而《族師》則是周公新制之禮。孔穎達也給出了另外一種説法："《康誥》所云，以骨肉之親得相容隱，故《左傳》云：'父子兄弟，罪不相及。'《周禮》所云，據疏人相督率之法，故相連獲罪。故今之律令，大功以上得相容隱，鄰保罪有相及是也。"③黄以周對此兩説都不滿意，他認爲罪不相及乃文王之法刑，"《康誥》之不相及，爲其父子兄弟之大憝故也"，如果父子兄弟包庇此元惡而不大憝，則"是同惡也，則刑罰宜其相及矣"，《族師》所云，只不過是"族聯之保受故也"。他進而對古代的"親親相隱"有一段議論，云：

---

① （唐）孔穎達正義，黄懷信整理：《尚書正義》卷20，上海古籍出版社，2007年，第812頁。王肅亦有同樣的説法："汝則有無餘刑，父母妻子同產皆坐之，無遺免之者，故謂無餘之刑。然入於罪隸，亦不殺之。"

② （清）黄以周撰，王文錦點校：《禮書通故》卷45，中華書局，2007年，第1832頁。

③ （唐）孔穎達正義，黄懷信整理：《尚書正義》卷13，上海古籍出版社，2007年，第542頁。今按：今標點本將此句都斷爲鄭玄之語，是錯誤的，從"斯不然矣"到句終都是孔穎達的正義。

至親有相隱之道，有罪而匿，理以情屈。郤芮與吕甥謀弑文公，依秦漢法當族，而其子缺，未聞從坐，後爲卿。羊舌虎既誅，叔向爲之奴，而祁奚卒救而免焉。漢宣帝詔云："自今子首匿父母，妻匿夫，孫匿大父母，皆勿坐。其父母匿子，夫匿妻，大父母匿孫，殊死皆上請。"是漢法子匿父母等雖殊死皆勿坐，父母匿子等殊死以下皆不上請，蓋皆許其相隱也。《論語》"父爲子隱"，皇疏云："今王法許期親以上得相爲隱，不問其罪。"期親以上者，父子兄弟也。然則《司厲》有奴男女者，先鄭以爲坐爲盜賊而爲奴者，引《書》"奴戮汝"及《論語》箕子、《春秋傳》斐豹爲證，以明奴者罪隸其身是也。康成謂從坐没入縣官，似失經義。不然，父子同坐，亦必身與其事而同惡者也。①

這裏，黄以周詳論親親相隱之義，意在説明《周禮》《尚書》等文獻中被前人釋爲連坐的記載，其實説的都是由於本人犯罪而爲奴的情況，進而他認爲《周禮・天官》"奚三百人"鄭注所謂"古者從坐男女没入縣官爲奴"之説"似失經義"，就算是有父子同坐的情況，也是因爲他們共同從事了犯罪行爲。

再次，他對《康誥》中與罪不相及的相關章句作了新的闡釋。《康誥》記周公對康叔之語曰：

> 王曰："封，元惡大憝，矧惟不孝不友。子弗祗服厥父事，大傷厥考心。于父不能字厥子，乃疾厥子。于弟弗念天顯，乃弗克恭厥兄。兄亦不念鞠子哀，大不友于弟。惟吊兹，不於我政人得罪，天惟與我民彝大泯亂，曰：乃其速由文王作罰，刑兹無赦。不率大戛，矧惟外庶子、訓人。惟厥正人越小臣、諸節。乃別播敷，造民大譽，弗念弗庸，瘝厥君。時乃引惡，惟朕憝。已！汝乃其速由兹義率殺……"②

經學家所爭論的焦點集中在對"其速由文王作罰，刑兹無赦。不率大戛，矧惟外庶子、訓人"的理解上，僞孔傳認爲"其速由文王作罰，刑兹無赦"意爲"言當速用文王所作違教之罰，刑此亂五常者，無得赦"，"不率大戛，矧惟外庶

---

① （清）黄以周撰，王文錦點校：《禮書通故》卷45，中華書局，2007年，第1834~1835頁。

② （唐）孔穎達正義，黄懷信整理：《尚書正義》卷13，上海古籍出版社，2007年，第540~543頁。標點有所調整。

子、訓人"意爲"凡民不循大常之教，猶刑之無赦，況在外掌眾子之官主訓民者而親犯之乎"①。是以此句爲遞進結構，前半句說民之犯五常之教者，後半句指在外掌訓民之官親犯文王之法刑者。宋人林之奇提出異説：執政之人不於民之得罪引愆自咎，乃曰吾當速用文王所作之罰刑以繩之，罔有所赦，民不知自新之路，終不循乎大常矣。此説將"不率大戛"上讀，將解釋的重點落在執政之人的過錯上。對此兩説，黄氏以爲僞孔説"以'不率大戛'四字上下兩屬，又於'訓人'之下添説親犯，殊非經旨"，而"林説于文似順，而輕視文王作罰，亦失成王周公誥誡之意"。至於其他解法，都有各自的問題，最後，他給出了自己的意見：

> 竊謂"元惡大憝"四字，爲上下章旨。"刜惟不孝不友"，刜，亦也，見王氏《釋詞》，謂元惡爲人所大憝，即其子弟亦絶之，不孝友其人也。父不慈，子不祗，兄不友，弟不恭，甚言元惡之見憝於所親也。吊，至也。其惡至此，不於我政人得罪受罰，則天所與民彝大泯亂矣，言宜急治之也。治之若何？亦惟曰乃其速用文王所作法刑，惟茲元惡不得赦，其父子兄弟不相率以大刑，所謂罪不相及是也。②

這裏黄以周的解釋迥異於僞孔傳，後者將"元惡大憝，刜惟不孝不友"釋爲遞進結構，即"大惡之人猶爲人所大惡，況不善父母，不友兄弟者乎？言人之罪惡，莫大於不孝不友"，而黄氏則釋爲總分結構，認爲"不孝不友"乃是大憝元惡的表現，從經文本身的脈絡來看，他的解釋不如僞孔順暢，但其用意在於將元惡與父兄子弟區分開來，表明經文體現了文王之法罪不相及的原則。

他又將"茲無赦"下讀，釋戛爲常刑，則"率大戛者，謂連坐之"，那麼"茲無赦。不率大戛"就是指不赦元惡之罪，但不行連坐之法。這樣就與下節"速由茲義率殺"之語形成了反對，進而提出了對《康誥》此段文字的新章句解釋：

> 此節戒其民，自"刜惟外庶子訓人"至"汝乃速由茲義率殺"，戒諸臣也。訓人謂師長。"乃别播敷造民大譽"，别，徧也；譽，善也。謂徧布

---

① （唐）孔穎達正義，黄懷信整理：《尚書正義》卷 13，上海古籍出版社，2007 年，第 541、542 頁。

② （清）黄以周撰，王文錦點校：《禮書通故》卷 45，中華書局，2007 年，第 1833 頁。

政教，進民於大善。"時乃引惡，惟朕憝"，即元惡大憝之意。引惡人以瘝君長，惡人宜殺，引惡人之長吏亦當連坐，故曰"汝乃其速由茲義率殺"。"不率大夏"，爲文王法。"茲義率殺"，用殷彝之義刑義殺。……舊分章節，均無倫次。①

不同於僞孔傳和孔疏的分節，他將"不率大夏"以上視爲一節，指對民眾的警告，這部分的刑罰適用文王的罪不相及原則；自"矧惟外庶子訓人"至"汝乃速由茲義率殺"是對諸臣的警戒，意爲對於那些引來惡人而使君上憂慮之吏，不僅惡人要殺，引惡之吏也要連坐，這些人適用的是殷人之法。這樣一來，《康誥》此段文字的義理内容就比原來的僞孔傳和孔疏豐富了許多：周初所實行的刑罰分爲兩種，一種是針對平民的，如果其中出現了元惡，那麼只需懲罰本人即可，不能刑罰相及，連坐其父兄子弟，除非後者也參與犯罪；一種是針對官吏的，如果官員不能自正其身，反而引惡爲患，則需采用"殷彝之義刑義殺"，將此官員與所引惡人連坐懲罰。

綜上，針對經書中所存在的刑罰相及的記載，在崇古的意識下②，黃以周將《甘誓》《湯誓》中的"孥戮汝"釋爲並列結構，意在否定連坐之說；將《康誥》中的"罪不相及"與《族師》的"刑罰慶賞相及"區分開，前者乃文王之法，而後者只是族聯之相保而已。在此基礎上，他重新劃分了《康誥》中的章句，將周初之刑分爲了針對平民和官吏兩種情況，從而提升了原來經文的義理層次。雖然從今天的觀點來看，他的一些説法不符合歷史事實，如在周代以前宗法爲主的社會結構中，尤其是在作戰的特殊情形下，連坐之法是很普遍的，但從經學、禮學的角度看，他的考證、章句與其禮主刑輔的觀點前後脈絡貫通，在詮釋上達到了相當的高度。

第三節　贖刑、自衛與出入人罪：考證背後的民生關懷

在"相時度法，知古通今"的追求中，如何相時，怎麼度法，並在古與今

---

① （清）黃以周撰，王文錦點校：《禮書通故》卷45，中華書局，2007年，第1833頁。
② 要注意黃以周所崇之"古"有特定的時間，《刑法通故》第27條中他説："車轊罪人，鞭笞大夫皆始於春秋、戰國之世，非古也。"可見，他所説的"古"當是周代之前，這也就是他爲什麼要給三代君王連坐之法開脱的原因。

之間建立聯繫，黄以周其實有比較成熟的思路，即先知古，再通今。不過這只是其論證表面所體現出的邏輯順序，實際上，他在考證某些禮法問題時，是先有一個"相時"的關懷在前的，這在贖刑、自衛和出入人罪三個方面表現尤爲明顯。

贖刑始見於《尚書‧舜典》"金作贖刑"一語而詳於《尚書‧吕刑》疑赦乃罰云云，爲後世律令所沿襲，黄以周對其中涉及收贖和民訟兩點作了不同於舊説的討論。《吕刑》云"大辟疑赦，其罰千鍰"，大辟本爲死刑，但若有疑赦則罰金千鍰，這引起了一些學者的懷疑，黄以周對此進行了回應：

> 或説，大辟死刑，《吕刑》有"疑赦罰千鍰"之文，此由穆王枉法斂財之計也。以周案：此毀經之言，不足據也。嘗聞諸先君子曰："後世之法，如老幼廢疾，例許收贖，與《禮》所謂悼與耄不加刑者相合。又殺人者必死，而律法戲殺償命，過失殺許贖，以贖銀歸喪家，此正大辟疑赦之例，而法之至公至平無可議者，誰謂大辟二百中無可赦之罪哉！"①

對於宋儒所提出的贖刑乃周穆王枉法以斂財之説②，黄氏直接斥爲毀經之言，並引其父黄式三語爲證，認爲唐以後之律令中均有"老幼廢疾，例許收贖"的規定，這與《禮記‧曲禮》"八十、九十曰耄，七年曰悼。悼與耄雖有罪不加刑焉"的記載相合；而且清代律令中規定過失殺人允許以銀贖罪，贖銀歸喪家所有，也就是《吕刑》中的大辟疑赦之例。因此，贖刑本身就是法的公平性的體現，不可輕易否定。

黄以周還對鄭玄關於《周禮‧大司寇》中"入束矢""入鈞金"的解釋作了駁正。《大司寇》："以兩造禁民訟，入束矢於朝，然後聽之，以兩劑禁民獄，入鈞金，三日乃致於朝，然後聽之。"鄭注："訟，謂以財貨相告者。造，至也。

---

① (清)黄以周撰，王文錦點校：《禮書通故》卷45，中華書局，2007年，第1832頁。

② 蔡沉云："蓋《舜典》所謂贖者，官府學校之刑爾。若五刑，則固未嘗贖也。五刑之寬，惟處以流。鞭撲之寬，方許其贖。今穆王贖法，雖大辟亦與其贖免矣。漢張敞以討羌，兵食不繼，建爲入穀贖罪之法，初亦未嘗及夫殺人及盜之罪。而蕭望之等猶以爲，如此則富者得生，貧者獨死，恐開利路，以傷治化，曾謂唐虞之世而有是贖法哉？穆王巡遊無度，財匱民勞，至其末年，無以爲計，乃爲此一切權宜之術，以斂民財。夫子録之，蓋亦示戒。"(宋)蔡沉撰，王豐先點校：《書集傳》卷6《吕刑》，中華書局，2018年，第286~287頁。

使訟者兩至，既兩至，使入束矢乃治之也。不至，不入束矢，則是自服不直者也。……不入金，則是亦自服不直者也。"①按鄭玄之意，所謂"入束矢""入鈞金"類似於今日司法審理中的訴訟費，兩造均需繳納，如一方不入，就是自認不直。黄以周不同意這種説法：

> 以周案：《管子》云："小罪入以金鈞，薄罪入以半鈞。訟獄者三禁之，而不直則入一束矢以罰之。"《淮南子》云："有輕罪者，贖以金分；訟而不勝者，出一束箭。"注云："金分，隨罪輕重有分兩。"是則獄入鈞金者，贖其薄罪；訟入束矢者，罰其終訟也。吏既和解之，猶終訟，罰之，爲險健者戒，然後聽之，又防其終有冤抑也。舊説未安。②

《管子》和《淮南子》中的"入以金鈞""贖以金分"是贖金，"訟獄者三禁之，而不直則入一束矢以罰之"和"訟而不勝者，出一束箭"則是罰金，黄以周認爲比義推之，《大司寇》的"訟入束矢"則是對好訟者之罰，其目的是"爲險健者戒，然後聽之，又防其終有冤抑也"。這樣，"入束矢""入鈞金"的性質就從訴訟費變爲了罰金。從經學解釋的角度看，黄説不符合《大司寇》之原意，但其目的是爲了杜絶清代民間所存在的濫訟之弊，如果按照鄭注，那麽在實際的司法過程中則很可能出現司法人員對訴訟雙方的審簽勒索，因此，他才認爲"舊説未安"。

關於自衛，黄以周從助人殺奸和正當防衛兩點對經書中的相關記載作了重新闡釋。《尚書·梓材》："奸宄殺人，歷人宥，肆亦見厥君事，戕敗人宥。"僞傳云："奸宄之人及殺人賊所過歷之人，有所寬宥。……亦當見其爲君之事，察民以過誤殘敗人者，當寬宥之。"③僞孔之意，此句乃周公告康叔爲君當赦宥罪人，咸與維新。黄以周對此完全反對，而提出新解：

> 僞傳甚曲，讀"殺人歷人"爲句，尤謬。"奸宄殺人"句，《朝士》所謂盜賊軍者也。《釋詁》云"歷，傅也"，又云"相也"。歷人者，見奸宄之殺

① （漢）鄭玄注，（唐）賈公彦疏，彭林整理：《周禮注疏》卷40，上海古籍出版社，2010年，第1322頁。

② （清）黄以周撰，王文錦點校：《禮書通故》卷45，中華書局，2007年，第1837頁。

③ （唐）孔穎達正義，黄懷信整理：《尚書正義》卷13，上海古籍出版社，2007年，第563頁。標點有所調整。

人，而力助其人以殺奸宄者也。宥之者，所謂"凡盜賊軍，鄉邑及家人殺之無罪"也。奸宄入其家，格殺之無罪，其鄉邑助之者亦宥之。肆民亦見厥君事有敗之者，戕之必宥也。上節"亦厥君先敬勞"順言之，此節又逆言之。①

他將歷人解釋爲路過之人，所謂"奸宄殺人，歷人宥"就是説如果有奸人正在行殺人之事，這時有路過之人出手相助殺死奸宄之徒，則法當寬宥；而"肆亦見厥君事，戕敗人宥"則意爲如果有奸人做危害君王之事，那麼民眾殺死奸人乃是維護國家之安全，也當寬宥，這與上文的"亦厥君先敬勞"乃是相對爲文。

從經學解釋的角度來看，黃説犯了增字解經的毛病，在"歷人"後加了太多的意思，脱離了原文的語境，與經文本義根本不相配。但另一方面，他的做法其實也是很常見的經學詮釋技術，特別是將《梓才》與《周禮·朝士》"凡盜賊軍鄉邑及家人，殺之無罪"的記載相聯繫，從而在經典與現實之間建立起了橋梁。

不僅如此，他還摒棄鄭眾將"凡盜賊軍鄉邑及家人"之"軍"釋爲軍眾的説法，而獨取惠士奇之説：

> 鄭眾云："朝士'凡盜賊軍，鄉邑及家人殺之無罪'，謂盜賊群輩若軍共攻盜，鄉邑及家人者殺之無罪，若今時無故入人室宅廬舍，上人車船，牽引人欲犯法者，其時格殺之無罪。"惠士奇云："軍，謂持兵者。持兵入門，乃得殺之。若不持兵，不得殺。苟持兵，豈必群輩而後殺之無罪哉！故不徒曰盜賊，而又曰軍，所以正盜賊之名也。"以周案：惠氏此説明確。②

漢代及後世律令中有"無故入人家"而殺之者無罪的規定，但惠士奇認爲必須對此再加以限制，因而將"軍"釋爲持有兵器，如果來人不持兵器，則不能殺害；如果持有兵器，則不論一人還是群輩，殺之皆無罪。黃以周之所以稱贊惠

---

① （清）黃以周撰，王文錦點校：《禮書通故》卷45，中華書局，2007年，第1835頁。

② （清）黃以周撰，王文錦點校：《禮書通故》卷45，中華書局，2007年，第1838頁。王安石、鄭鍔、江永等將"凡盜賊軍鄉邑及家人"之"軍"釋爲攻殺，孫詒讓從之，以爲與惠士奇之説同，見（清）孫詒讓撰，王文錦、陳玉霞點校：《周禮正義》卷68，中華書局，1987年，第2830～2831頁。

説"明確"，也是對當時之社會情狀有深刻了解，清末之盜賊多爲貧民，其竊盜往往是爲生計所逼，很多官吏爲了邀功，往往亂用律令以多殺傷，因此，黄氏認爲只有嚴格自衛之條件，才能避免濫殺，故贊同惠説①。

出入人罪乃是以五種方式將疑罪人員或出罪或入罪，《吕刑》："兩造具備，師聽五辭。五辭簡孚，正於五刑。五刑不簡，天於五罰；五罰不服，正於五過。五過之疵：惟官，惟反，惟内，惟貨，惟來。其罪惟均，其審克之。"僞孔傳："五過之所病，或嘗同官位，或詐反因辭，或内親用事，或行貨枉法，或舊相往來，皆病所在。"②黄以周對僞孔説有糾正，比如依馬融注，認爲"來"當作"求"，但更重要的是他對此類行爲的關注：

> 官，謂挾官威勢。反，謂報舊恩怨。内，謂女謁。貨，謂勒索貨賄。求與賕通，謂以貨干請。以官、反、内、貨、求五過而出入人罪，是故出故入也。故出入人罪，與犯法者等，此古律也。唐太宗問劉德威："比刑網寖密，咎安在？"對曰："《律》，失入者減三，失出者減五。今坐入者無辜，坐出者有罪，所以吏務深文，爲自安計。"劉德威所引律，爲漢以來相傳之律，是已改于古矣。至坐入而無辜，則貨賕橫行而民無所措手足矣。③

所謂"故出入人罪"就是利用"五過"來故意加罪或脱罪於人。"失入"，是將無辜的人牽引入罪；"失出"則是將有罪的放掉。按照漢以來相傳之律，執法者"失入""失出"是要受到減等的處罰的。但至唐太宗時，"坐出"者有罪，而

① 關於這點，清末律學名家吉同鈞曾引錢維城之論而表彰之，云："(錢氏)又謂盜固無論竊賊，不至死而輕殺之，彼特逼於貧耳。夫不能使民各安其生，不得已而爲盜賊，此固在上者之責，不特竊賊可憫，盜亦可憫，而不可以此責之於民。且牧民者既已不能使民無盜賊矣，又以盜賊之故而殺民，是益之咎也。夫奸所獲奸，殺之有無論者矣，奸亦不至於死也。律有不得捕奸之人，無不得捕盜之人，捕盜固重於捕奸矣。《孟子》論井田曰：守望相助，古人懼事主之力不足治賊，而責之於鄰里，若並事主而禁之，毋乃長盜賊之勢而奪民財乎云云。此段議論甚得律意，而長安薛氏《讀例存疑》亦有竊賊爲閭閻之害，既予事主以捕賊之權，即不應以事主賊犯之命之語，所見大略相同。"吉同鈞纂輯，閆曉君整理：《大清律例講義》，臺灣智慧財產權出版社，2018 年，第 121 頁。

② (唐)孔穎達正義，黄懷信整理：《尚書正義》卷 19，上海古籍出版社，2007 年，第 783 頁。

③ (清)黄以周撰，王文錦點校：《禮書通故》卷 45，中華書局，2007 年，第 1830 頁。

"坐入"者已經不再被追究責任。這樣的話，執法者可以隨便抓人入獄以邀取"貨賕"，平民必將"無所措手足矣"。黄氏之前，清儒惠棟、孫星衍即已從馬融本①，黄氏此條，本無甚新意，但由於身處清代末期官場賄賂橫行之時，他必然對此所造成的民間疾苦有極深刻的感受，所以才將《吕刑》"五過之疵"與唐代的"失入""失出"相聯繫，指出其弊端所在。

綜上，黄以周在訓釋經書中與法律相關的贖刑、自衛和出入人罪三個問題時，都有着深切的現實關懷。他爲贖刑在刑法體系中的重要作用進行辯護，闡明民衆擁有自衛的權利但又不可利用律例濫殺，指出官吏若隨意出入人罪必會給百姓帶來深重的災難。爲了表達這種關懷，他在訓詁方法上有不少疏漏之處，與其嚴謹的治學風格不類，但也正是如此，才顯示其作爲一個儒者試圖通過經學闡釋以經世。

餘　論

近來學者已經注意到清儒在其精細甚至繁瑣的考證背後往往蘊含着經世之意，尤其是嘉道以降禮學大盛，學者發現通過研治禮學，可以達到溝通漢宋的目的，而在這一思潮中，黄以周其實佔據着很重要的地位。不過，以往的學者往往囿於章太炎、胡玉縉等黄氏後學弟子的稱頌，以爲其成就全在禮學考據，這樣就容易忽視黄氏學問與現實情形之間的聯繫。

從本章的論述可以發現，黄以周對於禮法問題的闡釋具有非常明顯的經學家色彩，即他總是想在各種經書的記載間找到一個前後貫通、互不矛盾的完整義理體系。但各經之間的差距很大，《尚書》與《周禮》所記甚至有數百年之隔，即便是《尚書》各篇之間，其反映的思想也未必一貫。就《刑法通故》中所關注的《康誥》《吕刑》等篇來説，《吕刑》與周穆王本無關係，先秦文獻引其多達十六次，無一語及穆王。至漢代，始有《吕刑》爲周穆王之文之説，劉起釪先生以爲毫無根據②。歷來經學家圍繞該篇起首"惟吕命王享國百年"多有争論，或倒"吕命"爲"命吕"，或説"吕命"似"兑命"，乃吕侯命穆王之言，皆與文本

---

① 清儒惠棟、孫星衍即從"求"字，見(清)孫星衍撰，陳抗、盛冬鈴點校：《尚書今古文注疏》，中華書局，1986年，第532頁；王先謙撰，何晉點校：《尚書孔傳參證》，中華書局，2011年，第946頁。

② 劉起釪：《尚書校釋譯論》，中華書局，2005年，第1908頁。

不合。至傅斯年先生，才又創新説，釋"吕命王"爲吕靈王，劉起釪先生承其説，修正爲吕國英明美善之王，文中所述，乃邊地諸侯之説，而非中原周王命辭①。如此一來，則《吕刑》一篇所述刑法内容其實不必與《康誥》"明德慎罰"之周代重德思想相匹配。

　　但黄以周作爲傳統意義的經學家，是無法認識到這一點的，因此他在詮解經書中的禮法問題時，常常采用比義、重分章句、通假等方法，使得經書間的義理融貫，層次分明。從這個意義上説，他其實做到了在《敘目》中所説的"相時度法，知古通今"。

---

① 劉起釪：《尚書校釋譯論》，中華書局，2005 年，第 1906~1909 頁。

第七章 《周禮》中的"大史"與"内史"：黃以周對先秦職官的建構

　　《周禮》原名《周官》，是戰國時期以官制表現政治理想的一部經典①。官制可以表現政治理想，按徐復觀先生的説法，有兩個系統：一是着眼由官制的合理分工，以提高政治效率，達成政治任務；二是由官制與天道相合而感到政治與天道相合的系統②。但在表現政治理想時，由於受到時代的影響與天地春夏秋冬職官分類的限制，《周禮》官制的設立未必在學理與邏輯上能完整恰當。

　　就春官的設置來説，其下有六十八屬官，多數爲掌禮樂之器物和祭祀之事，其中包括史官五種：大史、小史、内史、外史、御史③。但先秦時期史的職責遍及天文星曆、禮事、行政、檔案保管等多個領域④，單純將其歸爲春官，似有削足適履之感。更重要的是，大史作爲史官之長，在《周禮》中的爵位卻只爲下大夫，而内史則爲中大夫。此種官制設置上所呈現出的矛盾，引起了後世諸多經學家的關注，並層累地形成了豐富的經學解釋。

　　關於大史與内史在先秦兩漢時期的變化已有不少研究，本章所關注的是《周禮》本身以及與其他先秦典籍在大史的官職分類、爵位與内史的關係等問題上所出現的一系列矛盾，歷代經學家圍繞這些矛盾而產生了怎樣的經學解

---

　　①　《周禮》的成書年代聚説紛紜，筆者傾向於戰國早期説，相關討論可參考劉豐：《百年來〈周禮〉研究的回顧》，《湖南科技學院學報》2006 年第 2 期，第 10~15 頁。
　　②　徐復觀：《周官成立之時代及其思想性格》，《徐復觀論經學史二種》，上海書店出版社，2005 年，第 188 頁。
　　③　大史即太史，本書根據所引材料使用兩詞，不一一注明。
　　④　徐復觀先生曾歸納先秦時"史"之職責爲六點：在祭神時與祝向神禱告，主管筮之事，主管天文星曆，解説災異，錫命、策命，掌管氏族譜系。徐復觀：《原史——由宗教通向人文的史學的成立》，《兩漢思想史》第三卷，華東師範大學出版社，2001 年，第 136~140 頁。

釋，尤其是黃以周如何以綜貫群經、惟善是從的方式解決此一問題，以及清代考證學在"訓詁明則義理明"方法論上的缺陷。

第一節 《周禮·春官》中史職設計之矛盾

清代以前，儒者多相信《周禮》爲周公致太平所作。20世紀20年代之後，受疑古風潮的影響，學者通過與出土文獻的對比研究，逐漸傾向《周禮》所載職官系統並非西周之制。後來隨着對疑古思潮的批評，學者們又開始認爲《周禮》官制與西周銘文所反映的西周官制或春秋官制頗有相合之處①。但不論《周禮》中的官名與西周或春秋時有多少相合，《周禮》並非對某一時代官制的如實記錄，而帶有許多理想色彩和有意建構的性質，反映了時代的變化，有過渡的痕迹，這在其對史職的設置上可以明顯看出。

首先是大史在職官歸屬上的問題。戰國儒家典籍對於大史的性質界定有兩大系統，一爲《周禮》，一爲《曲禮》。前者將大史歸爲"掌邦禮"的春官；而後者則將大史歸爲"六大"之天官。《禮記·曲禮》："天子建天官，先六大，曰：大宰、大宗、大史、大祝、大士、大卜，典司六典。天子之五官，曰：司徒、司馬、司空、司士、司寇，典司五眾。"此種官制設計與《周禮》不同，對此鄭玄是以殷周異制來解釋的："此蓋殷制也。周則大宰爲天官，大宗曰宗伯，宗伯爲春官，大史以下屬焉"，"周則司士屬司馬，大宰、司徒、宗伯、司馬、司寇、司空爲六官"。孔穎達云："向立六官，以法天之六氣；此又置五官，以象地之五行也。"②對於《周禮》設置六官與《曲禮》五官之間的差異，孔疏的解釋是：

> 周立六卿，放天地四時，而殷六卿所法則有異也。殷乙太宰爲一卿，以象天時，司徒以下五卿，法於地事。故《鄭志》崇精問焦氏云："鄭云三王同六卿。殷應六卿，此云五官何也？"焦氏答曰："殷立天官與五行，其取象異耳。是司徒以下法五行，並此大宰即爲六官也。"但大宰既尊，故

---

① 劉豐：《百年來〈周禮〉研究的回顧》，《湖南科技學院學報》2006年第2期，第14頁。

② （漢）鄭玄注，（唐）孔穎達正義，呂友仁整理：《禮記正義》卷6，上海古籍出版社，2008年，第170、171、173頁。

先列大宰,並顯大宰之下隸屬大宰之官既法於天,故同受大名。①

孔疏根據《鄭志》焦氏答語,推論鄭玄之意乃以大宰在殷商時即爲天官,加司徒以下五官爲六官,即所謂三代同爲六卿。但這種解釋顯爲調和之論,《曲禮》與《周禮》的職官設計不同,立意亦有異,不可混爲一談。《曲禮》之天官,楊寬先生解爲"神職",最合文意。從這點來説,《曲禮》所記天官"六大",還保留了較多的殷周制度之意。而《周禮》天官,鄭玄《三禮目録》云:"象天所立之官。……天者統理萬物,天子立塚宰使長邦治,亦所以總御衆官,使不失職。"可見鄭玄認爲《周禮》"天官"之命名取義天統理萬物,爲衆官之長,這從《周禮》大宰職"掌建邦之六典"也可以看出。但從大宰的具體屬官可知,所謂天官,主要還是因爲其職掌多與周天王之王宫事物有關。

其次是大史的地位問題。《周禮》中,大史的爵位爲下大夫,但鄭玄注《大史職》"掌建邦之六典"云:"大史,日官也。《春秋傳》曰:'天子有日官,諸侯有日御,日官居卿以底日,禮也。日御不失日,以授百官於朝。'居猶處也。言建六典以處六卿之職。"賈公彦疏云:

> 服氏注云:"日官、日御,典曆數者也。""日官居卿以底日,禮也。日御不失日,以授百官於朝。"服注云:"是居卿者,使卿居其官以主之,重曆數也。"案:鄭注"居猶處也。言建六典以處六卿之職",與服不同。服君之意,大史雖下大夫,使卿來居之,治大史之職,與《堯典》云"乃命羲和,欽若昊天曆象日月星辰",是卿掌曆數,明周掌曆數亦是日官。鄭意以五帝殊時,三王異世,文質不等,故設官不同。五帝之時使卿掌曆數,至周使下大夫爲之,故云"建六典處六卿之職"以解之。②

鄭玄以《左傳》中的日官來解大史,認爲其職掌神聖,需以卿位處之。但《左傳·桓公十七年》"日官居卿以底日"杜注云:"日官,天子掌曆者,不在六卿之數,而位從卿,故言居卿也。"杜預認爲日官在六卿之次,與鄭注不同。對此,孫詒讓云:"諦繹鄭意,蓋謂大史爵秩不過下大夫,而掌六典、八法、八

① (漢)鄭玄注,(唐)孔穎達正義,吕友仁整理:《禮記正義》卷6,上海古籍出版社,2008年,第173頁。

② (漢)鄭玄注,(唐)賈公彦疏,彭林整理:《周禮注疏》卷30,上海古籍出版社,2010年,第998頁。

則等大典令之籍，與大宰卿職掌略同，《左傳》居卿之言，即謂其爵卑職尊，非以卿居史職，其説自較服爲優。但以《左氏》文義審之，似究以杜注位從卿之説爲允。蓋日官司天，朝位特尊異之在六卿之次。"①從鄭、杜二家的注釋中，可以發現在《左傳》與《周禮》間，對大史地位的界定也存在着矛盾。

最後是大史與內史的關係問題。此一問題與前兩問題相連，而更顯重要。在《周禮·春官》中，大史爲諸史官之長，但奇怪的是，大史爲下大夫，而內史則爲中大夫，這引起了學者的疑惑。鄭玄注《春官敘官》"大史"云："大史，史官之長。"賈疏："謂與下內史、外史、御史等爲長。若然，內史中大夫，大史下大夫，大史得與內史爲長者，以大史知天道，雖下大夫得與內史中大夫爲長，是以稱大也。"②清人孫詒讓對此解釋不滿意，認爲太史與內史不相隸屬："大史與小史、馮相氏、保章氏爲長。若內史，則爵尊于大史一等，蓋與大史相左右。外史、御史則內史之屬官，皆不屬大史也。"內史爲大宰的副貳："內史官府蓋在內，故以爲稱。大宰職尊而居宮外，此官職卑而居宮中，互相副貳以詔王治也。"③依孫氏的理解，從內史的職掌來看，其與天官大宰更爲接近。這就出現了《周禮》職官設計上的矛盾。

從"史"所記録的物件來看，兩周時期有由宗教進而到政治人事的過程④，反映在《周禮》史官的設置上，便是《春官》所敘大史地位的下降與內史地位的上升。對此過程，後世儒家並未多加解釋，而是着眼於彌縫《周禮》與其他典籍之間的不同，進而探求先王制作之意。

第二節　黃以周對大史內史關係的建構

經學家對禮書中所載官制的問題，其研治態度可以清儒胡匡衷爲代表。他在《儀禮釋官·例言》中説：

---

① （清）孫詒讓撰，王文錦、陳玉霞點校：《周禮正義》卷51《春官·大史》，中華書局，1987年，第2080頁。
② （漢）鄭玄注，（唐）賈公彥疏，彭林整理：《周禮注疏》卷18，上海古籍出版社，2010年，第641頁。
③ （清）孫詒讓撰，王文錦、陳玉霞點校：《周禮正義》卷52《春官·內史》，中華書局，1987年，第2129頁。
④ 參見徐復觀：《原史——由宗教通向人文的史學的成立》，《兩漢思想史》第三卷，第136~140頁。

《周禮》以官爲紀，《儀禮》以事爲紀而官因事見，節目較《周禮》更密，稱名較《周禮》更繁。……若此類糾紛錯出，不爲疏通而證明之，則於尊卑繁殺之際，必多窒礙而不能展卷了然，以遠於制作之意，亦足爲讀是經者之病，故官制之釋非可已也。①

胡氏以爲要治《儀禮》，了然"制作之意"，就必須對《儀禮》與《周禮》所載官制之糾紛異同"疏通而證明之"，使其能反映尊卑繁殺。在大史内史的關係問題上，歷代的經學家也正是針對典籍中不同的記載而不斷進行解釋，並最終在大史内史、左史右史、記言記動、《春秋》《尚書》之間建構起了一個完整的體系。

在大史與内史的職官設置上，首先要解決内史之爵位高於大史的問題。前引賈公彦疏，以爲"大史知天道，雖下大夫得與内史中大夫爲長，是以稱大也"，孫詒讓則説内史"爵尊于大史一等，蓋與大史相左右"，但内史既然與大史相左右，爲何爵位卻尊於大史，依然沒有得到很好的解釋。作爲清代三禮學之集大成者，黄以周提出了他的解決方案："《盛德篇》曰：'内史、大史，左右手也。'序云'内史中大夫一人，下大夫二人'，則'大史'下當脱'中大夫一人'五字。"②黄氏的根據是《大戴禮記·盛德篇》"内史、大史，左右手也"的記載，他還根據《左傳》"日官居卿以底日"，結合舉《國語·周語上》所記徇農之禮③。認爲"日官已居卿職，而大史帥之，下文敘徇農之禮，大史八亦在大師七、宗伯九之間，則大史爲中大夫可知矣。諸侯當以下大夫爲之"④。可見黄氏補經的根據是《盛德篇》指出了内史與大史是"左右手也"，《左傳》中日官居卿位，《國語》中大史在大師與宗伯之間，那麼由這些證據可以推斷内史與大史的爵位相同。但黄氏的這一推斷也有漏洞：在《周禮·春官·敘官》中，大

---

① （清）胡匡衷：《儀禮釋官》，（清）阮元編：《清經解》第 5 册，上海書店出版社，1988 年，第 95 頁。

② （清）黄以周撰，王文錦點校：《禮書通故·職官禮通故四》，中華書局，2007 年，第 1479 頁。

③ 《國語·周語上》記虢文公諫周宣王徇農之語云："乃命其旅曰：'徇。'農師一之，農正再之，后稷三之，司空四之，司徒五之，太保六之，大師七之，太史八之，宗伯九之，王則大徇。"徐元誥撰，王樹民、沈長云點校：《國語集解》卷一，中華書局，2002 年，第 20 頁。

④ （清）黄以周撰，王文錦點校：《禮書通故·職官禮通故四》，中華書局，2007 年，第 1479~1480 頁。

師、大卜、大祝均爲下大夫二人，如果按黄氏所説大史爲中大夫，《叙官》“大史”下當脱“中大夫一人”五字，那麼大師、大卜、大祝也當爲中大夫。這樣就需要做出大量的改動，在邏輯上雖然講得通，卻於文本無據，故孫詒讓在注《周禮》時不取。

其次，僅僅説明大史與内史地位相同是不夠的，還需要將其與其他典籍中左史右史、記言記動的相關記載相協調。《盛德篇》云：“德法者御民之銜也，吏者轡也，刑者筴也，天子御者，内史大史左右手也。”盧辯注云：“太史内史，皆宗伯之屬。太史下大夫二人，内史中大夫一人，俱親王之官也。書曰太史内史，云内史太史左右手，則太史爲左史，内史爲右史焉。”①盧氏首先將《周禮》大史内史與《大戴禮記》“左右手”相聯繫，提出了太史爲左史，内史爲右史的論斷。接着，熊安生在解《禮記·玉藻》“動則左史書之，言則右史書之”時對盧辯的觀點進行了詳細的闡發：

　　案《周禮·大史》之職云：“大師，抱天時，與大師同車。”又襄二十五年《傳》曰：“大史書曰：崔杼弑其君。”是大史記動作之事。在君左厢記事，則大史爲左史也。案《周禮·内史》掌王之八枋，其職云：“凡命諸侯及孤卿大夫，則策命之。”僖二十八年《左傳》曰：“王命内史叔興父策命晉侯爲侯伯。”是皆言誥之事，是内史所掌，在君之右，故爲右史。是以《酒誥》云：“矧大史友内史友。”鄭注：“大史、内史，掌記言記行。”是内史記言，大史記行也。此論正法。若其有闕，則得交相攝代。故《洛誥》史逸命周公伯禽，服虔注文十五年《傳》云：“史佚，周成王大史。”襄三十年“鄭使大史命伯石爲卿”，皆大史主爵命，以内史闕故也。以此言之，若大史有闕，則内史亦攝之。案《覲禮》“賜諸公奉篋服，大史是右”者，彼亦宣行王命，故居右也。此論正法。若春秋之時，則特置左右史官。故襄十四年“左史謂魏莊子”，昭十二年“楚左史倚相”。《藝文志》及《六藝論》云：“右史紀事，左史記言。”與此正反，於傳記不合，其義非也。②

────────

① （清）王聘珍撰，王文錦點校：《大戴禮記解詁》卷八，中華書局，1983 年，第 145 頁。《孔子家語·執轡》也有類似的記載：“子夏問古之爲政，孔子曰：‘古者天子以内史爲左右手，以德法爲銜勒，以百官爲轡，以刑罰爲策，以萬民爲馬，故御天下數百年而不失。’”張濤：《孔子家語注釋》卷 6，三秦出版社，1998 年，第 281 頁。今按：從行文來看，《孔子家語》當襲自《大戴禮記》。

② （漢）鄭玄注，（唐）孔穎達正義，吕友仁整理：《禮記正義》卷 39，上海古籍出版社，2008 年，第 1181~1182 頁。

熊安生在盧辯太史爲左史，内史爲右史之説的基礎上，又根據群經中所記大史内史之語進一步推論：西周時大史在君左厢記行，内史在君之右記言，若有闕，則大史内史可以互相替換；春秋時，則據之特置左右史官。到唐代孔穎達，則進一步將左右史與《春秋》《尚書》結合起來：

> 經云"動則左史書之"，《春秋》是動作之事，故以《春秋》當左史所書。左，陽，陽主動，故記動。經云"言則右史事之"，《尚書》記言語之事，故以《尚書》當右史所書。右是陰，陰主静故也。《春秋》雖有言，因動而言，其言少也。《尚書》雖有動，因言而稱動，亦動爲少也。①

《玉藻》"動則左史書之，言則右史書之"鄭注只説"其書，《春秋》《尚書》其存者"，孔穎達則精密化爲《春秋》主記事，爲左史所書，因爲左爲陽，陽主動；《尚書》主記言，爲右史所書，因爲右爲陰，陰主静。

但大史爲左史記動，内史爲右史記言的論斷並不能令後人滿意，黄以周又依據其他理由將這一模式改爲大史爲右史記動，内史爲左史記言：

> 《盛德篇》"内史大史左右手也"，謂内史居左，大史居右，《觀禮》曰"大史是右"，是其證也。古官尊左，内史中大夫，尊，故内史左，大史右。《玉藻篇》"動則左史書之，言則右史書之"，左右字今互訛。《漢·藝文志》、鄭《六藝論》並云"左史記言，右史記事"，《北堂書鈔》五十五引《禮記》"動則右史書之，言則左史書之"，尤其明證。熊氏謂大史左史，内史右史，非也。其申《酒誥》鄭注"大史内史掌記言記行"謂大史記行，内史記言，是已。鄭注《玉藻》云"其書《春秋》《尚書》具存"，謂右史書動爲《春秋》，左史書言爲《尚書》也。②

黄氏新説的一個重要根據是"古官尊左，内史中大夫，尊，故内史左，大史右"，認爲《玉藻》中的左右二字互訛，並以此申鄭注而反駁熊安生，進而也反

---

① （漢）鄭玄注，（唐）孔穎達正義，呂友仁整理：《禮記正義》卷39，上海古籍出版社，2008年，第1181頁。

② （清）黄以周撰，王文錦點校：《禮書通故·職官禮通故四》，中華書局，2007年，第1481頁。

第二節 黃以周對大史內史關係的建構 | 157

駁孔穎達之説①。

最後還要解決諸侯是否有内史的問題。杜預《春秋左氏傳序》"諸侯亦各有
國史"孔疏云：

> 蓋天子則内史主之，外史佐之，諸侯蓋亦不異。但春秋之時不能依
> 禮，諸侯史官多有廢闕，或不置内史，其策命之事，多是大史，則大史主
> 之，小史佐之。劉炫以爲《尚書》周公封康叔，戒之《酒誥》，其經曰"大史
> 友内史友"。如彼言之，似諸侯有大史、内史矣。但徧檢記傳，諸侯無内
> 史之文。何則？《周禮·内史職》曰："凡命諸侯及孤卿大夫，則策命之。"
> 僖二十八年傳説襄王使"内史叔興父策命晋侯爲侯伯"，是天子命臣，内
> 史掌之。襄三十年傳稱鄭"使大史命伯石爲卿"，是諸侯命臣，大史掌之。
> 諸侯大史當天子内史之職，以諸侯兼官無内史故也。……襄二十三年傳稱
> "季孫召外史掌惡臣"，言外史則似有内史矣。必言諸侯無内史者，閔二
> 年傳稱史華龍滑與禮孔曰"我，大史也"，文十八年傳稱魯有"大史克"，
> 哀十四年傳稱齊有"大史子餘"，諸國皆言大史，安得有内史也？季孫召
> 外史者，蓋史官身居在外，季孫從内召之，故曰外史。②

孔穎達"徧檢記傳，諸侯無内史之文"，因而推論策命之事，天子則内史主之，
外史佐之，諸侯則大史掌之，小史佐之，"諸侯大史當天子内史之職，以諸侯
兼官無内史故也"，並認爲《左傳》所記魯國季孫所召"外史"並非官名。而清儒
胡匡衷則認爲對於無可考證之諸侯官爵，要依照禮制加以推導，即"諸侯之官
降天子一等"。在此思想指導下，他對《周禮》《儀禮》中的大史、内史二官做了
整齊化的解釋："《周禮》大史下大夫二人……諸侯大史當上士……大史亦曰左
史。"又云："《周禮》内史中大夫一人……諸侯内史當下大夫……内史亦曰右
史。"③對此，黃以周贊成胡説而反駁孔疏云："左氏襄二十三年《傳》'召外史

① 黃以周説："《覲禮》：'諸公奉篋服，加命書於其上，大史是右，述命。'《玉藻》
孔疏引此經以爲大史代内史宣行王命，故居右，非也。大史本屬右，其職曰'大會同朝覲，
以書協禮事'，是讀命書亦其職。"(清)黃以周撰，王文錦點校：《禮書通故·職官禮通故
四》，中華書局，2007年，第1482頁。
② (唐)孔穎達：《春秋左傳正義》卷1，《十三經注疏》，中華書局，1980年，第1704
頁上欄。
③ (清)胡匡衷：《儀禮釋官》卷3，(清)阮元編：《清經解》第5册，上海書店出版
社，1988年，第110、113頁。

掌惡臣'，孔疏引《周官·外史》職文，謂魯亦立此官，而疏杜序不以外史爲官名，固謬。《襄三十年傳》'使大史命伯石爲卿'。疏又謂諸侯兼官，無内史，更謬。"①黃氏不同意孔説，但並無根據，也是以禮制來推論的。

綜上，圍繞《周禮·春官》中内史爵位高於大史的問題，歷代經學家提出了多種解釋，終於在黃以周的《禮書通故》中建構起了大史内史的整齊系統：天子諸侯均有大史與内史；二官均爲中大夫；大史爲右史記動，内史爲左史記言，動爲《春秋》，言爲《尚書》。但這種建構只是經學家對先秦典籍"貫通群經"的結果，並非歷史事實，而且也忽視了《周禮》本身的時代性。

第三節　史職演變與經典調適

明了歷代經學家對大史内史的解釋與建構，還需從史職變遷的歷史發展角度對其進行評價，以見經典對現實的反映與作用。

太史一職早在商代後期就已出現（太史寮亦是）。西周銘文中，太史之名凡七見，其地位尊崇，爲太史寮之長官，其職責爲協助周王册命、賞賜，記錄國之大事，保存典章制度。春秋戰國史料中，不見周王之太史，只有諸侯之太史，從中可看出諸侯僭越，王室興衰②。楊寬先生指出太史在周初有着很高的地位："太史寮的官長是太史，掌管册命、制禄、圖籍、記錄歷史、祭祀、占卜、禮制、時令、天文、曆法、耕作等等。太史寮可以説是周王的秘書處和文化部，太史可以説是周王的秘書長，同時又是歷史學家、天文學家、宗教家。既是文職官員的領袖，又是神職官員的領袖。其地位僅次於主管卿事寮的太師或太保。"③但從西周中期開始，大史一職的重要性開始下降，其行政職能開始爲内史所替代④。

到漢代，太史公成爲太史令一職的尊稱，是九卿之一的太常的屬官，秩六

---

① （清）黃以周撰，王文錦點校：《禮書通故·職官禮通故》，中華書局，2007年，第1482頁。

② 見張亚初、劉雨：《西周金文官制研究》，中華書局，1986年，第26~27頁

③ 楊寬：《西周史》，上海人民出版社，2003年，第325頁。

④ 黃以周説："大史之職同於内史。"（清）黃以周撰，王文錦點校：《禮書通故·職官禮通故四》，中華書局，2007年，第1482頁。今按：大史之職絕不同於内史，但從歷時的角度看，大史原本的一些職能被内史替代。如果"通貫群經"，就會得出大史之職同於内史的印象。

百石，掌天文曆法。對於此時太史地位的尊卑，各家説法不同。《後漢書·百官志》本注云：“掌天時、星曆。凡歲將終，奏新年曆。凡國祭祀、喪、娶之事，掌奏良日及時節禁忌。凡國有瑞應、災異，掌記之。”《漢官》載：“太史待詔三十七人，其六人治曆，三人龜卜，三人廬宅，四人日時，三人《易》筮，二人典禳，九人籍氏、許氏、典昌氏，各三人，嘉法、請雨、解事各二人，醫二人。”①其地位較低。《漢書·司馬遷傳》：“僕之先人非有剖符丹書之功，文史星曆近乎卜祝之間，固主上所戲弄，倡優畜之，流俗之所輕也。”而衛宏的《漢舊儀》則説：“太史公，武帝置，位在丞相上。天下書記先上太史公，副上丞相，序事如古《春秋》。司馬遷死後，宣帝以其官爲令，行太史公文書而已。”②相較而言，前説比較符合事實③。太史在漢代只是太常的屬官，掌曆法，早已没有了春秋前崇高的地位。太史在《周禮》中僅爲下大夫，這與其在漢代職官中的地位是相符的。

相較於太史，内史出現較晚，其職責多偏向行政。據張亞初先生統計，西周銘文中，有關内史的材料有二十六條，“除了裘衛鼎之内史是諸侯的史官外，其他都是指王室的史官”，“内史未見於殷周卜辭……從現有材料的認識講，内史是西周新增設的官職，而且是西周昭王以後才出現的。從西周中期以後，内史成爲了一種較爲常見的職官。據銘文材料看，西周中期有十八條材料，西周晚期有七條材料”④。張先生認爲《尚書·酒誥》中的“内史友”很可能經過了昭王以後歷代文人的加工。《周禮》中内史掌王之八柄，爵、禄、廢、置、生、殺、予、奪，“執國法及國令之貳，以考政事”，類似唐代之中書。至戰國時，内史則側重於財務與考核⑤。漢景帝二年(前 155)時分左、右内史。太初元年(前 104)，改右内史分爲京兆尹、右扶風，左内史爲左馮翊，則

---

① (清)孫星衍輯：《漢官》卷一，(清)孫星衍等輯，周天游點校：《漢官六種》，中華書局，1990 年，第 1 頁。
② (漢)衛宏撰，(清)孫星衍輯：《漢舊儀補遺》卷上，(清)孫星衍等輯，周天游點校：《漢官六種》，中華書局，1990 年，第 89 頁。
③ 《漢舊儀》之説有兩個錯誤，第一是誤將太史公當作官職，第二是將司馬遷後期所任之中書令與太史令兩職相混淆。中書令爲武帝所設，純爲皇權集中之反映，當時以宦官充任，司馬遷以此爲生平之大辱。
④ 張亞初、劉雨：《西周金文官職研究》，中華書局，1986 年，第 29 頁。
⑤ 楊寬：“内史這個官職，戰國時代趙、秦已有(《史記·趙世家》《秦始皇本紀》《戰國策·秦策三》)，内史的職務是‘節財儉用，察度功德’(《史記·趙世家》)，和秦漢時代的治粟内史性質是相同的。”楊寬：《戰國史》，上海人民出版社，2003 年，第 226 頁。

成爲三輔行政首腦。對於內史職能與地位的轉變，徐復觀先生有精闢的觀察："周初的太史地位，在內史之上。但由《左氏傳》看，則春秋時代，甚至可推及西周中期以後之金文，內史的地位又似在太史之上。殆以內史近王近君，因與權力中心接觸之遠近而決定史記之地位。秦以內史掌治京師，乃是繼承此一傾向，遂脱離了原有史的職掌。"①從內史大史地位的升降中，可以看出古代史職由宗教向人文的轉變。

理清太史內史從先秦到漢代的發展演變後，再反觀《周禮》中對此二官的相關記載，可見經典與現實的互動。內史地位高於大史，正是春秋戰國時期，史官由宗教向人文轉變的反映。在人文化佔據上風的時代，側重神職的太史，地位不如側重行政的內史，就成了題中應有之意。如果拋開"大史""內史"的字眼，專從其職能着眼，清人黃本驥《歷代職官表》中的歸納頗具啓發性(參見表7.1)②。

表7.1 黃本驥《歷代職官表》

序號	朝代	翰林院掌院學士	欽天監
1	三代	周内史中大夫	夏 羲氏 和氏 太史令 殷太史令
2	秦		太史令
3	漢		太史令
4	後漢		太史令
5	三國	蜀東观令 魏崇文觀祭酒 吳東观令	蜀漢太史令 魏太史令
6	晉	大著作	太史令
7	宋齊梁陳	東觀祭酒 大著作	太史令
8	北魏	領著作	太史令
9	北齊	大著作 判文林館事	太史令

① 徐復觀：《原史——由宗教通向人文的史學的成立》，《兩漢思想史》第三卷，華東師範大學出版社，2001年，第140~141頁。許倬云先生也指出："内史之爲内史，即因其居王的左右，内史取得了代宣王命的權力，也象徵王權漸由左右代行，是另一階段的制度化。"許倬云：《西周史》(增補二版)，生活·讀書·新知三聯書店，2012年，第234頁。

② (清)黃本驥編：《歷代職官表》卷三，上海古籍出版社，1980年，第116、162頁。

續表

序號	朝代	翰林院掌院學士	欽天監
10	後周	内史中大夫	春官太史中大夫
11	隋		太史令　太史監
12	唐	翰林學士承旨　翰林學士	司天臺監
13	五季	翰林學士承旨　翰林學士奉旨 翰林學士	司天臺監
14	宋	翰林學士承旨　翰林學士	太史令
15	遼	北面都林牙　北面林牙承旨 翰林學士承旨　翰林學士　翰 林都林牙	太史令
16	金	翰林學士承旨　翰林學士	司天臺提點　司天臺監
17	元	翰林國史院承旨　翰林國史院 學士	太史令　太史院使　司天監提點
18	明	翰林院學士	欽天監監正

在表 7.1 中，黃本驥從職掌天文曆法的角度將太史令與後世之欽天監相比，從贊王宣命的角度將内史與後世的翰林學士相比。而清朝列欽天監監正爲正五品，列翰林院掌院學士爲從二品，其品級相差之大，已經超過了《周禮》中的大史内史。此一變化，更可見明清時期皇權的强大與神職的低落。

餘　　論

《周禮》在職官設置方面的矛盾，除大史内史之外還有不少，後世解釋之分歧亦觸目可見。面對龐大的經學注釋傳統，作爲現代學者，需要對這份遺産不斷地進行學習與反省。

經學家在注釋一經或探討一問題時，引用其他典籍以爲佐證，本治經之常法。但到清代，隨着考證學的發展，此一方法被運用到了極致，典型的代表爲戴震。他在《與是仲明論學書》中自述治學之法云：

　　經之至者道也，所以明道者其詞也，所以成詞者字也。由字以通其詞，由詞以通其道，必有漸。求所謂字，考諸篆書，得許氏《説文解字》，三年知其節目，漸瞻古聖人制作本始。又疑許氏於故訓未能盡，從友人假《十三經注疏》讀之，則知一字之義，當貫群經，本六書，然後爲定。①

所謂"一字之義，當貫群經，本六書，然後爲定"，在乾嘉禮學大興之後，演化爲通過折中禮家聚訟之難題，而探求先王制禮之原意。俞樾在爲黃以周《禮書通故》作序時説：

> 惟秦氏之書(指秦蕙田《五禮通考》——引者按)，按而不斷，無所折衷，可謂禮學之淵藪，而未足爲治禮者之蓺極。求其博學詳説，去非求是，使學者得以窺見先王制作之潭奥者，其在定海黃氏之書乎。……惟禮家聚訟，自古難之。君爲此書，不墨守一家之學，綜貫群經，博采衆論，實事求是，惟善是從。②

要解決歷代禮學之難題，而不專守一家之學，則勢必要在諸經之間及各種經説間做出解釋、判斷，這期間會在方法上有不少的漏洞。陳寅恪先生早已指出："中國古代史之材料，如儒家及諸子等經典，皆非一時代一作者之産物。昔人籠統認爲一人一時之作，其誤固不俟論。"③若要在不同典籍記載中，尋求一完整和諧無矛盾的先王制禮的體系，則難免主觀構擬的掺入，所謂"實事求是"，只是一種態度，一涉及爭論，就需要"綜貫群經""惟善是從"，最後形成的其實反而是"一家之學"。

此種一家之學，是一個内部自洽的經學解釋體系，但在邏輯上也造成了經學發展的困境：既然治經需"訓詁明則義理明"，那麽黃以周的禮學考證就達到了這一理論的頂點。通過他的考證，"三代度制大定"④，那麽先聖制作之意也可從而窺見，禮學的任務也就完成了。正如黃氏弟子胡玉縉在爲其師《禮説》作跋時所説：

---

① (清)戴震著，趙玉新點校：《戴震文集》卷9，中華書局，1980年，第140頁。
② (清)黃以周撰，王文錦點校：《禮書通故》，中華書局，2007年，第1~2頁。
③ 陳寅恪：《馮友蘭〈中國哲學史〉上册審查報告》，《金明館叢稿二編》，生活·讀書·新知三聯書店，2001年，第280頁。
④ 章炳麟著，徐復注：《訄書詳注》，上海古籍出版社，2000年，第149頁。

　　今則實事求是，一一尋繹經旨，會其通而折其中，在惠士奇、凌廷
堪、金鶚等禮説上。……通觀全書，竟無一可議。……禮學至斯爲盛，盛
極必衰，無惑乎近世學者罕言三禮矣。①

"通觀全書，竟無一可議"的情形，是禮學考證在經學研究上的終點，但這種
方法的缺點也很明顯，"搴首而截尾，割乙而取丁，千腋之裘，百衲之衣，組
織雖工，究非元質。此在後人酌古定制則可，若謂古制本自如此，其誰信
之"②。禮學該如何重新獲得生命力，就是之後學者必須要面對的問題了。

---

　①　胡玉縉：《許廎學林》卷17《禮説跋》，中華書局，1958年，第425頁。
　②　高步瀛：《三禮學制鄭義述》，耿素麗、胡月平選編：《三禮研究》，國家圖書館出
版社，2009年，第1724頁。

第八章　皇代衣帽亦可以行周禮：曹元忠 《禮議》與清末禮制的修訂

　　有清一代禮學極盛，已是學界共識。張壽安先生曾拈"以禮代理"一説以示乾嘉時期學術趨勢之變化①，但究其實，其風氣尚限於精英知識群體内之部分人。雖有個別儒者試圖在日常生活中實踐古禮，可是離明末清初諸大儒重建社會秩序的理想甚遠②，遑論影響國家禮典之制定了。在此意義上，可以説希冀通過精深之禮學考證復原古禮，進而影響朝廷的制禮活動，最終在世間重現古聖賢之理想秩序，是清代三禮學者的終極目的。

　　光緒五年(1879)，寧波知府宗源瀚於甬上建辨志精舍，請禮學大師黃以周定規制，"(以周)嘗欲效鄒、魯習禮，性解營造，畫古宮室爲圖，命匠將裁矣，源瀚行視，良久曰：'至矣！所謂發育萬物，駿極於天者也。顧皇代衣帽，懼不可以行周禮！'先生乃罷"③。宗氏之語對清代禮學提出了最嚴重的挑戰：若皇代衣帽(即清朝輿服等制度)不可以行周禮，則不論禮學如何精深，在經世上終難有落實的可能，這對以黃以周爲代表的清代三禮學者來説無疑是沉重的打擊。但三十年後禮學館的建立，黃氏弟子曹元忠、張錫恭、錢同壽、

---

　　①　張壽安：《以禮代理：凌廷堪與清中葉儒學思想之轉變》，河北教育出版社，2001年，第7~8頁。

　　②　參[美]周啟榮：《清代儒家禮教主義的興起：以倫理道德、儒學經典和宗族爲切入點的考察》，毛立坤譯，天津人民出版，2017年；王汎森：《清初"禮治社會"思想的形成》，《權力的毛細管作用：清代的思想、學術與心態》，北京大學出版社，2015年，第36~77頁。

　　③　章太炎：《太炎文録初編》卷2《黃先生傳》，《章太炎全集》第8卷，上海人民出版社，2014年，第221頁。另參王逸明：《定海黃式三黃以周年譜稿》，《新編清人年譜稿三種》，學苑出版社，2000年，第56~57頁。

胡玉縉、白作霖等充任纂修，爲實現其師之夙願提供了難得的機遇①，其修禮議禮之思路、成果在曹元忠《禮議》一書之中有集中的體現②。

　　近年來，學界對清末禮學館的設立，特別是由此引發的禮法之爭多有關注③，對於曹元忠禮議、經學的積極意義也有所表彰④，但尚未注意到其通過修訂《大清通禮》在"皇代衣冠"與周禮之間架起橋梁以解決清代禮學研究痼疾的貢獻。基於此，本章將以《禮議》一書爲中心，分別從吉禮、冠禮、昏禮三個方面分析曹元忠是如何通過禮學考證與闡釋溝通古今，以實現其師以學定制之宏願的。

---

①　光緒三十三年(1907)，曹元忠代禮部尚書溥良給同爲黃以周弟子的林頤山寫信，邀其加入禮學館時説："每與曹生元忠言及元同先生，恨其不及身親見，早就大暮。……此則博士孫臣改服色於孝文之朝，魯國曹充立禮儀於建武之世，揚詡盛德，光贊鴻業，所謂國家將有大事，若立辟雍封禪巡狩之儀，幽冥而莫知其原。吾知免夫，奈何深閉固拒，盤桓利居，寧懷寶而迷邦，恥獻璞而刖足。弟縱未嘗學問，不可教訓，獨不爲聖天子議禮制度乎!"所謂"每與曹生元忠言及元同先生，恨其不及身親見，早就大暮"，可見黃以周爲國家制禮之夙願早已爲其弟子所熟知，故曹氏在入館後才會常常與溥良談及此事，並用以勸説林氏出山。見曹元忠撰，王大隆編：《箋經室遺集》卷14《爲宗室玉岑宗伯師與林晋霞大令師書》，《清代詩文集彙編》第790冊，上海古籍出版社，2010年，第540頁。

②　《禮議》刊於1916年，是曹元忠在禮學館時議禮文章的彙編，其中也包含了張錫恭、錢同壽、曹元弼等人的意見。書的封面有吳鬱生署檢，前有勞乃宣、沈曾植、陳寶琛、劉承幹四人之序，後有張錫恭、錢同壽、曹元弼之書與跋。眾人均對此書推崇備至，如勞乃宣就感慨道："於戲! 壞國喪家亡人，必先去其禮。禮而不去，國雖危，猶可冀其不遽亡。……君之議禮及與余共爭禮教於《刑律》，乃獨爲之於人之所不爲、眾咻喧豗之日，宜其勞而無功也。雖然，秦焚經籍而儒者藏書於山巖屋壁之間，聖道卒賴之明於萬世。今之廢禮與秦之焚書類矣，君之是作，藏之名山，傳諸其人，或足爲他日撥亂反正之大用也乎?"(曹元忠：《禮議》，《求恕齋叢書》，民國年吳興劉氏刊本，第2頁)可以説《禮議》集中地體現了清末保守派官僚與學人的禮教思想與文化觀念。

③　關於禮學館設立前後的歷史背景、具體人事及所造成的影響，李俊領在《禮治與憲政：清末禮學館的設立及其時局因應》(《近代史研究》2017年第3期，第28～45頁)一文中有詳細的梳理。至於清末的禮法之爭，學界研究頗多，可參考梁治平：《禮教與法律：法律移植時代的文化衝突》，廣西師範大學出版社，2020年；李貴連：《1902：中國法的轉型》第五章，廣西師範大學出版社，2018年。

④　嚴壽澂分禮議和經學兩部分對曹元忠的《箋經室遺集》一書做了表彰，但多爲就事論事的分析，並未關注到曹氏禮議的特徵及在禮學史及清代學術史上的意義。見氏著《讀曹君直〈箋經室遺集〉》，《中國經學》第十八輯，廣西師範大學出版社，2017年，第149～164頁。

第一節　"述往哲之前言，定皇朝之大典"：
吉禮難題的解決

　　宣統二年(1910)清廷下詔討論德宗景皇帝升祔太廟之禮，焦點集中在光緒帝與同治帝應同昭穆還是異昭穆。當時議者多持前論，"間有主異昭穆者，復不敢以爲人後者爲之子爲言，則進退失據，違失《春秋》之義矣"。升祔爲王朝大禮，兄弟昭穆更是難題，要妥善解決殊非易事。曹元忠爲此撰寫了《德宗景皇帝升祔大禮議》上、下兩篇，力主兄弟異昭穆之說，最能體現其以禮學定制度的思考理路。

　　首先，從溯源流的角度考證兄弟同昭穆之說的由來。曹元忠指出，"考其所謂兄弟同昭穆者，則自晉元帝時賀循始"①。對於前儒附和賀循，以商代盤庚、陽甲兄弟相及之事證兄弟當同昭穆的邏輯，他有犀利的反駁：

　　　　後世太廟悉從周禮，顧以殷禮行之，可乎？若行周禮而有盤庚、陽甲之事，則武丁之世，陽甲爲昭，盤庚爲穆，小辛爲昭，小乙爲穆，其於祖丁、南庚之廟自當迭毀，亦"禮，爲人子，事大宗，降其私親"之義，何爲其不然乎？而唐宋諸臣附和其說者，不過因玄宗爲睿宗之子，其祔睿宗也自不欲與中宗異昭穆；真宗爲太宗之子，其祔太宗也自不欲與太祖異昭穆，姑以循議阿意順旨耳。②

他指出賀循之所以創兄弟同昭穆之說，"病在以兄弟論君臣，而不知既爲君臣即不能復論兄弟"③，這樣就在尊尊與親親之間劃出了明確的界限，從而避免了此前學者許多的爭論。

　　其次，從經學上確立兄弟異昭穆的立論根據。曹元忠主要在經典中找到了

---

　　①　曹元忠：《禮議》卷上《德宗景皇帝升祔大禮議　上》，《求恕齋叢書》，民國年吳興劉氏刊本，第25頁。

　　②　曹元忠：《禮議》卷上《德宗景皇帝升祔大禮議　上》，《求恕齋叢書》，民國年吳興劉氏刊本，第26頁。

　　③　曹元忠：《禮議》卷上《德宗景皇帝升祔大禮議　上》，《求恕齋叢書》，民國年吳興劉氏刊本，第27頁。

兩大依據。一是禮學上的。《周禮·塚人》"先王之葬居中，以昭穆爲左右"賈公彥疏云："兄死弟及俱爲君，則以兄弟爲昭穆，以其弟已爲臣，臣子一例，則如父子，故別昭穆也。"①《周禮》一書中没有關於兄弟昭穆的明確規定，而賈氏以"臣子一例，則如父子"對兄死弟及俱爲君的情況加以疏解，自然得出異昭穆的結論，這對曹氏是最直接的支援，所以他才説："就賈公彥所言，兄弟兆域必異昭穆，廟祧可知。禮家精義，足補經注所未及。"②

二是春秋學上的。魯文公二年，大事於太廟，"躋僖公"，《穀梁傳》云："先親而後祖也，逆祀也。逆祀則是無昭穆也，無昭穆則是無祖也。……君子不以親親害尊尊，此《春秋》之義也。"曹元忠將此與魯國有兄弟相及而共有三十四世相聯繫加以闡發：

> 《春秋》之義，親若兄弟，厭於尊尊，必以爲人後者爲之子矣。而《穀梁》於此發傳者，《春秋》之作，所以別嫌防微，絕亂臣賊子之萌也。……自考公、煬公以至昭公、定公，其兄弟相及者，皆一君爲一世矣；皆一君爲一世，皆兄弟異昭穆矣；皆兄弟異昭穆，皆爲人後者爲之子矣③。

這樣他就將兄弟異昭穆與爲人後者爲之子的宗法原則聯繫起來。不過，反對者也有堅實的證據，《公羊傳·成公十五年》載魯國仲嬰齊後其兄公孫歸父之事，何休注云："弟無後兄之義，爲亂昭穆之序，失父子之親。"④更重要的是，鄭玄對此事的評論也是"兄弟無相後之道，登僖公主於閔公主上，不順，爲小惡也"⑤。對於學海和經神的兩大反證，曹元忠的應對是，以《公羊》"譏世卿"之説將天子諸侯與卿大夫區別開來，確定前者可以世而後者不可以，這樣就解決了何休的挑戰。至於鄭玄的説法，他則分爲兩步解決：先以《王制》

① （漢）鄭玄注，（唐）賈公彥疏，彭林整理：《周禮注疏》卷24，上海古籍出版社，2010年，第818頁。
② 曹元忠：《禮議》卷上《德宗景皇帝升祔大禮議 上》，《求恕齋叢書》，民國年吳興劉氏刊本，第28頁。
③ 曹元忠：《禮議》卷上《德宗景皇帝升祔大禮議 下》，《求恕齋叢書》，民國年吳興劉氏刊本，第34～35頁。
④ （漢）何休解詁，（唐）徐彥疏，刁小龍整理：《春秋公羊傳注疏》卷18，上海古籍出版社，2014年，第754頁。
⑤ （清）陳壽祺撰，曹建墩點校：《五經異義疏證》卷上"躋僖公"條，上海古籍出版社，2012年，第77頁。

"宗廟有不順者爲不孝"鄭注"不順者，謂若逆昭穆"①，指出鄭玄評"躋僖公"爲"不順"其實也是主張兄弟當異昭穆的；再別出心裁地説鄭玄所謂"小惡"是指兄弟逆昭穆相對於父子逆昭穆之大惡來説的，其前提仍然是承認兄弟相後爲父子關係，也就是爲人後者爲之子，從而使鄭説爲其所用②。通過這樣的"貫通"解釋，他總結出了春秋學中關於兄弟異昭穆的理路："考諸《春秋》，兄弟異昭穆之義生於爲人後者爲之子，爲人後者爲之子生於天子諸侯之繼世。"③可以説，在經學內部，他建立了關於兄弟異昭穆的完整詮釋鏈條。

最後，從時制與人情中尋找與古禮相契合之處。光緒本是奉慈安與慈禧之命繼咸豐之嗣的，但爲證明兄弟有相後之義，曹元忠從光緒爲同治服喪規制入手，指出："穆宗毅皇帝崩，德宗景皇帝截髮辮成服，居處倚廬，縞素百日，仍素服二十七月。按諸《喪服傳》受重者必以尊服服之之義，夫豈有異？"這樣就相當於變相地承認光緒是承同治之嗣了。之後曹氏還着眼人情，認爲"自漢至今，太廟之制，帝后同室。若與穆宗毅皇帝同處昭位，則於孝哲毅皇后有嫂叔之嫌，度德宗景皇帝之靈必更有憮然大不安者"④。對於那些不敢在此問題上堅持爲人後者爲之子之義的群臣，他批評説："遇聖天子議禮之世，正當述往哲之前言，定皇朝之大典，而依違遷就，內媿毋隱之心，進退變化，外慚知禮之目，庸有當於臣子建言之旨乎！"⑤

---

① （漢）鄭玄注，（唐）孔穎達正義，呂友仁整理：《禮記正義》卷16，上海古籍出版社，2008年，第492頁。

② 曹元忠論證説："（鄭玄）云兄弟無相後之道者，蓋謂周禮兄死立子而弟無爲後之道。……魯不得已以兄弟相後，僖公之主自當在閔公之下，乃反升其上，逆昭穆矣。然究以兄弟相後爲父子，故其逆昭穆也爲小惡，以別於逆父子之昭穆爲大惡，則不得不先言兄弟無相後之道，明閔僖以兄弟相後而爲父子。鄭義如此，何嘗與爲人後者爲之子之義相刺謬哉？"曹元忠：《禮議》卷上《德宗景皇帝升祔大禮議 下》，《求恕齋叢書》，民國年吳興劉氏刊本，第39~40頁。按：曹氏此論實爲增字解經，可稱得上對鄭玄之説的創造性解釋了，其實鄭玄是主張兄弟同昭穆的，柯劭忞説"鄭君以爲小惡者，謂止登僖主於閔主上，以兄弟同昭穆也。……鄭云'兄弟無相後之道'與'爲人後者爲之子'義各有當，不得援鄭義爲明張瑴、桂萼輩辯護也"，自是正解。柯劭忞撰，張鴻鳴點校：《春秋穀梁傳注》卷8，中華書局，2020年，第220頁。

③ 曹元忠：《禮議》卷上《德宗景皇帝升祔大禮議 下》，《求恕齋叢書》，民國年吳興劉氏刊本，第40頁。

④ 曹元忠：《禮議》卷上《德宗景皇帝升祔大禮議 下》，《求恕齋叢書》，民國年吳興劉氏刊本，第29~31頁。

⑤ 曹元忠：《禮議》卷上《德宗景皇帝升祔大禮議 下》，《求恕齋叢書》，民國年吳興劉氏刊本，第41頁。

綜上，曹元忠爲解決同治、光緒二帝的昭穆問題，從考源流、明學理、貫時制的角度進行了充分的論證，駁斥了當時主張兄弟同昭穆諸人的理據，也得到了張之洞等人的支持，最後修正了《大清通禮》中的相關制度。

值得一提的是，當時關於宣統帝之父攝政王載灃的輿服規格也是吉禮中爭論頗多的焦點，内閣各部院的意見是依照順治元年所定多爾袞體制爲準，但這一清廷舊制存在明顯的缺陷，即在袞服、朝帶、朝冠等方面有逾制之嫌。爲此，曹元忠撰寫《攝政王輿服議》，試圖從禮學、經學的角度解決這一問題。他的具體思路是："竊謂攝政之事始於周公，宜考周公當時之車服以定攝政王輿服之制。"在服制方面，先以《周禮·司服》"公之服自袞冕而下如王之服"爲準，再結合《詩經·豳風·九罭》乃成王迎周公之詩，從而推出其中的"袞衣繡裳"爲周公攝政時所服；在車制方面，根據《巾車》"金路，鉤，樊纓九就，同姓以封"的規定，再結合《左傳·定公四年》祝佗"封魯公以大路"之語，確定金路乃周公攝政時所乘。不僅如此，他還進一步將《周禮》與清代制度進行了類比：

> 周時天子之下王太子、王子非爵也，故下於天子一等爲上公之禮，猶我朝皇帝之下皇太子、皇子亦非爵也，故下於皇帝一等實爲親王之禮。周公用上公之車服，則攝政王即可用親王之輿服，而後與《典命》所云"攝其君則下其君之禮一等"爲能訢合而無間也。①

這一比較很巧妙地找到了清制與《周禮》間的相合之處，也即爲清制找到了經典依據。既然攝政王的輿服可以周公爲準，那麼在當時宣統帝僅四歲無法親政的情況下，"設有外國君長親來朝會，在我自當待以君禮，則攝政王相見之時尚宜行權，以尊體制"，即周公輔成王而行天子禮也就可以作爲攝政王載灃權行天子禮所效法的對象。這點從經學來說難度不大，曹元忠很熟練地在經典中找到了證據：

> 觀於《覲禮》"天子袞冕負斧依"，而《明堂位》於周公亦云"負斧依"，則周公服天子之服矣。《周禮·隸僕》"王行，洗乘石"而《淮南子·齊俗訓》於周公亦云"履乘石"，則周公輿天子之輿矣。……然則周公於大朝覲

_____

① 曹元忠：《禮議》卷上《攝政王輿服議》，《求恕齋叢書》，民國年吳興劉氏刊本，第44~45頁。

得用天子車服，猶《大誥》注"周公攝政，命大事則權稱王"之例矣。是在攝政王臨時裁斷，而不得以常禮論焉。①

依然是以《周禮》和《儀禮》爲準，再佐以其他經典，曹氏很自然地得出了周公可以用天子輿服的結論。至於在經學史上糾葛甚多的周公是否稱王問題，他並未做過多考證，而是直接以鄭玄注爲準，認爲周公曾行權稱王②。至此，在攝政王載灃該用何等輿服及其是否可以行權用天子之禮上，曹元忠提出了比較完善的解決方案。

綜上，曹元忠對於時人聚訟的兄弟昭穆問題，從溯源流、明禮意和通時制三個方面作了詳細的論證，雖然從經學的角度來看，間有不妥之處，但基本還在可接受範圍之內。更重要的是，他的論證在經典中形成了較爲完整的鏈條，因此可以視作其議禮的範本。

第二節　兼采周漢：天子冠禮的補定

先秦禮書中無天子冠禮細節的明文，只在《大戴禮記·公冠》中有"公冠，四加玄冕……天子擬焉"一句可供推想。杜佑《通典》載"或云"頗能代表一般學者的看法："《周禮》雖有服冕之數，而無天子冠文。又《儀禮》云公侯冠禮者，王肅、鄭玄皆以爲夏末衰亂，篡弒所由生焉，故作公侯冠禮，則明無天子冠禮之審也。"③漢魏以降，天子冠禮皆一加元服而已④，儘管杜佑根據《公冠》和《孔子家語·冠頌》中的隻言片語，主張天子亦有四加之冠禮，不過"因秦焚

---

① 曹元忠：《禮議》卷上《攝政王輿服議》，《求恕齋叢書》，民國年吳興劉氏刊本，第45～46頁。

② 《尚書·大誥》"王若曰"鄭玄注云："王，周公也。周公居攝，命大事則權稱王。"這與僞孔傳"周公稱成王命"的説法不同，儘管孔穎達有"惟名與器不可假人，周公自稱爲王，則是不爲臣矣。大聖作則，豈爲是乎"的判語，但對曹元忠來説，有《周禮》《儀禮》中的記載爲典據，又有鄭注爲佐證，從經學的角度來説，證明力已經足夠了。(唐)孔穎達正義，黃懷信整理：《尚書正義》卷12，上海古籍出版社，2007年，第506～507頁。

③ (唐)杜佑撰，王文錦等點校：《通典》卷56《嘉禮一》，中華書局，1984年，第1572頁。

④ (唐)杜佑撰，王文錦等點校：《通典》卷56《嘉禮一》，中華書局，1984年，第1573～1576頁。

書，遂同蕩滅"①，此後各朝禮典均無四加之制。至清代，冠婚喪祭人生四禮中，冠禮最爲不振，僅爲紙上具文，民間雖亦有見，但滿洲貴族卻未嘗一行②。而到清末宣統帝即位時，這一問題卻出現在了曹元忠的視野中。

光緒三十四年(1908)十一月，各部院議奏待宣統帝年長行大婚典禮後再親政，曹元忠則提議皇帝親政當從冠禮四加開始：

> 惟念《昏義》云"夫禮，始於冠，本於昏"，與《荀子·儒效篇》云"成王冠，成人，周公歸周反藉"之義，皇帝誠宜及時先行冠禮於太廟，依《皇朝禮器圖式》所載皇帝常服冠、行冠、吉服冠、朝冠以合四加之制，謁廟而告禮成。至於親詣太廟，導從宜用皇帝法駕③。

此"皇帝法駕"爲何，雖於禮無文，但可以依照《通典》所載漢和帝時黃香之頌及《獨斷》《後漢書·輿服志》中的相關記述，定爲金根車，駕六馬，建大旂，十二旒，畫日月升龍，"而後皇帝冠禮皆合漢制，即皆合於《大戴禮》之制，而非《唐書·禮樂志》'皇帝加元服'所能比擬"④。不過，在定皇帝冠服及法駕之前，有一系列關於天子冠禮的禮學問題需要曹元忠解決。

首先，天子是否有冠禮。解決這一問題的切入點是孤子，因爲天子和諸侯一般是在其父去世後才能繼位，此時天子若行冠禮，身份當爲孤子。《公冠》云："公冠自爲主……其餘自爲主者，其降也自西階以異，其餘皆與公同也。"王聘珍釋"其餘自爲主者"爲後文之"太子與庶子"⑤，自是正解，但曹元忠則巧妙地將其與《士冠禮》中所載孤子"冠之日，主人紒而迎賓"相聯繫，推出身爲孤子的天子，其冠禮與諸侯同而與士異的結論："是故天子冠禮同於諸侯，

---

① （唐）杜佑撰，王文錦等點校：《通典》卷56《嘉禮一》，中華書局，1984年，第1573頁。

② 關於清代冠禮的實行情況，陳戍國先生只找到郭嵩燾一例，見氏著《中國禮制史》（元明清卷），湖南教育出版社，2002年，第604~607頁。實際上在當時的民間家譜中常有冠禮儀節的記載，見陳建華、王鶴鳴主編，陳秉仁整理：《中國家譜資料選編》（禮儀風俗卷），上海古籍出版社，2013年，第17~57頁。

③ 曹元忠：《禮議》卷上《天子冠禮議 下》，《求恕齋叢書》，民國年吳興劉氏刊本，第53~54頁。

④ 曹元忠：《禮議》卷上《天子冠禮議 下》，《求恕齋叢書》，民國年吳興劉氏刊本，第54頁。

⑤ （清）王聘珍撰，王文錦點校：《大戴禮記解詁》卷13，中華書局，1983年，第247頁。

諸侯冠禮同於孤子，天下豈有無父之國，天子諸侯即不能不行孤子之冠禮。《大戴記》依《士冠禮》所言之孤子冠爲《公冠》篇也，亦后倉推士禮而致於天子之家法也。"①這樣，就可以根據《公冠》推導出天子冠禮的細節：天子冠在祧廟，自爲主人，以六命之卿爲賓，饗之以三獻之禮，無介，酬賓以幣朱錦采四馬。當然最重要的是，要有四加之制。

其次，天子四加之冠該如何確定。作爲天子冠禮的核心要素，四加之冠歷來就有分歧。《公冠》中只説諸侯所加之冠乃在士冠三加外再加玄冕，至於天子之冠，僅有語焉不詳之"擬焉"二字。《後漢書·禮儀志》載漢制："儀從《冠禮》。乘輿初加緇布進賢，次爵弁，次武弁，次通天。"②這裏的《冠禮》即《公冠》篇，可見漢代是以《公冠》四加爲準而又參以時制的。而《魏書·禮志》引司馬彪語爲"漢帝有四冠，一緇布，二進賢，三武弁，四通天"③，與前説不同。曹元忠認爲爵弁爲天子哭諸侯之冠，不當用於冠禮；而據《禮記·玉藻》"玄冠朱組纓，天子之冠也。緇布冠繢緌，諸侯之冠也"④，認爲天子不當冠緇布而當服玄冠，則漢代天子四加之冠當爲玄冠、進賢、武弁、通天。再考慮到清代皇家無漢代冠冕，他又提出了折中之法："後世天子之冠，但當四加以合乎禮，自不必泥緇布、進賢、爵弁、武弁、通天之制也。"⑤也就是上文提及的以《皇朝禮器圖式》所載之冠行四加之禮。

再次，冠禮是否用樂。《士冠禮》無用樂之文，但《左傳·襄公九年》載季孫宿之言"君冠，必以裸享之禮行之，以金石之樂節之，以先君之祧處之"。於是東漢以後，如唐代《開元禮》、韋彤《五禮精義》、北宋《政和五禮新儀》、《明集禮》皆有天子冠禮奏樂之文。對此，曹元忠作了細緻的辨析。他先是以《周禮·膳夫》和《大司樂》天子飯時舉樂的記載，用默證法推導出："一飯之微，其樂猶必詳述，豈有冠禮大典反無言及者，可見周時冠禮無樂也。"⑥再根

---

① 曹元忠：《禮議》卷上《天子冠禮議　上》，《求恕齋叢書》，民國年吳興劉氏刊本，第49~50頁。

② 《後漢書·禮儀上》，中華書局，1965年，第3105頁。

③ 《魏書》卷108，中華書局，2017年，第3063頁。

④ (漢)鄭玄注，(唐)孔穎達正義，呂友仁整理：《禮記正義》卷39，上海古籍出版社，2008年，第1198頁。

⑤ 曹元忠：《禮議》卷上《天子冠禮議　下》，《求恕齋叢書》，民國年吳興劉氏刊本，第51~52頁。

⑥ 曹元忠：《禮議》卷上《冠禮無樂議》，《求恕齋叢書》，民國年吳興劉氏刊本，第56頁。

據《禮記·曾子問》"取婦之家，三日不舉樂，思嗣親也"之説，指出冠禮不用樂也是因爲其中含有"著代"之義："不用樂之義著於昏禮而不著於冠禮者，婦且如此，子更可知。"①雖默證之法證明力有限，但從論證本身的完整性來看，曹氏之説是優於許慎的②。

最後，冠禮爲何見母不見父。《士冠禮》中冠者加爵弁後，"適東壁，北面見於母"，無見父之文。賈疏云："不見父與賓者，蓋冠畢則已見也。不言者，從可知也。"③曹元忠更進一步闡明説："蓋冠者禮成見母，有敬告之意焉。……冠者承父命而冠，自不必以禮成告父。"④但後世禮書，如司馬光《書儀》、《政和五禮新儀》、《朱子家禮》、《明集禮》中卻出現了冠後拜父母之文。對此，曹元忠以精湛的考據學功夫，揭出致誤的源頭在東晉何禎的《冠儀約制》，並批評説："拜父父起又晉俗也。晉時去漢未遠，已不能會先王制禮之意。"⑤到唐代，又以爲母不必拜子，而易爲母起立不拜，宋代遂承而不改。對於這些晉以後的變化，曹元忠總結説：

> 殊未思禮之近人情者必非其至。惟經義重在成人而與爲禮，故雖母子亦用《曲禮》"男女相答拜"之義，鄭注"婦人於丈夫，雖其子猶俠拜"是也。起立不拜已失禮意，而且冠者取脯爲見母也，故母不在則使人受脯。今因見父並見母，亦不取脯，是再失禮也。……今因見父並見母，亦復易服，是三失禮也。合之見父，則爲四失。⑥

----

①　曹元忠：《禮議》卷上《冠禮無樂議》，《求恕齋叢書》，民國年吳興劉氏刊本，第58頁。

②　許慎云："人君飯有舉樂，而云冠無樂，非禮義也。"僅僅是單純的類比，而無禮義的闡明。黃以周贊同許説，以爲"節以金石之樂，亦惟諸侯大夫父没之禮有然"，其實是對《曾子問》"父没而冠，則已冠掃地而祭於禰"之説的過度引申。見(清)陳壽祺撰，曹建墩點校：《五經異義疏證》卷中"公冠有樂"條，上海古籍出版社，2012年，第144頁；(清)黃以周撰，王文錦點校：《禮書通故·冠禮通故》，中華書局，2007年，第235頁。

③　(漢)鄭玄注，(唐)賈公彥疏，王輝整理：《儀禮注疏》卷2，上海古籍出版社，2008年，第47頁。

④　曹元忠：《禮議》卷上《冠禮見母不見父議》，《求恕齋叢書》，民國年吳興劉氏刊本，第60頁。

⑤　曹元忠：《禮議》卷上《冠禮見母不見父議》，《求恕齋叢書》，民國年吳興劉氏刊本，第62頁。

⑥　曹元忠：《禮議》卷上《冠禮見母不見父議》，《求恕齋叢書》，民國年吳興劉氏刊本，第62~63頁。

他借用《禮記·禮器》"禮之近人情者，非其至者也"一語，指出了後世禮書從冠者見父而生出的眾多謬誤，主張凡是冠禮均應遵守《士冠禮》見母不見父的規定。從冠禮本身來看，可以說照顧到了其所含先秦古義的各方面。

綜上，曹元忠通過修訂《大清通禮》這個難逢之機，利用深厚的禮學功底，擬定了天子冠禮的各個細節，並從學理上解決了之前各朝禮書中所存在的相關問題，雖然有些主張因與當時習俗相違而難以立刻落實，但其議禮之一貫方法對今天仍有借鑒意義。

第三節　"禮以人情爲文，詎容或闕"：皇家昏禮的修正

《大清通禮》中昏禮的各儀節，在很多方面都與前代不同，更與周禮有異，這些都是曹元忠決意要解決的。如《儀禮·士昏禮》親迎後第二日婦見舅姑，"若舅姑既没，則婦入三月乃奠菜"，二文之間本無矛盾①，但在文字上卻易啓後人疑竇。《禮記·曾子問》"三月而廟見，稱來婦也"孔疏引南朝庾蔚之之說云"昏夕厭明，即見其存者以行盥饋之禮，至三月，不須廟見亡者"②，以爲婦見姑後則不需三月廟見舅。不過唐代賈、孔諸家並未采用，《開元禮》中亦有皇后廟見禮，至清代，《大清通禮》中則無皇后廟見之文。曹元忠奉敕修訂《通禮》，特別指出："以家人禮言之，朝見皇太后者，皇后見於姑；廟見者，皇后見於舅也。禮以人情爲文，詎容或闕？"③此外，《大清通禮》在公主見舅姑、皇子親王親迎上亦有缺憾。因此，他根據先秦禮經，辨析後世禮制，對這些問題都做了較爲細緻的解答。

在皇后廟見禮上，曹元忠首先指出同治帝大昏時已有廟見之實（即皇帝皇后同詣壽皇殿），不能因清沿明制冊立皇后無廟見而於大昏亦無之。由此便造成除皇帝之外他人昏禮皆有廟見的奇特景象，"光緒重修《會典》，於内務府所掌既不載皇帝皇后同詣壽皇殿拈香禮，則禮部所掌《大昏篇》自無皇后廟見禮。

---

① 賈公彦疏云："若舅没姑存，則當時見姑，三月亦廟見舅；若舅存姑没，婦人無廟可見。"（漢）鄭玄注，（唐）賈公彦疏，王輝整理：《儀禮注疏》卷 6，上海古籍出版社，2008 年，第 137 頁。

② （漢）鄭玄注，（唐）孔穎達正義，吕友仁整理：《禮記正義》卷 26，上海古籍出版社，2008 年，第 774 頁。

③ 曹元忠：《禮議》卷上《皇后廟見禮議 上》，《求恕齋叢書》，民國年吳興劉氏刊本，第 67 頁。

由當時纂修諸臣但知依據《通禮》，至《通禮》於品官士庶昏有廟見，皇帝大昏無廟見，誠未之思也"①。於是他提出要以《開元禮》爲範本，補充皇后廟見之禮。

曹元忠擔心"會禮之家易於聚訟"，有皇后廟見禮於古無徵之疑，而鉤考出其輿服細節。他以《宋書·禮志》"漢制，皇后法駕，乘重翟羽蓋金根車"，結合《周禮·巾車》鄭注"王后始來乘重翟"，證明漢制皇后廟見所乘金根車就相當於周之重翟；再通過校正《後漢書·輿服志》"皇后謁廟服，紺上皂下，深衣制"當爲"皂上皂下"，結合《周禮·内司服》鄭注"從王祭先王則服褖衣，今世有圭衣者，蓋三翟之遺俗"，以證漢制皇后廟見服圭衣就相當於周之褖衣②。至於周時皇后廟見無文這一最根本的難題，曹氏則通過將《禮記·曾子問》女未廟見而死不遷於祖廟之説，與《周禮·内豎》"王后之喪遷于宮中則前蹕"鄭注"喪遷者，將葬朝于廟"互證，曲折地推導出王后當有廟見，可謂用心良苦。

至北宋《政和五禮新儀》，昏禮中又出現了主人主婦引壻與新婦廟見之禮，之後《朱子家禮》《明集禮》《大清通禮》等皆沿之，曹元忠對此提出了駁正。他先根據《曾子問》孔子之語明確指出"廟見爲新婦謁告之禮，必舅姑既没也明矣"；再將新婦廟見與三月祭行相區別，指出後者乃昏禮之常而前者爲昏禮之變；最後將廟見與壻見婦父母同視爲變禮，總結説："壻見婦父母由不親迎，爲親迎之變禮；廟見由舅姑既没，爲婦見舅姑之變禮，庶幾舅姑在無廟見，可以匡謬正俗也。"③曹氏對《士昏禮》中三月廟見、三月祭行和三月壻見婦父母的理解與分辨非常準確，因而能夠清晰地指出後世禮書致誤之由。

在解決完關於以上一系列難題後，曹元忠鄭重地提出應以《開元禮》爲效法的對象。因其有皇后廟見，"尚有周禮之遺意"：

夫《開元禮》所以必有皇后廟見者，以爲皇后之廟見與皇帝加元服之謁廟禮意相同，故於廟見行禮節次每云"如加元服儀"，以見其意。……皇后之來婦，亦先帝之所不及見，祇見於廟，所以告適婦爲舅後也。故必

---

① 曹元忠：《禮議》卷上《皇后廟見禮議 上》，《求恕齋叢書》，民國年吳興劉氏刊本，第 71~72 頁。

② 曹元忠：《禮議》卷上《皇后廟見禮議 下》，《求恕齋叢書》，民國年吳興劉氏刊本，第 73~74 頁。

③ 曹元忠：《禮議》卷下《昏禮舅姑在無廟見議》，《求恕齋叢書》，民國年吳興劉氏刊本，第 96、100 頁。

至皇帝謁廟而後加元服之禮成，皇后廟見而後大昏之禮成。①

至於宋人所撰《唐書·禮樂志》中不載其事，是"《開元禮》之用心誠不易知"。他因而發出了這樣的感歎："自經秦火，禮文殘缺，漢唐掇拾補苴，猶恐未必盡如周禮之舊，以待我聖天子議禮之世，本身而作則。"②

對於《大清通禮》中無皇子親王親迎和公主見舅姑之禮的缺陷，曹元忠也從禮經學中給出了明確的意見，即皇子親王皆當親迎，公主下嫁亦當拜見舅姑，論證的思路與前節所述其論兄弟異昭穆類似。

在親迎問題上，他首先指出漢叔孫通制禮由於誤從左氏"天子至尊無敵"之義而定皇太子無親迎禮③，《大清通禮》的纂修諸臣又因沿其誤而以爲皇子無親迎禮，這些都是沒有透徹理解親迎意義的結果，"夫親迎之禮成於父命……惟親迎成於父命而皇帝大昏必非先帝之所及命，是以托始於皇太子納妃"④。皇帝由於無父命，所以才無親迎，但在皇太子親迎之禮上仍可見"托始"之意。曹氏甚至説如果由禮學中的以士禮推於天子言之，那就並不存在什麽"天子四海之内無客禮，莫敢爲主之義"。之後他考證了諸侯親迎時的齋戒、授綏，揭示出其中蘊含的禮意："夫御車授綏，親之至也。先之以玄冕齋戒，又敬之至也。敬慎重正而後親之，禮之大體，所以立夫婦之義，豈可以諸侯而廢之。……後世修禮諸臣烏能以諸侯尚不親迎爲藉口哉！故自皇子以至親王，昏禮必當改從《開元禮》以合禮意。"⑤壻齋戒、授綏乃是昏禮敬、親之義的體現，不可因爵位而廢。可見，曹氏力主皇子親王親迎，是以昏禮本身所含的夫婦之義爲準，而非迎合清皇室之權力與地位。

在公主見舅姑問題上，唐宋至明的禮典中均有相應之禮，而《大清通禮》

---

① 曹元忠：《禮議》卷上《皇后廟見禮議 下》，《求恕齋叢書》，民國年吳興劉氏刊本，第 76~77 頁。

② 曹元忠：《禮議》卷上《皇后廟見禮議 下》，《求恕齋叢書》，民國年吳興劉氏刊本，第 77 頁。

③ 許慎云："高祖時，皇大子納妃，叔孫通制禮，以爲天子無親迎，從《左氏》義也。"（清）陳壽祺撰，曹建墩點校：《五經異義疏證》卷中"天子親迎不"條，上海古籍出版社，2012 年，第 146 頁。

④ 曹元忠：《禮議》卷下《皇子親王親迎禮議 上》，《求恕齋叢書》，民國年吳興劉氏刊本，第 81 頁。

⑤ 曹元忠：《禮議》卷下《皇子親王親迎禮議 下》，《求恕齋叢書》，民國年吳興劉氏刊本，第 86~87 頁。

獨無。曹元忠以經學中比例之法指出："公主之見額駙父母，與皇子之見福晉父母可相比例。……皇子見福晉父母依壻見婦父母，則公主見額駙父母，自當依婦見舅姑，從可知矣。"①他又舉唐代南平、萬壽公主下嫁時行婦見舅姑之事強調"我朝聖德欽明，非唐太宗、宣宗所比，豈有公主見舅姑轉不能行哉"，並提示《大清會典》所載道光帝二十一年的諭旨中已經明言公主下嫁時額駙父母屈膝請安"此等禮節殊屬不合體制"，只是道光四年時修禮諸臣尚未見到。如果現在不加修訂，"將上無以承祖宗家法之善，下無以成王姬肅雍之美。奉敕修禮，反不如開元之能繼顯慶，政和之能紹治平，在禮館諸臣何所逃罪"②。雖然着眼的是見舅姑禮的家法之善，但其中也包含了對昏禮禮意具有普及性的強調。

此外，曹元忠還對當時昏禮中通行的蓋頭做了考證。漢魏以降，社會動盪，昏禮簡省，六禮悉舍而創拜時之儀，於是始有紗縠幪首之制。新婦至夫家，壻揭紗縠，婦即拜舅姑而昏禮以成。其後拜時漸廢，而紗縠幪首之俗則得以延續。《大清通禮》"品官士庶昏篇"皆有"姆爲女加景蓋首"及"姆脫婦景"之文③，即承舊俗而來。對此習俗，曹元忠也是從溯源入手，先明了"景"只是新婦出嫁時所罩防塵之衣④，而非後世的蓋首；再指出如果昏禮有蓋首，則無法做到《詩經·魏風·葛屨》所謂的"好人提提，宛然左辟"，漢晉以降此禮流行不過是對民間習俗的沿用。因此在蓋首問題上，他拒絕《開元禮》的規定，"知禮之壞於習俗者，固不可不爲之坊也"⑤。相較於對皇子親王親迎、公主見舅姑禮的堅持，曹元忠對蓋首的反對在禮意上的根據其實是很單薄的，其復古的建議自然也很難落實。

綜上，曹元弼在修訂《大清通禮》昏禮中的各儀節時，與前述吉禮、冠禮類似，基本都是從禮意出發，辨明後世致誤之由，進而提出回歸古禮的方案。

① 曹元忠：《禮議》卷下《公主釐降見舅姑禮議》，《求恕齋叢書》，民國年吳興劉氏刊本，第88~89頁。
② 曹元忠：《禮議》卷下《公主釐降見舅姑禮議》，《求恕齋叢書》，民國年吳興劉氏刊本，第93頁。
③ （清）來保等纂修，穆克登額等續纂：《大清通禮》卷26，清光緒九年江蘇書局刻本，第5頁。
④ 對於"景"在三禮名物中的問題，黃以周對各家之說有駁正，見（清）黃以周撰，王文錦點校：《禮書通故·衣服通故三》，中華書局，2007年，第184頁。
⑤ 曹元忠：《禮議》卷下《昏禮加景非蓋首議》，《求恕齋叢書》，民國年吳興劉氏刊本，第96頁。

這些方案並非一味泥古，而是考慮到在名物和儀節上做一些妥協和調整，從而實現皇代衣帽與周禮之間的溝通。

餘　論

禮學館諸人耗盡心血修訂的《大清通禮》，在後來的世運鼎革中卻淪爲一堆故紙，常令當時文化保守者扼腕①。今之學者在評價此事時，則強調《大清通禮》修訂只是細枝末節方面的調整，因禮學館諸人在當時內外催逼形勢下所持有的對禮教消亡的文化焦慮，反而限制了其探索禮治與憲政融通的方式的活力②。這從歷史現實來說自然可以成立，不過言非一端，各有所當，如果從經學史與清代禮學史的角度來看，以曹元忠爲代表的禮學館諸人殫精竭慮以修禮的努力至少仍有以下幾方面的意義：

第一，對禮制本身價值的闡發與提高。上文已提及曹元忠對《禮記·禮器》"禮之近人情者，非其至者也"在冠禮制作上的創造性運用及在修訂昏禮時力求突破階層之意。此外他還試圖通過修訂禮制以提高儒家道統的地位。對於每年春秋經筵開講之前的傳心殿祭祀，他認爲不能按照之前的《通禮》定爲遣官告祭，而通過闡發《禮記·文王世子》鄭注，主張天子御經筵必須親祭③。不僅如此，他還要以光緒三十二年（1906）祭孔升爲大祀爲準，提出傳心殿祭祀皇帝應當行三跪九叩禮。總之，不論是主張傳心殿應天子親祭還是反對將歷

① 陳寶琛就感歎説："君於其間抱遺訂墜，猶日以製作之大，期諸居攝之周公，且以《新刑律》妨於禮教，斷斷爭之，非所謂雞鳴不已於風雨者歟？書未卒業，而寶琛有撫晉之命，代以於晦若侍郎。政體既變，侍郎掛衣冠去，館員亦云散，而委盈尺垂成之書於官寺，其爲灰塵，爲蠹蝕，無從聞問。"曹元忠：《禮議》，《求恕齋叢書》，民國年吳興劉氏刊本，第10頁。
② 李俊領：《禮治與憲政：清末禮學館的設立及其時局因應》，《近代史研究》2017年第3期，第36~38頁。
③ 從禮學論證的角度看，曹元忠這裏采用的是類推法，天子視學乃是觀禮，所以可以派有司行事；至於經筵致祭傳心殿的對象乃是皇師、帝師、王師、先聖、先師十一位聖賢，理應爲天子親行之事，雖然經典中沒有相關規定，但邏輯上應當高於視學，故應親祭。對於有人提議應將包含皇師、帝師、王師的歷代帝王廟由中祀升爲大祀，曹氏明確反對説："不知傳心殿所奉皇師、帝師、王師非祭歷代帝王，祭先聖先師也，故自明至今皆云行釋奠禮，於祭歷代帝王廟何與，而欲以大祀請乎？"曹元忠：《禮議》卷上《經筵致祭傳心殿禮議》，《求恕齋叢書》，民國年吳興劉氏刊本，第21頁。

代帝王升爲大祀，在曹元忠這裏，都是希望通過規範禮制來提高儒家道統的地位，這在清代治教合一的氛圍下無疑值得表彰。

第二，對禮學與制度互動的啓發。三禮學本身的性質，決定了其不可能僅僅爲紙上之空言，而必須要付之於實踐。但在落實時，總難免陷入宗經復古與尊君實用之間的矛盾，而在禮制上多有曲説或附會①。通過細繹曹元忠議禮的論證方式，可以爲此矛盾提供一解決之道：修訂禮典、針砭禮俗，須先明禮意，禮意不明則禮制隨之而紊；禮意既明，則當通曉歷代禮制變化之由，變因不清則難免郢書燕説之弊；禮意明且禮制通，即可根據現實之情形加以改變。至於名物、儀節，皆可有所調整，不必墨守成規。對於今日之禮儀建設來說，則可以進一步考慮禮意是否能夠轉換，以因應時代之需求。

第三，對"學隨術變"傳統的糾正。朱維錚先生在概括中國經學史之特徵時，特別舉此四字以明之。所謂學即經學，術即統治術，意即經學往往會隨統治者的意志而發生改變，成爲其工具附庸②。此説影響極大，當然有其堅實的根據，對研治經學極有警醒的效果。但也存在過於偏頗之處，細察禮學館諸人議禮之主張，可見即使在集權最重之清王朝，在面對有修訂王朝禮典以經世的機會時，學者的主要出發點仍然是禮學本身所蘊含的價值與意義。推而上之，儘管在各朝的禮議爭論中都有不少曲學阿世之徒，甚至許多時候他們會在王權的支持下佔據優勢，但總有一些儒者堅守正道，不爲所曲。以曹元忠爲代表的三禮學者，其議論不僅有一時之價值，在文化上更有永久之意義。

---

① 閻步克先生對這一問題的抉發最爲透徹，見氏著《服周之冕》，中華書局，2008年，第13~31頁。

② 朱維錚：《中國經學與中國文化》，《中國經學史十講》，復旦大學出版社，2002年，第13~15頁。

主要參考文獻

一、基本史料

（明）貝瓊：《清江文集》，四部叢刊影清趙氏亦有生齋本。

（漢）班固：《漢書》，中華書局，1962 年。

（宋）蔡沉撰，王豐先點校：《書集傳》，中華書局，2018 年。

（清）曹元弼：《復禮堂文集》，林慶彰主編：《民國文集叢刊》第一編，影印民國六年刊本，臺灣文聽閣圖書有限公司，2008 年。

（清）曹元忠：《禮議》，《求恕齋叢書》，民國年吳興劉氏刊本。

（清）曹元忠撰，王大隆編：《箋經室遺集》，《清代詩文集彙編》790 册，上海古籍出版社，2010 年。

（清）陳立：《白虎通疏證》，吳則虞點校，新編諸子集成本，中華書局，1994 年。

（元）陳澔注，萬久富整理：《禮記集説》，鳳凰出版社，2010 年。

陳訓正等：《定海縣誌》，臺北成文出版社，1970 年。

（清）陳壽祺：《五經異義疏證》，上海書店出版社，1988 年。

（清）陳壽祺撰，曹建墩點校：《五經異義疏證》，上海古籍出版社，2012 年。

崔燕南整理：《曹元弼友朋書劄》，上海人民出版社，2018 年。

（清）戴震撰，趙玉新點校：《戴震文集》，中華書局，1980 年。

（清）戴震撰，何文光整理：《孟子字義疏證》，中華書局，1982 年。

（唐）杜佑撰，王文錦等點校：《通典》，中華書局，1988 年。

（清）段玉裁：《説文解字注》，上海古籍出版社，1988 年。

范旭侖、牟曉朋整理：《譚獻日記》，中華書局，2013 年。

（南朝·宋）范曄：《後漢書》，中華書局，1965 年。

（清）方東樹：《漢學商兑》，《漢學師承記》（外兩種），生活·讀書·新知三聯書店，1998 年。

（唐）房玄齡等：《晋書》，中華書局，1974 年。

（南朝·梁）顧野王撰，呂浩點校：《大廣益會玉篇》，中華書局，2019 年。

（清）顧炎武撰，華忱之點校：《顧亭林詩文集》，中華書局，1983 年。

（清）顧炎武著，黃汝成集釋，欒保群、呂宗力校點：《日知錄集釋》，上海古籍出版社，2006 年。

（漢）何休解詁，徐彥疏，刁小龍整理：《春秋公羊傳注疏》，上海古籍出版社，2014 年。

（清）賀長齡輯：《皇朝經世文編》，臺灣文海出版社，1979 年。

（清）胡培翬撰，段熙仲點校：《儀禮正義》，江蘇古籍出版社，1993 年。

（清）胡培翬撰，黃智明點校，蔣秋華校訂：《胡培翬集》，臺灣"中研院"中國文哲研究所，2005 年。

（清）惠棟：《松崖文鈔》，《續修四庫全書》第 1427 册，上海古籍出版社，2002 年。

（清）惠士奇：《禮説》，上海書店出版社，1988 年。

（清）黃本驥編：《歷代職官表》，上海古籍出版社，1980 年。

（元）黃溍：《金華黃先生文集》，元抄本。

（清）黃式三著，程繼紅、張涅主編：《黃式三全集》，上海古籍出版社，2014 年。

（清）黃宗羲原著，全祖望補修，梁運華、陳金生點校：《宋元學案》，中華書局，1986 年。

（清）黃以周：《禮説略》，《清經解續編》第 5 册，上海書店出版社，1988 年。

（清）黃以周：《論書院》，陳谷嘉、鄧洪波主編：《中國書院史資料》（下册），浙江教育出版社，1998 年。

（清）黃以周：《經訓比義》，《四庫未收書輯刊》第 7 輯，北京出版社，2000 年。

（清）黃以周：《經説略》，《清經解續編》第 5 册，上海書店出版社，1988 年。

（清）黃以周：《尚書講義》，《續修四庫全書》第 50 册，上海古籍出版社，2002 年。

（清）黃以周：《禮説》，《續修四庫全書》第 112 册，上海古籍出版社，

2002 年。

（清）黃以周：《群經説》，《續修四庫全書》第 178 册，上海古籍出版社，2002 年。

（清）黃以周：《子思子》，《續修四庫全書》第 932 册，上海古籍出版社，2002 年。

（清）黃以周撰，王文錦點校：《禮書通故》，中華書局，2007 年。

（清）黃以周著，詹亞園、韓偉表主編：《黃以周全集》，上海古籍出版社，2014 年。

（清）吉同鈞纂輯，閆曉君整理：《大清律例講義》，臺灣智慧財産權出版社，2018 年。

（清）焦循撰，劉建臻點校：《焦循詩文集》，廣陵書社，2009 年。

（清）金榜：《禮箋》，《續修四庫全書》第 109 册，上海古籍出版社，2002 年。

（清）金鶚：《求古録禮説》，《續修四庫全書》第 110 册，上海古籍出版社，2002 年。

（清）江藩撰，漆永祥箋釋：《漢學師承記箋釋》，上海古籍出版社，2006 年。

（清）江永：《禮書綱目》，清《文淵閣四庫全書》本。

（清）柯劭忞：《春秋穀梁傳注》，中華書局，2020 年。

（清）孔廣森：《禮學卮言》，《續修四庫全書》第 110 册，上海古籍出版社，2002 年。

（唐）孔穎達正義，黃懷信整理：《尚書正義》，上海古籍出版社，2007 年。

（清）來保等纂修，穆克登額等續纂：《大清通禮》，清光緒九年江蘇書局刻本。

（宋）黎靖德編：《朱子語類》，中華書局，1985 年。

（宋）李如圭：《儀禮釋宮》，《影印文淵閣四庫全書》第 103 册，臺灣“商務印書館”，1982 年。

（清）李慈銘著，由云龍輯：《越縵堂讀書記》，上海書店出版社，2015 年。

（清）李貽德：《春秋左氏傳賈服注輯述》，清同治五年朱蘭刻本。

劉起釪：《尚書校釋譯論》，中華書局，2005 年。

（唐）柳宗元：《柳河東集》，上海人民出版社，1974 年。

（清）陸隴其：《讀禮志疑》，《叢書集成新編》第 10 册。

（清）淩廷堪撰，王文錦點校：《校禮堂文集》，中華書局，1998 年。

（清）淩廷堪撰，鄧聲國、劉蓓然點校：《禮經釋例》，江西人民出版社，2017 年。

（清）繆荃孫著，張廷銀、朱玉麒主編：《繆荃孫全集·詩文》，鳳凰出版社，2014 年。

（清）納蘭性德：《通志堂集》，清康熙三十年徐乾學刻本。

（清）皮錫瑞，吳仰湘點校：《經學通論》，中華書局，2018 年。

（清）皮錫瑞著，周予同注釋：《經學歷史》，中華書局，2004 年。

（清）皮錫瑞撰，吳仰湘點校：《尚書大傳疏證》，中華書局，2022 年。

錢伯城、郭群一整理，顧廷龍校閱：《藝風堂友朋書劄》，上海人民出版社，2018 年。

（清）錢大昕撰，呂友仁點校：《潛研堂集》，上海古籍出版社，1989 年。

錢基博整理編纂：《復堂師友手劄菁華》，人民文學出版社，2015 年。

（清）秦蕙田撰，方向東、王鍔點校：《五禮通考》，中華書局，2020 年。

（清）全祖望撰，朱鑄禹彙校集注：《全祖望集彙校集注》，上海古籍出版社，2000 年。

（清）任啓運：《禮記章句》，清乾隆刻本。

（清）阮元校刻：《十三經注疏》，中華書局，1980 年。

（清）阮元撰，鄧經元點校：《揅經室集》，中華書局，1993 年。

（清）邵懿辰：《禮經通論》，上海書店出版社，1988 年。

（漢）司馬遷：《史記》，中華書局，1982 年。

（清）孫希旦撰，沈嘯寰、王星賢點校：《禮記集解》，中華書局，1989 年。

（清）孫星衍撰，陳抗、盛冬鈴點校：《尚書今古文注疏》，中華書局，1986 年。

（清）孫星衍等輯，周天游點校：《漢官六種》，中華書局，1990 年。

（清）孫詒讓撰，王文錦、陳玉霞點校：《周禮正義》，中華書局，1987 年。

（清）唐文治撰，陳文嘉點校：《尚書大義》，華東師範大學出版社，2016 年。

（宋）王安石：《臨川先生文集》，中華書局，1959 年。

（清）汪紱：《參讀禮志疑》，清文淵閣四庫全書本。

（清）王懋竑：《白田草堂存稿》，鳳凰出版社，2005 年。

（清）王鳴盛撰，陳文和等校點：《十七史商榷》，鳳凰出版社，2008 年。

（清）王鳴盛：《尚書後案》，陳文和主編：《嘉定王鳴盛全集》，中華書局，2010 年。

（清）王聘珍撰，王文錦點校：《大戴禮記解詁》，中華書局，1983 年。

汪少華整理：《俞樾書信集》，上海人民出版社，2020 年。

（清）王先謙撰，何晋點校：《尚書孔傳參證》，中華書局，2011 年。

（清）王先謙撰，沈嘯寰、王星賢點校：《荀子集解》，中華書局，2013 年。

（清）王引之：《經傳釋詞》，嶽麓書社，1984 年。

（清）王引之：《經義述聞》，江蘇古籍出版社，2000 年。

（清）汪中撰，田漢云點校：《新編汪中集》，廣陵書社，2005 年。

（清）武億：《三禮義證》，《續修四庫全書》第 110 冊，上海古籍出版社，2002 年。

（北齊）魏收：《魏書》，中華書局，2017 年。

（清）夏炘：《述朱質疑》，清咸豐景陽山房刻本。

（清）徐乾學：《讀禮通考》，清《文淵閣四庫全書》本。

（清）徐世昌等編，沈芝盈、梁運華點校：《清儒學案》，中華書局，2008 年。

（清）徐元誥撰，王樹民、沈長云點校：《國語集解》，中華書局，2002 年。

（清）姚鼐：《述庵文鈔序》，《惜抱軒全集》，中國書店，1991 年。

楊伯峻：《春秋左傳注》，中華書局，1990 年。

俞天舒原編，潘德寶增訂，溫州市圖書館整理：《黃體芳集》，中華書局，2018 年。

（清）袁枚撰，顧學頡點校：《隨園詩話》，人民文學出版社，1982 年

（清）袁昶：《漸西村人初集》，清光緒刻本。

（清）俞樾編次：《詁經精舍三集》，趙所生、薛正興主編：《中國歷代書院志》第 15 冊，江蘇教育出版社，1995 年。

（清）趙翼：《陔餘叢考》，中華書局，1963 年。

（清）趙翼著，王樹民校證：《廿二史劄記校證》，中華書局，1984 年。

（清）臧琳：《經義雜記》，上海書店出版社，1988 年。

（清）張惠言：《茗柯文補編》，《續修四庫全書》第 1488 冊，上海古籍出版

社，2002 年。

（清）張惠言：《儀禮圖》，阮元、王先謙編：《清經解 清經解續編》第 10 冊，鳳凰出版社，2005 年。

（清）張錫恭撰，吳飛點校：《喪服鄭氏學》，上海書店出版社，2017 年。

（清）張之洞著，龐堅校點：《張之洞詩文集》，上海古籍出版社，2015 年。

（清）張之洞撰，范希曾補正，柴德賡批注：《書目答問補正》（批注本），商務印書館，2020 年。

（清）張鑒：《詁經精舍志初稿》，趙所生、薛正興主編：《中國歷代書院志》第 1 冊，江蘇教育出版社，1995 年。

（清）章學誠撰，葉瑛校注：《文史通義校注》，中華書局，1985 年。

（清）章學誠著，倉修良編著：《文史通義新編新注》，浙江古籍出版社，2005 年。

（漢）鄭玄注，（唐）賈公彥疏，王輝整理：《儀禮注疏》，上海古籍出版社，2008 年。

（漢）鄭玄注，（唐）孔穎達正義，呂友仁整理：《禮記正義》，上海古籍出版社，2008 年。

（漢）鄭玄注，（唐）賈公彥疏，彭林整理：《周禮注疏》，上海古籍出版社，2010 年。

（宋）朱熹：《四書章句集注》，中華書局，1983 年。

（清）朱一新：《無邪堂答問》，中華書局，2000 年。

（清）朱一新撰，義烏叢書編纂委員會編：《朱一新全集》，上海人民出版社，2018 年。

二、學術專著

北京魯迅博物館編，江小蕙、劉思源選：《苦雨齋文叢·江紹原卷》，遼寧人民出版社，2009 年。

［美］包弼德：《斯文：唐宋思想的轉型》，劉寧譯，江蘇人民出版社，2001 年。

［美］包弼德：《歷史上的理學》，［新加坡］王昌偉譯，浙江大學出版社，2010 年。

［美］本傑明·艾爾曼：《經學、政治和宗族：中華帝國晚期常州今文學派研究》，趙剛譯，江蘇人民出版社，1998 年。

[美]本傑明・艾爾曼：《經學・科舉・文化史：艾爾曼自選集》，中華書局，2010 年。

[美]本傑明・艾爾曼：《從理學到樸學：中華帝國晚期思想與社會變化面面觀》，趙剛譯，江蘇人民出版社，2012 年。

[日]川勝義雄：《六朝貴族制社會研究》，徐谷梵、李濟滄譯，上海古籍出版社，2007 年。

卞孝萱、徐雁平編：《書院與文化傳承》，中華書局，2009 年。

蔡冠洛編撰：《清代七百名人傳》，周駿富輯：《清代傳記叢刊・綜録類⑨》，臺灣明文書局，1985 年。

蔡長林：《論崔適與晚清今文學》，臺灣聖環圖書有限公司，2002 年。

蔡長林：《從文士到經生：考據學潮下的常州學派》，臺灣"中研院"中國文哲研究所，2010 年。

蔡長林：《文章自可觀風色：文人説經與清代學術》，臺灣大學出版中心，2019 年。

蔡尚思：《中國禮教思想史》，上海古籍出版社，2006 年。

曹元弼：《禮經學》，清宣統元年刻本。

桑兵、關曉紅主編：《先因後創與不破不立：近代中國學術流派研究》，生活・讀書・新知三聯書店，2007 年。

桑兵：《晚清民國的學人與學術》，中華書局，2008 年。

桑兵等編：《近代中國學術思想》，中華書局，2008 年。

陳來：《古代思想文化的世界——春秋時代的宗教、倫理與社會思想》，生活・讀書・新知三聯書店，2002 年。

陳谷嘉、鄧洪波主編：《中國書院史資料》，浙江教育出版社，1998 年。

陳建華、王鶴鳴主編，陳秉仁整理：《中國家譜資料選編》(禮儀風俗卷)，上海古籍出版社，2013 年。

陳緒波：《〈儀禮〉宮室考》，上海古籍出版社，2017 年。

陳戍國：《中國禮制史》，湖南教育出版社，2002 年。

陳弱水、王汎森主編：《思想與學術》，中國大百科全書出版社，2005 年。

陳寅恪：《金明館叢稿初編》，生活・讀書・新知三聯書店，2001 年。

陳寅恪：《金明館叢稿二編》，生活・讀書・新知三聯書店，2001 年。

范廣欣：《以經術爲治術：晚清湖南理學家的經世思想》，南京大學出版社，2016 年。

費孝通：《鄉土中國》，北京出版社，2005 年。

　　[日]副島一郎：《氣與士風：唐宋古文的進程與背景》，王宜媛譯，上海古籍出版社，2005 年。

　　傅傑編：《章太炎學術史論集》，中國社會科學出版社，1997 年。

　　馮爾康：《18 世紀以來中國家族的現代轉向》，上海人民出版社，2005年。

　　馮爾康等：《中國宗族史》，上海人民出版社，2009 年。

　　[德]馬克斯·韋伯：《新教倫理與資本主義精神》，李修建、張云江譯，中國社會科學出版社，2009 年。

　　馬小紅：《禮與法：法的歷史連接》，北京大學出版社，2004 年。

　　馬宗霍：《中國經學史》，上海書店出版社，1984 年。

　　牟潤孫：《注史齋叢稿》（增訂本），中華書局，2009 年。

　　蒙文通：《經學抉原》，上海人民出版社，2006 年。

　　鄧國光：《經學義理》，上海古籍出版社，2011 年。

　　鄧聲國：《清代〈儀禮〉文獻研究》，上海古籍出版社，2006 年。

　　[美]狄百瑞：《儒家的困境》，黃永嬰譯，北京大學出版社，2009 年。

　　丁福保：《疇隱居士學術史》，詁林精舍出版社，1949 年。

　　杜海軍：《呂祖謙年譜》，中華書局，2007 年。

　　杜正勝：《編户齊民——傳統政治社會結構之形成》，臺灣聯經出版事業公司，1990 年。

　　葛兆光：《中國思想史》，復旦大學出版社，2001 年。

　　葛榮晉：《中國實學思想史》，首都師範大學出版社，1994 年。

　　葛榮晉：《中國哲學範疇通論》，首都師範大學出版社，2001 年。

　　高明：《禮學新探》，臺灣學生書局，1984 年。

　　[日]溝口雄三：《中國的衝擊》，王瑞根譯，孫歌校，生活·讀書·新知三聯書店，2011 年。

　　干春松、陳壁生主編：《曹元弼的生平與學術》，中國人民大學出版社，2018 年。

　　耿素麗、胡月平選編：《三禮研究》，國家圖書館出版社，2009 年。

　　顧德融、朱順龍：《春秋史》，上海人民出版社，2001 年。

　　管東貴：《從宗法封建制到皇帝郡縣制的演變——以血緣解紐爲脈絡》，中華書局，2010 年。

　　龔道耕著，李冬梅選編：《龔道耕儒學論集》，四川大學出版社，2010 年。

　　胡適：《中國哲學史大綱》，上海古籍出版社，1997 年。

胡適口述，唐德剛譯注：《胡適口述自傳》，廣西師範大學出版社，2005年。

胡朝陽選編：《清代中後期儒者的儒教意識》，國家圖書館出版社，2010年。

胡楚生：《清代學術史研究》，學生書局，1988年。

胡玉縉：《許廎學林》，中華書局，1958年。

黃開國：《清代今文經學的興起》，巴蜀書社，2008年。

黃進興：《優入聖域——權力、信仰與正當性》，中華書局，2010年。

黃焯：《毛詩鄭箋平議》，上海古籍出版社，1985年。

洪誠：《洪誠文集》，江蘇古籍出版社，2000年。

姜國柱：《李覯思想研究》，中國社會科學出版社，1984年。

姜廣輝主編：《中國經學思想史》，中國社會科學出版社，2010年。

李貴連：《1902：中國法的轉型》，廣西師範大學出版社，2018年。

李開：《戴震評傳》，南京大學出版社，2001年。

李開：《惠棟評傳》，南京大學出版社，2011年。

李零：《簡帛古書與學術源流》（修訂本），生活·讀書·新知三聯書店，2008年。

李源澄著，王川選編：《李源澄儒學論集》，四川大學出版社，2010年。

劉家和：《史學、經學與思想》，北京師範大學出版社，2005年。

劉家和：《古代中國與世界》，北京師範大學出版社，2010年。

劉師培著，萬仕國點校：《儀徵劉申叔遺書》，廣陵書社，2014年。

劉述先著，東方朔編：《儒家哲學研究：問題、方法及未來開展》，上海古籍出版社，2010年。

陸寶千：《清代思想史》，華東師範大學出版社，2009年。

林慶彰、蔣秋華主編：《晚清經學研究文獻目錄（1901—2000）》，臺灣"中研院"中國文哲研究所，2006年。

林慶彰、張壽安主編：《乾嘉學者的義理學》，臺灣"中研院"中國文哲研究所，2003年。

林毓生：《中國傳統的創造型轉化》，生活·讀書·新知三聯書店，2011年。

梁啓超：《老孔墨以後學派概觀》，《飲冰室合集》之四十，中華書局，1989年。

梁啓超：《清代學術概論》，東方出版社，1996年。

梁啓超：《中國近三百年學術史》，上海三聯書店，2006 年。

梁治平：《禮教與法律：法律移植時代的文化衝突》，廣西師範大學出版社，2020 年。

魯小俊：《清代書院課藝總集敘録》，武漢大學出版社，2015 年。

羅檢秋：《近代諸子學與文化思潮》，中國社會科學出版社，1998 年。

羅檢秋：《嘉慶以來漢學傳統的衍變與傳承》，中國人民大學出版社，2006 年。

吕思勉：《吕思勉讀史劄記》，上海古籍出版社，2005 年。

漆永祥：《乾嘉考據學研究》，中國社會科學出版社，1998 年。

錢穆：《國史大綱》，商務印書館，1996 年。

錢穆：《國學概論》，商務印書館，1997 年。

錢穆：《中國近三百年學術史》，商務印書館，1997 年。

錢穆：《經學大要》，《錢賓四先生全集》第 52 册《講堂遺録》，臺灣聯經出版事業公司，1998 年。

錢穆：《中國學術思想史論叢》，生活·讀書·新知三聯書店，2009 年。

錢穆：《朱子新學案》，九州出版社，2011 年。

錢基博著，傅道彬點校：《近百年湖南學風》(含《經學通志》)，中國人民大學出版社，2004 年。

錢基博：《古籍舉要》，廣西師範大學出版社，2009 年。

錢基博：《現代中國文學史》，商務印書館，2017 年。

錢玄：《三禮通論》，南京師範大學出版社，1996 年。

錢玄、錢興奇：《三禮辭典》，江蘇古籍出版社，1998 年。

錢鍾書：《管錐編》，生活·讀書·新知三聯書店，2007 年。

瞿同祖：《中國法律與中國社會》，中華書局，2003 年。

丘爲君：《戴震學的形成：知識論述在近代中國的誕生》，新星出版社，2006 年。

饒宗頤：《中國史學上之正統論》，上海遠東出版社，1996 年。

饒宗頤：《饒宗頤二十世紀學術文集·經術、禮樂》，中國人民大學出版社，2009 年。

邵東方：《崔述學術考論》，廣西師範大學出版社，2009 年。

沈文倬：《菿闇文存》，商務印書館，2006 年。

沈云龍編：《中和月刊史料選集》，臺灣文海出版社，1970 年。

石元康：《從中國文化到現代性：典範轉移?》，生活·讀書·新知三聯書店，2000年。

孫欽善：《清代考據學》，中華書局，2018年。

唐君毅：《中國哲學原論·導論篇》，臺灣學生書局，1986年。

唐文治：《茹經堂文集》，《近代中國史料叢刊續編》（第四輯），臺灣文海出版社，1973年。

田漢云：《中國近代經學史》，三秦出版社，1996年。

汪暉：《現代中國思想的興起》，生活·讀書·新知三聯書店，2008年。

王汎森：《章太炎的思想及其對儒學傳統的衝擊》，臺灣時報文化出版有限公司，1985年。

王汎森：《晚明清初思想十論》，復旦大學出版社，2008年。

王汎森：《近代中國的史家與史學》，復旦大學出版社，2010年。

王汎森：《中國近代思想與學術的系譜》，吉林出版集團有限責任公司，2011年。

王汎森：《權力的毛細管作用：清代的思想、學術與心態》，北京大學出版社，2015年。

王國維：《觀堂集林》，中華書局，2006年。

王欣夫：《蛾術軒篋存善本書録》，上海古籍出版社，2002年。

王逸明：《定海黄式三黄以周年譜稿》，《新編清人年譜稿三種》，學苑出版社，2000年。

［日］尾形勇：《中國古代的"家"與國家》，張鶴泉譯，中華書局，2010年。

吳飛主編：《南菁書院與近世學術》，生活·讀書·新知三聯書店，2019年。

吳麗娱主編：《禮與中國古代社會》（明清卷），中國社會科學出版社，2016年。

吳根友、孫邦金等：《戴震、乾嘉學術與中國文化》，福建教育出版社，2015年。

吳根友：《中國現代價值觀的初生歷程：從李贄到戴震》，武漢大學出版社，2004年。

吳雁南主編：《中國經學史》，福建人民出版社，2001年。

韋政通主編：《中國哲學辭典大全》，世界圖書出版公司，1989年。

韋政通：《傳統與現代之間》，中華書局，2011年。

熊十力：《讀經示要》，《熊十力全集》第三卷，湖北教育出版社，2001

年。

徐復觀：《兩漢思想史》，華東師範大學出版社，2001 年。

徐復觀：《中國思想史論集》，上海書店出版社，2004 年。

徐復觀：《徐復觀論經學史兩種》，上海書店出版社，2005 年。

徐道彬：《戴震考據學研究》，安徽大學出版社，2007 年。

徐雁平：《清代東南書院與學術及文學》，安徽教育出版社，2007 年。

許進雄：《古事雜談》，商務印書館國際有限公司，1991 年。

許倬云：《求古編》，新星出版社，2006 年。

許倬云：《西周史》(增補二版)，生活·讀書·新知三聯書店，2012 年。

許子濱：《禮制語境與經典詮釋》，上海古籍出版社，2018 年。

許蘇民：《戴震與中國文化》，貴州人民出版社，2000 年。

謝東榮：《李慈銘研究》，國家圖書館出版社，2016 年。

謝淑熙：《黃以周〈禮書通故〉研究》，臺灣花木蘭文化出版社，2013 年。

閻步克：《服周之冕：〈周禮〉六冕禮制的興衰變異》，中華書局，2009 年。

嚴壽澂：《百年中國學術表微》(經學編)，華東師範大學出版社，2012 年。

揚之水：《詩經名物新證》(修訂版)，天津教育出版社，2007 年。

楊天宇：《經學探研錄》，上海古籍出版社，2004 年。

楊念群：《儒學地域化的近代形態》(增訂本)，生活·讀書·新知三聯書店，2011 年。

楊寬：《西周史》，上海人民出版社，2003 年。

楊寬：《戰國史》，上海人民出版社，2003 年。

楊華：《古禮新研》，商務印書館，2012 年。

楊希枚：《先秦文化史論集》，中國社會科學出版社，1995 年。

楊志剛：《中國禮儀制度研究》，華東師範大學出版社，2001 年。

楊朝明：《出土文獻與儒家學術研究》，臺灣古籍出版社，2007。

葉國良：《禮學研究的諸面向》，臺灣清華大學出版社，2010 年。

余英時：《士與中國文化》，上海人民出版社，2003 年。

余英時：《朱熹的歷史世界：宋代士大夫政治文化的研究》，生活·讀書·新知三聯書店，2004 年。

余英時：《文史傳統與文化重建》，生活·讀書·新知三聯書店，2004 年。

余英時：《論戴震與章學誠：清代中期學術思想史研究》，生活·讀書·

新知三聯書店，2005 年。

余英時：《人文與理性的中國》，程嫩生、羅群等譯，上海古籍出版社，2007 年。

余英時：《宋明理學與政治文化》，吉林出版集團有限責任公司，2008 年。

余英時：《中國文化通釋》，生活·讀書·新知三聯書店，2012 年。

趙統：《南菁書院志》，上海書店出版社，2015 年。

趙克生：《明代地方社會禮教史叢論：以私修禮教書爲中心》，中國社會科學出版社，2011 年。

趙園：《明清之際士大夫研究》，北京大學出版社，1999 年。

浙江大學古籍研究所編：《禮學與中國傳統文化》，中華書局，2006 年。

支偉成：《清代朴學大師列傳》，上海人民出版社，2014 年。

[美]周啟榮：《清代儒家禮教主義的興起：以倫理道德、儒學經典和宗族爲切入點的考察》，毛立坤譯，天津人民出版，2017 年

張岱年：《中國哲學史方法論發凡》，中華書局，2003 年。

張麗珠：《清代新義理學》，臺灣里仁書局，2003 年。

張灝：《危機中的中國知識分子：尋求秩序與意義》，山西人民出版社，1988 年。

張昭軍：《晚清民初的理學與經學》，商務印書館，2007 年。

張壽安：《以禮代理：凌廷堪與清中葉儒學思想之轉變》，河北教育出版社，2001 年。

張壽安：《十八世紀禮學考證的思想活力：禮教論爭與禮秩重省》，北京大學出版社，2005 年。

張舜徽：《清人文集別錄》，華中師範大學出版社，2004 年。

張舜徽：《清儒學記》，華中師範大學出版社，2005 年。

張素卿：《清代漢學與左傳學：從"古義"到"新疏"的脈絡》，臺灣里仁書局，2007 年。

張亚初、劉雨：《西周金文官制研究》，中華書局，1986 年。

章炳麟撰，徐復注：《訄書詳注》，上海古籍出版社，2000 年。

章太炎：《國故論衡》，上海古籍出版社，2003 年。

章權才：《清代經學史》，廣東人民出版社，2010 年。

鄭開：《德禮之間：前諸子時期的思想史》，生活·讀書·新知三聯書店，2009 年。

朱維錚、龍應台編著：《維新舊夢録：戊戌前百年中國的"自改革"運動》，

生活・讀書・新知三聯書店，2000 年。

朱維錚：《中國經學史十講》，復旦大學出版社，2001 年。

朱維錚：《走出中世紀》(增訂本)，復旦大學出版社，2007 年。

朱維錚：《走出中世紀二集》，復旦大學出版社，2008 年。

朱維錚編校：《周予同經學史論》，上海人民出版社，2010 年。

中國科學院圖書館整理：《續修四庫全書總目提要・經部》，中華書局，1993 年。

三、研究論文

曹美秀：《陳澧〈漢儒通義〉析論》，《中國文哲研究集刊》第 30 輯，2007 年。

晁福林：《春秋時期禮的發展與社會觀念的變遷》，《北京師範大學學報》(社會科學版) 1994 年第 5 期。

陳漢章：《禮書通故識語》，《綴學堂叢稿初集》本。

陳居淵：《論晚清儒學的"漢宋兼采"》，《孔子研究》1997 年第 3 期。

陳訓慈：《清代浙東之史學》，杜維運、黃進興編：《中國史學史論文選集》(下)，臺灣華世出版社，1976 年。

陳振江：《近代經世思潮的演變》，《歷史研究》1991 年第 3 期。

陳祖武：《晚清七十年之思想與學術》，《清代學術論叢第三輯》，臺灣文津出版社，2002 年。

陳文豪：《"經曲之説"在經學史上的意義》，《文藻學報》第 16 期，2002 年。

程繼紅：《黃式三、黃以周與浙東學派的關係及其傳衍》，《浙江社會科學》2010 年第 11 期。

方祖猷：《陳訓慈論浙東學術及其精神》，《中共寧波市委黨校學報》2000 年第 4 期。

方祖猷：《浙東學術及其三大學派——浙東學術文化在寧波概述之一》，《中共寧波市委黨校學報》2003 年第 3 期。

方祖猷：《浙東學術在哲學、經學、史學、自然科學和佛學上的貢獻——浙東學術文化在寧波概述之二》，《中共寧波市委黨校學報》2003 年第 4 期。

[日] 副島一郎：《從"禮樂"到"仁義"：中唐儒學的演變趨向》，《學術月刊》1999 年第 2 期。

[日] 溝口雄三、小島毅主編，孫歌等譯：《中國的思維世界》，江蘇人民

出版社，2006 年。

顧吉辰：《黃以周和他的〈續資治通鑒長編〉》，《浙江學刊》1989 年第 6
期。

顧遷：《〈禮書通故〉的詮釋方法及其疏誤舉隅》，《古籍整理》合刊，安徽
大學出版社，2009 年。

顧遷：《制度、經典和觀念：清代禮學考證方法及其局限》，南京大學古
典文獻研究所編：《古文獻研究》第 13 輯，鳳凰出版社，2010 年。

顧遷：《黃以周學術思想初探》，《船山學刊》2011 年第 1 期。

郭善兵：《東漢皇帝宗廟禮制考論》，《華東師範大學學報》(哲學社會科學
版) 2004 年第 3 期。

郭善兵：《西漢元帝永光年間皇帝宗廟禮制改革考論》，《煙臺師範學院學
報》(哲學社會科學版) 2004 年第 4 期。

郭善兵：《魏晉南北朝皇家宗廟禮制若干問題考辨——兼與梁滿倉先生商
榷》，《中國史研究》2015 年第 2 期。

龔書鐸：《嘉道年間的士氣和經世派》，《中國近代文化探索》，北京師範
大學出版社，1988 年。

何佑森：《清代經學思潮》，《清代經學國際研討會論文集》，臺灣"中研
院"中國文哲研究所，1994 年。

胡本詳、黃友梅、俞成芬：《黃以周治〈內經〉》，《中華醫史雜誌》2002 年
第 32 卷第 1 期。

胡成：《禮教下滲與鄉村社會的接受與回應：對清中期江南農村地區的觀
察(1681—1853)》，臺灣《"中研院"近代史研究所集刊》第 39 期，2003 年。

華喆：《中古廟制"始祖"問題再探》，《文史》2015 年第 3 期。

黃侃：《禮學略説》，《黃侃國學文集》，中華書局，2006 年。

黃海嘯：《禮理之辯與黃式三、以周父子對清代禮學的總結》，《蘭州大學
學報》(社會科學版) 2006 年第 5 期。

黃愛平：《百年來清代漢學思想性問題研究述評》，《清史研究》2007 年第
4 期。

黃雅玲：《從黃氏家譜看家族文化基因對黃式三父子的人格影響》，《浙江
海洋學院學報》(人文科學版) 2009 年第 1 期。

洪焕椿編：《定海黃以周的經學著作》，《浙江文獻叢考》，浙江人民出版
社，1983 年。

李侃：《鴉片戰争前後"士林風氣"的變化》，《中國近代史散論》，人民出

版社，1982 年。

李俊領：《禮治與憲政：清末禮學館的設立及其時局因應》，《近代史研究》2017 年第 3 期。

李細珠：《略論道咸同時期理學復興及其原因》，《華南師範大學學報》（社會科學版）1998 年第 3 期。

劉豐：《百年來〈周禮〉研究的回顧》，《湖南科技學院學報》2006 年第 2 期。

劉寧：《包弼德：〈斯文：唐宋思想的轉型〉》，《中國學術》2004 年第 2 期。

劉廣京、周啓榮：《〈皇朝經世文編〉關於"經世之學"的理論》，《"中研院"近代史研究所集刊》第 15 輯，1986 年。

劉曉東：《論六朝時期的禮學研究及其歷史意義》，《文史哲》1988 年第 5 期。

劉述先：《有關理學的幾個重要問題的再反思》，東方朔編：《儒家哲學研究——問題、方法及未來開展》，上海古籍出版社，2010 年。

林慶彰：《明末清初經學研究的回歸原典運動》，《孔子研究》1989 年第 2 期。

林存陽：《黃式三、黃以周父子"禮學即理學"思想析論》，《浙江社會科學》2001 年第 5 期。

林存陽：《禮樂百年而後興：禮與清代前期政治文化秩序建構》，《齊魯文化研究》第 8 輯，泰山出版社，2009 年。

梁滿倉：《魏晋南北朝皇家宗廟制度述論》，《中國史研究》2008 年第 2 期。

羅檢秋：《清末古文家的經世學風及經世之學》，《近代史研究》2001 年第 6 期。

羅志田：《音樂與史學：晚清學術的多旋律並進》，《近代中國史學十論》，復旦大學出版社，2003 年。

吕紹綱：《早期儒家禮概念的歷史考察》，《庚辰存稿》，上海古籍出版社，2000 年。

[日]末永高康：《西漢廟制論議與〈禮記·祭法〉》，《東洋史研究》第七十六卷第三號，2017 年 12 月。

彭林：《清人對敖繼公之臧否與鄭玄經師地位之恢復》，《文史》2005 年第

1 輯。

　　彭林：《禮樂文明的確立、位移及其邊緣化》，《儒家文化研究》第 3 輯，生活・讀書・新知三聯書店，2010 年。

　　齊思和：《魏源與晚清學風》，《中國史探研》，河北教育出版社，2000 年。

　　喬輝、張曉寧：《〈禮書通故〉"名物圖"考略》，《中國語言文學研究》2020 年春之卷。

　　喬秀岩：《如何理解晋代廟制争議》，《能仁學報》第 13 期，2014—2015 年。

　　任慧峰：《清代段顧之争平議》，《人文論叢》2012 年卷，中國社會科學出版社，2012 年。

　　任慧峰：《晚清禮學與西方學術：以黃以周的禮儀觀爲中心》，《哲學與文化》2016 年第 6 期。

　　桑兵：《近代中國學術的地緣與流派》，《歷史研究》1999 年第 3 期。

　　商瑈：《清儒考證〈禮記・王制〉的思想取向》，高雄師範大學經學研究所：《第一期青年經學學術研討會》，2005 年。

　　申屠爐明：《論章學誠與錢大昕學術思想的異同》，《社會科學戰線》2001 年第 6 期。

　　[日]狩野直喜：《〈禮經〉與漢制》，《中國學文藪》，中華書局，2011 年。

　　孫運君：《"學奸"與"經師"的扞格：試析章太炎、劉師培對漢宋兼采思想的評論》，《西南大學學報》(社會科學版)2011 年第 6 期。

　　王汎森：《日譜與明末清初思想家：以顏李學派爲例》，《晚明清初思想十論》，復旦大學出版社，2008 年。

　　王達敏：《論姚鼐與四庫館內漢宋之争》，《北京大學學報》(哲學社會科學版)2006 年第 5 期。

　　王家儉：《清代禮學的復興與經世禮學的流變》，《漢學研究》第 24 卷第 1 期，2006 年。

　　王惠榮：《從晚清漢學區域之發展看漢宋調和》，《安徽史學》2009 年第 2 期。

　　王俊義：《二十世紀清代學術思想史研究之回顧》，《中國社會科學院研究生院學報》1997 年第 3 期。

　　王爾敏：《經世思想之義界問題》，《"中研院"近代史研究所集刊》第 13

輯，1984 年。

王文東：《乾嘉"三禮"研究興盛論》，《滿族研究》2007 年第 2 期。

魏永生：《黃式三學術思想評議》，《東方論壇》2000 年第 3 期。

徐道彬：《"皖學"入浙：基於黃以周〈禮書通故〉的考察》，《浙江社會科學》2020 年第 11 期。

許齊雄、王昌偉：《評包弼德〈歷史上的理學〉——兼論北美學界近五十年的宋明理學研究》，《新史學》21 卷第 2 期，2010 年。

嚴壽澂：《讀曹君直〈篆經室遺集〉》，《中國經學》第十八輯，廣西師範大學出版社，2017 年。

楊太辛：《浙東學派的涵義及浙東學術精神》，《浙江社會科學》，1996 年第 1 期。

[日]伊東貴之：《從"氣質變化論"到"禮教"：中國近世儒教社會"秩序"形成的視點》，[日]溝口雄川、小島毅主編，孫歌等譯：《中國的思維世界》，江蘇人民出版社，2006 年。

於梅舫：《浙粵學人與漢宋兼采：朱一新〈無邪堂答問〉論學旨趣解析》，《近代史研究》2010 年第 4 期。

余全介：《定海黃式三、黃以周〈尚書〉學研究》，《浙江海洋學院學報》(人文科學版)2011 年第 1 期。

余全介：《〈禮書通故〉經世思想研究》，《浙江海洋學院學報》(人文科學版)2017 年第 6 期。

余英時：《現代儒學的回顧與展望——從明清思想基調的轉換看儒學的現代發展》，《現代儒學論》，上海人民出版社，2010 年。

趙統：《試述江陰南菁書院的治學特點》，《南京曉莊學院學報》2005 年第 2 期。

趙彥昌：《"六經皆史"源流考論》，《社會科學戰線》2004 年第 3 期。

詹海雲：《清代浙東學者的經學特色》，《清代經學研討會論文集》，臺灣"中研院"中國文哲研究所，1994 年。

詹亞園：《黃以周〈禮書通故〉小議》，《浙江海洋學院學報》(人文社科版)2007 年第 3 期。

張濤：《由經入史之一例：經世思潮影響下的〈五禮通考〉接受史》，《社會·經濟·觀念史視野中的古代中國——國際青年學術會議暨第二屆清華青年史學論壇論文集》，2010 年。

張麗珠：《"漢宋之争"難以調和的根本歧見》，林慶彰、張壽安主編：《乾嘉學者的義理學》，臺灣"中研院"中國文哲研究所，2003 年。

張麗珠：《清儒結合經典與經世的禮學發揚——以戴震、凌廷堪爲線索》，《齊魯文化研究》第 8 輯，泰山出版社，2009 年。

張傑：《〈黃以周全集〉佚文異文考》，《浙江海洋大學學報》（人文科學版）2021 年第 6 期。

張旭曙：《思想史和社會史的溝通與整合——略談艾爾曼"新文化史"研究的方法論意義》，《中國典籍與文化》2002 年第 1 期。

張循：《漢學的内在緊張：清代思想史上漢宋之争的一個新解釋》，《"中研院"近代史研究所集刊》第 63 期，2009 年。

張循：《漢學内部的"漢宋之争"——從陳澧的"漢宋調和"看清代思想史上"漢宋之争"的深層内涵》，《漢學研究》2009 年第 4 期。

張昭軍：《章太炎與清學史》，《中華文化論壇》2003 年第 3 期。

張壽安：《打破道統·重建學統：清代學術史的一個新觀察》，《"中研院"近代史研究所集刊》第 52 期，2006 年。

張壽安：《龔自珍論乾嘉學術：專門之學：鉤沉傳統學術分化的一條線索》，吳根友主編：《多元範式下的明清思想研究》，生活·讀書·新知三聯書店，2011 年。

張壽安：《從"六經"到"二十一經"：十九世紀經學的知識擴張與典範轉移》，《學海》2011 年第 1 期。

張書豪：《從奏議到經義——西漢晚期廟數之争析論》，《政大中文學報》第 15 期，2011 年。

章太炎：《喪服依〈開元禮〉議》，《太炎文録續編》，上海人民出版社，1985 年。

鄭吉雄：《浙東學術名義檢討：兼論浙東學術與東亞儒學》，《明清浙東學術文化研究》，中國社會科學出版社、寧波出版社，2004 年。

周積明、雷平：《清代浙東學派學術譜系的構建》，《學術月刊》2004 年第 6 期。

周啓榮：《儒家禮教思潮的興起與清代考證學》，《南京師大學報》（社會科學版）2011 年第 3 期。

朱鴻林：《丘濬〈大學衍義補〉及其在十六七世紀的影響》，《中國近世儒學實質的思辨與習學》，北京大學出版社，2005 年。

四、學位論文

彭怡文：《〈禮書通故〉中女子喪服禮考》，臺灣東海大學碩士學位論文，2010 年。

項世勳：《清儒黃式三、黃以周父子易學研究》，臺灣師範大學碩士學位論文。

張政偉：《清代漢宋學與今文經學的發展新論》，臺灣東華大學博士學位論文，2005 年。

附錄一 《禮書通故》中華書局點校本標點商榷

2007 年中華書局出版了由王文錦先生標點的《禮書通故》①，管窺所及，在標點上只有謝淑熙於《王文錦〈禮書通故〉點校本評介》中指出一處問題②，此外點校本中所存在的標點問題尚多，故不揣淺陋，就目之所及，條之於下：

(1)第 10 頁，《禮書通故》第 7 條：

　大、小戴《禮記》、古《經》古《記》及今文《禮記》，兼有《禮》與《記》，皆有古文今文之別。

按：當作："大、小戴《禮記》，古《經》、古《記》及今文《禮記》兼有。《禮》與《記》皆有古文今文之別。"

黃以周認爲大、小戴《禮記》中包含有古《經》、古《記》和今本《禮記》三部分内容，因此才接着解釋説："淹中所得之《經》五十六篇，《記》百三十一篇，《明堂陰陽》三十三篇，《王史氏》二十一篇，皆古文也。后倉所傳《禮》十七篇，爲今文。大、小戴所輯諸《記》，多係今文，而亦間存古文也。"又云"此《戴記》有古經之證也"，"此《戴記》有古記之證也"，這些都是在證明《戴記》由三部分構成。因此，二戴記加上后倉所傳今文《禮》，就可以得出"《禮》與《記》皆有古文今文之別"的結論。

---

①　關於《禮書通故》點校本出版前的情況及該書在版本選擇上所存在的問題，可參考喬秀岩：《〈禮書通故〉點校本補充説明》，吳飛主編：《南菁書院與近世學術》，生活·讀書·新知三聯書店，2019 年，第 90~101 頁。

②　謝淑熙在該文"《禮書通故》點校本商榷"一節"斷句疑誤"中指出點校本三處問題，但只有第二條是王先生的斷句確有問題。見謝淑熙：《黃以周〈禮書通故〉研究》，臺灣花木蘭文化出版社，2013 年，第 286 頁。

（2）第 23 頁，《宮室通故》第 2 條：

　　"《逸周書·作雒解》：'乃位五宮、大廟、宗宮、考宮、路寢、明堂、咸有四阿反坫，重亢重郎。'"

　　按：當作："《逸周書·作雒解》：'乃位五宮：大廟、宗宮、考宮、路寢、明堂，咸有四阿反坫，重亢重郎。'"

五宮乃大廟、宗宮、考宮、路寢、明堂之統稱。

（3）第 38 頁，《宮室通故》第 24 條：

　　以周案：序之廣如室深，當棟，其南謂之序端，其北謂之序內。

　　按：當作："以周案：序之廣如室，深當棟，其南謂之序端，其北謂之序內。"

深字當下讀。在黃以周的天子燕寢諸侯路寢大夫廟制圖中，他認爲序之廣與室廣相當，東西房與東西堂之廣相當，而序的北端與五架之棟在南北向的位置上相當，故云"序之廣如室，深當棟"（見圖附 1.1）。

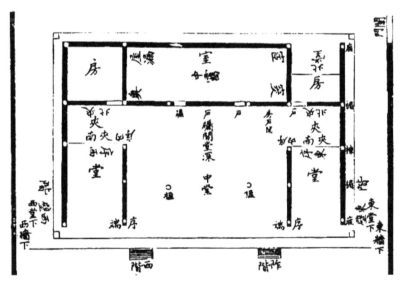

圖附 1.1

(4)第 46 頁，《宮室通故》第 38 條：

　　此見母不曰入，下又曰"送母又拜"，則其母在寢之東壁可知。

　　按：當作："此見母不曰入，下又曰'送，母又拜'，則其母在寢之東壁可知。"

　　《士冠禮》："母拜受，子拜送，母又拜。"黄以周似乎有意讀爲"母拜受，子拜。送，母又拜"。則是母送其子由寢過闈門入廟又拜。其意爲，經文冠者見姑姊曰"入"，而見母不曰"入"，使人懷疑當時母在廟中。因此黄以周將"送"字下讀，則是母拜而送子回廟繼續行禮，則可推知母不在廟而在寢。

(5)第 55 頁，《宮室通故》第 55 條：

　　張皋文禮圖設楅如堂深碑，又遠之幾中庭，非也。

　　按：當作："張皋文禮圖設楅如堂深，碑又遠之，幾中庭，非也。"

　　此條討論碑在庭中方位，黄以周不同意賈公彦、敖繼公、金鶚等人的説法，贊同鄭注，認爲："《鄉射禮》設洗如堂深，設楅南當洗，則楅如堂深，而碑在楅北，故鄭云'近如堂深'。此地無可斥言，故以近儗之。"而清人張惠言《儀禮圖》中，設楅於庭中如堂深，碑更在楅之南，已經到了中庭（見圖附1.2），與經文不符，故黄氏有此駁論。

(6)第 61 頁，《宮室通故》第 67 條：

　　鄭玄説，闑、門橛、閾、閫皆門限也。

　　按：當作："鄭玄説，闑，門橛。閾、閫皆門限也。"

　　此條分别闑、閾，鄭玄釋闑爲門橛，釋閾、閫爲門限。門橛與門限爲二物。

(7)第 78 頁，《衣服通故》第 6 條：

　　鄭注孔、賈二疏義同。歐陽謂天子前後垂旒各十二，非經義也。

　　按：當作："鄭注、孔、賈二疏義同歐陽，謂天子前後垂旒各十二，非經義也。"

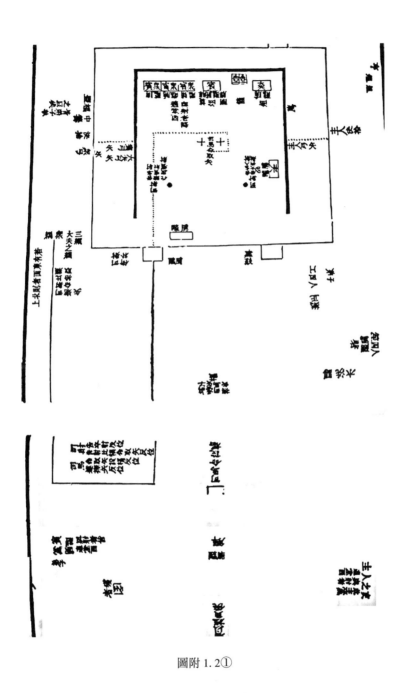

圖附 1. 2①

---

① 張惠言著，沈楠、蔣鵬翔編：《儀禮圖》卷三"命取矢設楅比射耦"，浙江古籍出版社，2016 年，第 126~127 頁。

"歐陽"當上讀。關於天子袞冕的旒數,今《尚書》説各有不同,歐陽説天子前後各有旒,大小夏侯説"冕而前旒"。鄭玄、孔穎達、賈公彦皆從歐陽説,如《周禮·弁師》"五采繅十有二,就皆五采玉十有二"鄭注云:"繅,雜文之名也。合五采絲爲之繩,垂於延之前後,各十二,所謂邃延也。"黄以周贊同前旒之説,認爲先秦典籍"諸文並言前旒,不言後旒,前旒義取蔽明,後旒無所取也",所以批評歐陽、鄭注、孔、賈二疏之説"非經義"。

(8)第 87 頁,《衣服通故》第 25 條:
《考工記》云:"土以黄,其象方天時變。"

按:當作:"《考工記》云:'土以黄,其象方,天時變。'"

(9)第 137 頁,《衣服通故》第 119 條:
《集傳》謂琚在旁組之中,陳氏《詩疏》並謂琚瑀在上珩下璜之間,俱未可信,錢説亦謬。以瑀石爲琚佩,于文當云瑀琚。

按:當作:"《集傳》謂琚在旁組之中,陳氏《詩疏》並謂琚瑀在上珩下璜之間,俱未可信。錢説亦謬,以瑀石爲琚佩,于文當云瑀琚。"
"俱未可信"後當句絶。錢文子《詩詁》以琚爲佩名,以瑀爲石之可爲琚者,故黄以周總結其謬説爲"以瑀石爲琚佩,于文當云瑀琚"。

(10)第 141 頁,《衣服通故》第 130 條:
王吉服有九,舄有三等。赤舄爲上冕服之舄,下有白舄、黑舄。王后吉服六,惟祭服有舄,玄舄爲上褘衣之舄也,下有青舄、赤舄,鞠衣以下皆履耳。

按:當作:"王吉服有九,舄有三等:赤舄爲上,冕服之舄;下有白舄、黑舄。王后吉服六,惟祭服有舄。玄舄爲上,褘衣之舄也;下有青舄、赤舄。鞠衣以下皆履耳。"
"赤舄爲上"和"玄舄爲上"皆當句絶。黄以周認爲"天子舄有三等,赤舄以配冕,白舄以配弁,黑舄以配冠",故相比於白舄、黑舄,赤舄爲上,乃冕服之舄。而王后只有祭服有舄,其中玄舄以配褘衣,相比於青舄、赤舄爲上。這是黄氏對天子、王后舄、服相配制度的構建。

（11）第 152 頁，《衣服通故》第 148 條：

　　從肩至手二尺四寸，今二尺一寸半之袂，得反屈及肘者，以袂屬于衣幅，閣二尺二寸，身脊至肩各一寸也。

按：當作：“從肩至手二尺四寸，今二尺一寸半之袂，得反屈及肘者，以袂屬于衣。幅閣二尺二寸，身脊至肩各一寸也。”

“幅”字下讀，指布帛的寬度。

（12）第 160 頁，《衣服通故》第 161 條：

　　金鶚云：“別以布一幅，交裂爲二，下廣一尺六寸，而上銳屬于兩旁，是爲衽。”

按：當作：“金鶚云：‘別以布一幅，交裂爲二，下廣一尺六寸而上銳，屬于兩旁，是爲衽。’”

“而上銳”上讀。金鶚之意，衽之制作，乃是將一幅布（寬二尺二寸）邪向交裂分爲兩部分，則此兩布皆一邊寬一尺六寸，一邊寬六寸，前者爲下，後者爲上，是爲“上銳”。將此下寬上銳之布縫於衣之兩旁，即金氏所謂之衽。

（13）第 164 頁，《衣服通故》第 164 條：

　　黃宗羲云：“繼爲絀之誤。言袂之長中，絀揜臂之尺。”

按：當作：“黃宗羲云：‘繼爲絀之誤。言袂之長，中絀揜臂之尺。’”

“中”字下讀。黃宗羲此説乃爲駁鄭注而發。《禮記·玉藻》“長中繼揜尺”鄭注云：“謂其爲長衣、中衣，則繼袂揜一尺，若今褒矣。”黃宗羲則認爲中字當下讀，意爲深衣袂之長度當曲折後可揜臂一尺，而與長衣、中衣無關，故云：“若長衣中衣之制，豈宜渾入深衣？”

（14）第 165 頁，《衣服通故》第 167 條：

　　然則襌衣即袍逢掖之衣，其袖更大于後世之袍與？

按：當作：“然則襌衣即袍，逢掖之衣其袖更大于後世之袍與？”

“逢掖之衣”當下讀。此條黃以周根據《漢書·輿服志》，以爲襌衣即袍，而逢掖之衣就是將袖子加大，故云"其袖更大于後世之袍與"。

(15) 第 199 頁，《卜筮通故》第 11 條：
　　王肅云："雺，天氣下地，不應闇冥也。"

按：當作："王肅云：'雺，天氣下，地不應，闇冥也。'"
"不應"上讀，雺爲闇冥之意，"天氣下，地不應"乃《爾雅·釋天》之語。

(16) 第 208 頁，《卜筮通故》第 22 條：
　　邱行可云："天陽也，陽奇數，奇—畫中實得三分，參之則爲九。"

按：當作："邱行可云：'天陽也，陽奇數，奇—畫中實，得三分，參之則爲九。'"
"中實"句絕，指陽爻之形而言，下文云"耦—畫中虛"可知。

(17) 第 218 頁，《卜筮通故》第 43 條：
　　凡卜述命，命龜異，龜重威儀多也。

按：當作："凡卜，述命、命龜異，龜重多威儀也。"
鄭玄此處乃區分卜、筮之別，因龜卜重於筮占，所以卜史需在命龜前重述主人之命，是述命與命龜不同，所謂"龜重多威儀"。

(18) 第 252 頁，《昏禮通故》第 20 條：
　　《記》文上下類録命辭例，不及神席，不得因此遂生曲説。

按：當作："《記》文上下類録命辭，例不及神席，不得因此遂生曲説。"
"例"字當下讀。本條黃以周駁賈疏"父醮子用酒，又在寢"之説，認爲《儀禮·士昏禮·記》所載"父醮子"部分上下皆是記録行禮人之命辭，以此文例來看，自然不會講到布神席等儀節，從而推導出昏禮親迎前父在寢醮子之曲説。

(19) 第 270 頁，《昏禮通故》第 63 條：
　　女氏既不敢于喪中嫁，此壻又俟免喪請而嫁之"

按：當作："女氏既不敢于喪中嫁此壻，又俟免喪請而嫁之。"

"此壻"當上讀。此句意爲女子不敢在此壻守喪期間嫁，故女方需待壻免喪後請而再嫁。

(20) 第 1832 頁，《刑法通故》第 18 條：

《書》某傳云："乃其速由文王作罰云云，言當速用文王所作違教之罰刑，此亂五常者無得赦。"

今按：當作："《書》某傳云：'乃其速由文王作罰云云，言當速用文王所作違教之罰，刑此亂五常者，無得赦。'"

"刑"字下讀，乃動詞。

附録二 援"太祖虚位"以解經①
——論黄以周對天子廟制的建構

天子廟制,經典記載本有分歧,鄭玄、王肅復各持異論。對處於關鍵地位的《禮記·祭法》一篇,鄭、王皆强解經文,以就己説,而終有難通之處。後世學者因襲成説,議論蜂起,難有定論。兩晉之時,禮家論宗廟遷毁,基於現實需要,提出"太祖虚位"之説。此説雖旁逸出禮經研究之外,但因關涉大典,反成爲中古廟制議論的焦點所在。

"太祖虚位元"的結構,與《祭法》所言廟制,可以相貫通。然後世經師多囿於鄭、王二家之説解,又拘於講求有周一代之制,未能留意此禮制材料在經學解釋上的作用。及至晚清,黄以周融通去取,跳脱鄭王藩籬,利用"太祖虚位"解決經文疑難,引史以解經,構建了新的廟制,爲此話題提供了極富啓發的解決思路。

一、"祖考"與"二祧"

鄭玄、王肅兩人廟制之説不同,關鍵在於對"二祧"的理解有異。鄭玄謂天子五廟爲常,周代又有不遷之文、武"二祧",共計七廟。王肅以天子七廟爲常,謂"二祧"在七廟之中,亦在遷毁之列,周制則别有文、武不遷二廟,共計九廟。

諸經中明言"二祧"者,惟見於《祭法》。《祭法》言天子廟制云:"王立七廟,一壇一墠,曰考廟,曰王考廟,曰皇考廟,曰顯考廟,曰祖考廟,皆月祭之。遠廟爲祧,有二祧,享嘗乃止。去祧爲壇,去壇爲墠,壇墠有禱焉祭之,

---

① 本文作者爲朱明數。文章内容與本書第二章、第四章和第七章思路近似,征得作者同意後收入。

無禱乃止。去墠曰鬼。"①此下更詳列諸侯以至庶人之廟制(見表附 2.1):

表附 2.1

身份 項目	天子	諸侯	大夫	士	官師	庶人
月祭	考廟 王考廟 皇考廟 顯考廟 祖考廟	考廟 王考廟 皇考廟	-	-	-	-
享嘗	二祧	顯考廟 祖考廟	考廟 王考廟 皇考廟	考廟 王考廟	考廟	-
禱祈	去祧爲壇 去壇爲墠	去祖爲壇 去壇爲墠	顯考之壇 祖考之壇	顯考之壇	-	-
合計	七廟 一壇一墠	五廟 一壇一墠	三廟 二壇	二廟 一壇	一廟	無廟

　　《祭法》所載廟制,結構特點清晰,尊卑之殺、親疏之等覽之可見。就"二祧"而言,經文明言"遠廟爲祧""去祧爲壇",則"二祧"内之神主,顯然也要依序迭毁。更爲特殊的是,與《禮記·喪服小記》"王者禘其祖之所自出,以其祖配之,而立四廟"②,《禮記·王制》"天子七廟,三昭三穆,與大祖之廟而七。諸侯五廟,二昭二穆,與大祖之廟而五"③等以太祖爲核心,分列昭穆的廟制記載不同,《祭法》中並不存在一個百世不毁的"太祖"廟。自"王考"上至"祖考",據《祭法》文例推之,皆當以次遷毁。

　　爲了使《祭法》與他經相一致,鄭玄、王肅皆將"祖考"解釋爲"太祖",硬行在《祭法》之中插入百世不毁之太祖廟。此種做法於經義實有未合,是鄭、

　　①　(漢)鄭玄注,(唐)孔穎達疏,吕友仁整理:《禮記正義》卷 55,上海古籍出版社,2008 年,第 1792 頁。

　　②　(漢)鄭玄注,(唐)孔穎達疏,吕友仁整理:《禮記正義》卷 42,上海古籍出版社,2008 年,第 1298 頁。

　　③　(漢)鄭玄注,(唐)孔穎達疏,吕友仁整理:《禮記正義》卷 17,上海古籍出版社,2008 年,第 516 頁。

王據有周一代之制，强爲比附的結果。鄭玄更將《祭法》"二祧"解釋爲文、武不遷之廟，如此則《喪服小記》所言一祖四親，五廟爲常的廟制，再添上文、武二祧，就能與《王制》等經文所言天子七廟之制相協調，從而可以使三篇文獻融通爲一。故其注"二祧"，云"祧之言超也，超上去意也"①，是遷就《祭法》"去祧爲壇"之文，謂親盡之廟有當遷毁之義。又謂"天子遷廟之主以昭穆合藏於二祧之中"②，則是增添己意，把"二祧"定爲文、武不毁之廟。是以鄭玄在《周禮·守祧》注中更明言："遷主所藏曰祧。先公之遷主，藏於后稷之廟。先王之遷主，藏於文、武之廟。"③遠祖因"超上去"而當遷毁，而"超上去"之主所藏之處亦可借用"祧"之稱。於是，"祧"在鄭玄這裏，同時具有遷毁、不毁兩種含義。

王肅亦强行以"太祖"解"祖考"，且駁斥鄭玄對"二祧"的解讀，以爲"鄭注《周禮》云'遷主所藏曰祧'，違經正文"④，故本《祭法》原文，認爲"二祧"非文、武百世不毁之廟，而是在四親之上又有二"遠廟"，爲高祖之父、祖廟。這樣，諸侯立四親廟，天子得有六親廟，降殺以兩，尊卑有序。但王肅"六親廟"之説，雖或能與《王制》三昭三穆，與太祖廟而爲七的記載相通，卻不能融貫《喪服小記》"太祖廟一、親廟四"之説。故而王肅徑斥《喪服小記》爲妄，而不取信⑤。此外，"祖有功，宗有德"，文王、武王其廟不毁的觀點，經過漢儒的討論闡發，已經爲學者所通行共守⑥。因此，王肅在七廟之外別有文王、武王二廟，以爲周當有九廟。然九廟之説非但不見於經，甚至明顯與經文記載相違背：《禮器》云"周旅酬六尸，一人發爵"，馬昭云："則周七尸，七廟明矣。"《周禮》守祧職"奄八人，女祧每廟二人"，張融言"自大祖以下，與文武

---

①　（漢）鄭玄注，（唐）孔穎達疏，呂友仁整理：《禮記正義》卷55，上海古籍出版社，2008年，第1792頁。

②　（漢）鄭玄注，（唐）孔穎達疏，呂友仁整理：《禮記正義》卷55，上海古籍出版社，2008年，第1792頁。

③　（漢）鄭玄注，（唐）賈公彥疏，彭林整理：《周禮注疏》卷34，上海古籍出版社，2010年，第809頁。

④　（漢）鄭玄注，（唐）賈公彥疏，彭林整理：《周禮注疏》卷17，上海古籍出版社，2010年，第517頁。

⑤　王肅云："《喪服小記》云：'王者禘其祖之所自出，以其祖配之，而立四廟'謂始王者未有始祖，故立四廟。今有虞亦始王者，而既立七廟矣，則《喪服小記》之言亦妄矣。"（見《孔子家語·廟制》）

⑥　［日］末永高康，《西漢廟制論議與〈禮記·祭法〉》，《東洋史研究》第七十六卷第三號，2017年12月，第35~71頁。

及親廟四，用七人，姜嫄用一人，適盡。若除文武，則奄少二人。"①是以經師多不取王肅之説。

鄭玄、王肅之説揭示出問題的難點在於如何將《祭法》所言之特殊廟制結構與他經融貫。而後世學者互相辯駁，聚訟不已，所論似皆不能出鄭王之藩籬。若要實現對舊説的更新與超越，或當需要新的學術資源的支援。

二、"據周而言"與"太祖虛位"

除了强解《祭法》經文外，鄭玄、王肅在廟制論述中，皆未能揭示初制與定制的不同。鄭玄、王肅都是着眼於定制進行論述的。在他們的體系中，仿佛太祖百世不遷，昭穆依次遷毀的五廟（七廟）之制，一夕而備，後王沿襲成法即可。但事實上，他們所構擬的廟制，只有在王朝五世（七世）之後，才能穩定實行。而王朝奠基之時的初制，則有未必然。如果進一步追問：當太祖奠基之時，是否可以備立五廟（七廟）呢？此時是否有"太祖"廟？各廟中所祭又當是何人之主？後之王朝是否得以有二祧？二祧是否不毀？恐怕這些問題鄭玄、王肅並未慮及。

這是因爲對鄭玄、王肅所代表的經師而言，有周一代之制是他們論述的起點。周人以后稷爲太祖，其廟百世不毀，已經成爲經師論説的前提。無太祖的廟制，是他們不能想象的。並且，后稷爲太祖，以下分列昭穆的廟制，乃是定議於後人，即所謂周公、成王之制。在此視角之下，成王、周公制禮之時，與始封君后稷相隔懸遠，顯然可以徑以后稷爲太祖，着眼於當下以構建廟制，而無須再遠追后稷始封之時的初制。這樣一來，周代既有始封君又有受命王的特殊性就有意無意爲學者所忽略②。太祖不遷，親廟迭毀的廟制格局，或許只是對周代一代的廟制記述，可在後世學者眼中，卻被視爲正法而不敢稍有背離。

此外，漢制是鄭玄、王肅論説的歷史背景。元帝時詳論廟制，漢高祖所尊之太上皇，於元帝早已在親盡之列，徑毀其廟可也，亦無妨以漢高祖爲太祖的成制。這就與周人徑以后稷爲太祖，不考慮初制的情境是極爲類似的。東漢則

---

① 馬昭、張融説見引於《王制》正義。（漢）鄭玄注，（唐）孔穎達疏，吕友仁整理：《禮記正義》卷17，上海古籍出版社，2008年，第518頁。

② 比如，鄭玄其實已經意識到，周之廟制與夏、商不同。《王制》注謂夏無始封君，惟有受命王，故禹之時"無太祖"，其實可以進一步推闡，從而討論始封、始受命之時的廟制情況。鄭玄及其後之學者皆未能有所推闡。（漢）鄭玄注，（唐）孔穎達疏，吕友仁整理：《禮記正義》卷16，上海古籍出版社，2008年，第517頁。

接續西漢之統，光武雖追尊其私親，但並未與王朝宗廟相混①，亦不變宗廟成制。更兼東漢以降，宗廟變爲同堂異室，群主共處一廟。禮經所言群廟制下的遷廟制度，也就更多的只能是一種理論的推演，與禮制的具體實踐已經大不相同了。由於缺少具體實踐的需要，對初制的深入探究，也就並非學者關注的焦點②。

可晉代以降的現實禮制要求，溢出了"據周而言"的經文記載，這就要求學者必須針對實際情況，做出相應的調整。晉武帝以祖父司馬懿爲太祖，又追尊司馬懿以上四代之親，以配齊七廟之數。太祖爲後世至尊，可舉行禘祫合祭之禮時，各神主之尸的位置卻由於追尊四代而頗爲棘手。

根據禮經，宗廟合祭之時，太祖當東向，太祖以下之子孫以昭穆南北相對，位於太祖之西。但晉代之實情卻不能如此。若將司馬懿之四祖置於司馬懿之下，保證太祖東向之位，則倫序不順，屈祖就孫。可但若將四祖置於司馬懿之上，太祖至尊之地位又如何凸顯呢？

在這樣的困境之下，學者們給出的方案是：

> 於是追祭征西將軍、豫章府君、潁川府君、京兆府君，與宣皇帝、景皇帝、文皇帝爲三昭三穆。是時宣皇未升，太祖虚位，所以祠六世，與景帝爲七廟。其禮則據王肅説也。③

所謂"宣皇未升，太祖虚位"，即是說司馬懿在宗廟合祭之時，不得居太祖正位。實際上是暫時取消了司馬懿的太祖地位，僅將之視爲武帝之"親廟"來加

---

① 漢儒廟制改革之相關論述可參看郭善兵：《西漢元帝永光年間皇帝宗廟禮制改革考論》，《煙臺師範學院學報》（哲學社會科學版）2004 年第 4 期，第 54～57 頁。郭善兵：《東漢皇帝宗廟禮制考論》，《華東師範大學學報》（哲學社會科學版）2004 年第 3 期，第 11～16 頁。張書豪：《從奏議到經義——西漢晚期廟數之爭析論》，《政大中文學報》第 15 期，2011 年，第 169～196 頁。

② 據《王制》孔穎達疏，"案《禮》緯《稽命征》云：'唐虞五廟：親廟四，始祖廟一；夏四廟，至子孫五。殷五廟，至子孫六。'《鉤命訣》云：'唐虞五廟，親廟四與始祖五；禹四廟，至子孫五；殷五廟，至子孫六；周六廟，至子孫七。'"其中"夏四廟，至子孫五"，"周六廟，至子孫七"，已注意到初制與定制當有所不同。隱約具備"太祖虚位"的雛形。可見漢代學者對此話題已有注意，不過由於沒有現實需要，未能將此討論充分展開。（漢）鄭玄注，（唐）孔穎達疏，吕友仁整理：《禮記正義》卷 16，上海古籍出版社，2008 年，第 517 頁。

③ 《晉書》卷 19《禮志》第九上，中華書局，1974 年，第 603 頁。

以祭祀。於是征西將軍等司馬懿之四祖與司馬懿、司馬師、司馬昭乃是以昭穆相次而受享。雖爲七人，實則只有六世，合於王肅天子有"六親"之説。

那麼太祖將在何時"正位"呢？隨着世代更替，當司馬懿以上之四祖因親盡而漸次迭毀之後，司馬懿方能正太祖之位，爲百世不毀之祖，其下子孫也才能各以昭穆而參與合祭。不過由於神州板蕩，終兩晉之世，司馬懿皆未能正太祖之位，也就造成了晉代無太祖廟的局面。即便如此，晉代"太祖虛位"之禮，由於切合後世惟有受命王，而多無始封之遠祖可追爲太祖的情況，仍然極大影響了其後王朝的廟制構建。學者們雖然對"太祖虛位"之禮往復辯駁，甚至不乏强烈的反對聲音，但中古時期，"太祖虛位"乃是王朝實行制度的慣常做法①。

我們不難發現，在"太祖虛位"的制度下，王朝前期幾世，實際上並無"太祖"。這一階段的廟制結構，與《祭法》所言親廟以次遷祧，無不毀之太祖的結構具有較高的一致性，是可以將兩者加以結合，融通爲説的。同時，由"太祖虛位"到"太祖正位"、從初制到定制的變化，應當也可以爲學者彌縫經文記載之間的差異，提供不同的視角，從而突破鄭玄、王肅舊説的藩籬，而構擬出新的廟制。

不過，遺憾的是，中古以後，經學研究與禮制創設之間漸趨別途，各有側重。基於文獻記載差異而引起的廟數多寡之爭、"二祧"遷毀之法、如何調和

---

① 本文的重點乃在於討論黃以周是如何利用"太祖虛位元"模式解決經學問題的，故對禮制史中圍繞"太祖虛位"展開的複雜辯論，不能詳盡梳理。有關"太祖虛位"的討論，可參考喬秀岩：《如何理解晉代廟制爭議》(《能仁學報》第 13 期，2014—2015 年，第 78～83 頁)，喬氏指出"兄弟昭穆異同、太祖虛位等可以説是假問題，通觀相關記載，當時人從來没有以這些問題爲爭論點"，此説並非事實。"太祖虛位"並不是假問題，而是兩晉出於實踐需要提出的新問題。華喆《中古廟制"始祖"問題再探》(《文史》2015 年第 3 期，第 117～134 頁)提出"太祖虛位"問題"並没有經過充分討論"，這是不符合實情的。其文意在區分"始祖""太祖"兩個概念，但鄭玄、王肅等學者看來，據周而言始祖即是太祖，毋庸區分。在中古以後，亦是由於實踐的需要，才有始祖、太祖之別，多是以始封君爲始祖，而以始受命爲太祖。這樣的區分顯然是由對初制的深入探求而引發的。梁滿倉《魏晉南北朝皇家宗廟制度述論》(《中國史研究》2008 年第 2 期，第 13～35 頁)認爲西晉以司馬昭爲"太祖"，東晉改制，虛太祖之位，以待司馬懿成爲太祖。郭善兵《魏晉南北朝皇家宗廟禮制若干問題考辨——兼與梁滿倉先生商榷》(《中國史研究》2015 年第 2 期，第 169～190 頁)反駁其説，指出兩晉皆以司馬懿爲"太祖"，司馬昭雖廟號"太祖"，但跟宗廟禘祫之時百世不遷的"太祖"並不相同。兩人之説對我們理解"太祖虛位元"模型有所説明。而較爲細緻討論兩晉"太祖虛位"議論的論文，則是范雲飛《東晉"太祖虛位"禮議考論》(待刊)，他詳細梳理了東晉圍繞"太祖虛位"進行的三次廟議，對此問題有清晰深刻的研究，可供學者參考。

經文等問題，並非禮制創設之時的焦點問題。而"太祖虛位"則由於溢出經文之外，經師也多僅能略知一二，未能深究其旨，更遑論引之以解經了。

三、援"太祖虛位"以解經

鄭玄、王肅强解《祭法》經文，以使之合於他們對周制的論述，而後之學者囿於鄭、王之説，對《祭法》的特殊性亦不能提出非常合理的解釋。面對困局，黃以周大膽援據禮制史中"太祖虛位元"模式，擺脱"據周而言"的定見，試圖建構超越一代之制的百世通則：

> 《記》言廟制，有據一代之禮者，有參合古制者。有從太祖已正位言者，有溯其未正位之前言者。《祭法》言天子諸侯大夫之廟制，與諸書異而實相通，説者不察，妄加肆駁。①
>
> 《王制》所云，從太祖已正位後言之。《祭法》所云，溯太祖未正位前言之。義不相悖，而實相足。②

他將《祭法》視作"太祖虛位"時所行之初制。"虛位"則自然無太祖，也就不必違背經文之義，强解《祭法》中之"祖考"爲太祖。如此一來，自鄭玄、王肅始，困擾學者幾兩千年的問題，輕而易舉就被解決了。他又將《王制》等太祖之下昭穆分立之廟制，視爲"正位"以後，世代通行的定制。是以黃氏以爲經文記載雖不相同，但"義不相悖，而實相足"。

黃以周更詳細闡述此初制的内容，其説文辭簡練，意涵豐富：

> 周以后稷始封，文武受命，而立太廟、二世室。其或無遠祖可祖，則宜以始受命爲始祖。而始受命之祭其祖考，亦當立考、王、皇、顯、祖五廟，皆月祭之。其親盡之主，亦立二祧之廟，分昭穆祔之，享嘗乃止。此溯其始而言之，立七廟以昭定制也。③

────────────

① （清）黃以周撰，王文錦點校：《禮書通故》第 16《宗廟禮通故》，中華書局，2007年，第 726 頁。

② （清）黃以周撰，王文錦點校：《禮書通故》卷 16《宗廟禮通故》，中華書局，2007年版，第 727 頁。

③ （清）黃以周撰，王文錦點校：《禮書通故》卷 16《宗廟禮通故》，中華書局，2007年版，第 726 頁。

"有遠祖可祖"，指始受命王有遠祖始封爲諸侯，可追而上之，以遠祖爲始祖亦即太祖①。如周有文、武爲受命王，又有后稷爲始封君，故得以以后稷爲太祖。"其或無遠祖可祖"，在黄以周看來，一則是指漢代以降諸王朝，有受命王而未必有始封君的情況。二則他注意到周代之先的夏代，亦並無始封之君，而惟有受命之王②。故而黄以周稱《祭法》爲"參合古制者"③，將此"以始受命爲始祖"之禮制推源於周代之前。如此一來，《祭法》實際上就轉變成了周公根據先代制度，"溯其始"而"昭定制"的産物，反映的是百世立法之旨，是周公之制，而不必是周公、成王當時所實行之制。

從而《祭法》中"二祧"之設，以及"去祧爲壇，去壇爲墠"等在"據周而言"的視角下不易説解的問題，也就得以從一般性原則以及爲後世立制的角度進行解説：

> 天子特立二廟于太祖之下、四親之上，而此二廟不得有高曾祖禰之稱，又不可以無名，因以其世數之遠也，謂之遠廟。又以其本在祧遷之列，謂之二祧。"遠廟爲祧，有二祧"，係始受命者之親盡遠祖，亦溯其前而言，不得據文武已正位後以難之也。④

《祭法》所言乃是太祖正位之前之制，是天子廟制的一般通則，故其"二祧"之功用與遷毀之方法，與正位以後之制度不同，亦與周代一代之制有異。在這樣

---

① "始祖"與"太祖"這兩個概念，在中古以前並無區別。鄭玄《王制》注雖云："夏則五廟，無大祖，禹與二昭、二穆而已。"似乎謂夏無有始封之君，故無太祖，只有受命之祖，但並未將此始封之君稱爲"始祖"，將禹稱爲"太祖"，或在鄭玄觀念中，始祖即是太祖。中古禮制之中，以受命之王爲"太祖"，又追尊受命王之遠祖爲"始祖"，才逐漸有始祖、太祖之區別。

② 夏無始封之君，此在漢儒已經言。漢儒議禮，以爲始封君、始受命王可爲太祖。鄭玄注《王制》"天子七廟，三昭三穆，與大祖之廟而七"云："此周制。七者，大祖及文王、武王之祧與親廟四。大祖，后稷。殷則六廟，契及湯與二昭二穆。夏則五廟，無大祖，禹與二昭二穆而已。"以爲商有始封之君契、有受命之王湯，故在四親廟之外得有兩不毀之廟，是爲六廟。夏則無有始封之君，惟有受命之王，故四親之外惟有一不毀之廟。鄭注言夏"無大祖"，或是謂無如后稷一般以始封之君爲太祖者。

③ （清）黄以周撰，王文錦點校：《禮書通故》卷 16《宗廟禮通故》，中華書局，2007年，第 726 頁。

④ （清）黄以周撰，王文錦點校：《禮書通故》卷 16《宗廟禮通故》，中華書局，2007年，第 726 頁。

的前提下，黃以周可以從容地綜合鄭玄、王肅之説，首先，他暗駁鄭玄之説，以爲鄭玄解"祧"，一面説"祧"有毀廟之義，一面又將"二祧"定爲文武不毀之廟，是拘執正位後之禮，而解正位之前，故不能通。其次，黃氏謂"天子特立二祧"，將"二祧"定爲天子所特有之禮，這是暗用王肅之説。王肅以爲若天子諸侯同以五廟爲常，則尊卑無別。故黃以周將"二祧"定爲天子所必有之定制，以此來區分天子諸侯之尊卑。但與王肅不同，黃以周並不將"二祧"納入"親廟"之中，而保留其"遠廟"的角色，這是在爲太祖正位之後，"二祧"作爲親盡藏主之所，發揮尊祖敬宗的作用而預爲鋪墊。

　　隨着世代推移，始受命王漸次遷廟，正太祖之位，"二祧"亦隨之發生變化，天子廟制也就由《祭法》所言之初制過渡爲《王制》所言之定制：

　　　　五世而後，受命王居祖考廟，乃正始祖之位，百世不遷。其餘爲嗣王四親廟，親盡亦迭遷于二祧，皆合祔之，不去壇墠。受命王所祭無功德之考若祖，去祧爲壇；所祧無功德親盡之主，去壇爲墠。有禱則陳其主于壇墠而祭之；無禱則止，仍藏其主于石室。①

五世之後，此受命王當居"祖考"之廟，而此"祖考"廟也就由未正位之前的親廟，變爲正位之後的太祖廟。四親廟之中，則是時王父、祖、曾、高之主。"二祧"所藏之主也隨之發生變化："受命王所祭無功德之考若祖"指的是始受命王所立自"考"至"祖考"五廟之主，"所祧無功德親盡之主"指的是原在"二祧"之中的始受命王"遠祖"。與鄭玄等學者不同，黃以周將"去祧爲壇，去壇爲墠"理解爲未正位時，始受命王五世之祖以及遠祖的遷廟過程，而非正位之後，時王親盡之主的遷毀過程。隨着世代推衍，始受命天子之五親要漸次至於祧廟，而祧廟中之主遷毀後則不復有廟，而是藏於"石室"（函而藏之），於壇、墠之中祭祀。最終當始受命王正太祖位之後，壇、墠之中不再祭祀新主，而此後"二祧"之中所藏之主也就變爲時王親盡之主，是太祖之子孫。此即是"親盡亦迭遷於二祧，皆合祔之，不去壇墠"。

　　黃以周此説使"二祧"廟在太祖正位前後的功能發生了變化，正位之前，

---

　　①　（清）黃以周撰，王文錦點校：《禮書通故》卷16《宗廟禮通故》，中華書局，2007年，第726頁。

"二祧"中乃是受命王之遠祖，需漸次迭毀之。正位之後，"二祧"中所藏乃是太祖子孫、時王親盡之主，"二祧"爲藏主之所在而參與宗廟祭祀活動。於是，據未正位以前言，則祧乃超上之義，謂其廟當遷。據正位以後而言，則祧爲藏主之所。這樣的處理，就比鄭玄同時以遷毀、不毀兩種含義來解釋"祧"，要高明不少。其説可用表附 2.2 簡單表示：

表附 2.2

世次 類別	第一世	第三世	第六世及以下
太祖廟	－	（太祖虛位）	受命王
親廟	受命王之考、王考、皇考、顯考、祖考	受命王之子、受命王、受命王之考、王考、皇考	時王之考、皇考、王考、顯考
二祧	受命王之遠祖	受命王之顯考、祖考	時王親盡之主
壇	無	受命王之遠祖	受命王之五祖
墠	無	無	受命王之遠祖

我們不難發現，黃以周的上述論述，無論是太祖未正位之前的五親廟、二祧廟的初制，還是太祖正位之後的一祖、四親、二祧的定制，均已經跳出了鄭玄、王肅"據周而言"的限制，從而可以進一步推擴爲百世之法。

而此百世之法自然不得與周之廟制，尤其是周公、成王時之廟制相矛盾。黃以周恰當地將有周一代之禮統合在百世之法中。

周有始封君后稷，而周公制禮之時，后稷以上之祖，早已在當毀之列，故可徑以后稷爲太祖，而不必再討論后稷以上之祖的迭毀之法，也自然不存在"太祖虛位"的階段。故黃以周以爲此是"有遠祖可祖"的情況，相較"無遠祖可祖"的情況，乃是一種特例。然而，當周公制禮之時，是否已在四親廟之外另立"二祧"廟呢？是否已經議定文王、武王爲受命王，其廟不毀呢？因爲若成王之時，已經備齊七廟，且文、武在二祧廟之中，則成王四親廟中，必有兩廟無主。若成王之時實有五廟，文、武漸次遷毀，出時王親限方定其廟爲百世不毀之二祧，則周人七廟之制在共王之時才得以完成。於是，文王、武王的遷廟情況，是學者論述的焦點①，也是黄以周必須討論的問題。

黄以周結合《周官·守祧》，描述了成王以後祧廟的變化情況：

《周官·守祧》"掌守先王、先公之廟祧，其廟則有司修除之，其祧則守祧黝塈之"。先王爲廟，先公爲祧。周之廟制，當定自周公。周公爲成王立四親廟，又作二祧，豫爲文武二世室地。蓋廟制一成之後，不可復變，必非周初立五廟，至穆昭二王又增文武世室②。

黄以周以爲，《周禮》周公所作，而已經言及先王之廟、先公之祧，則可見成王之時，當有二祧而備齊七廟。但是，此時文王、武王不在二祧之中，乃是與王季、太王同在成王四親廟中。是以黄以周説：《中庸》篇曰：'周公成文、武之德，追王太王、王季，上祀先公以天子之禮。'此周公立七廟之義證也。時太王、王季居四親廟，故追王之，此《守祧》'先王曰廟'之義證也。"③先公爲祧，"二祧"之中當是祖紺、亞圉。此後隨着世代推衍，文王、武王漸次遷廟，至穆王之時，文王入祧廟，百世不毁，共王時，武王入祧廟，百世不毁。

我們明顯可以看出，黄以周這裏是利用前文所論述的從"太祖虚位"到"太祖正位"的變化過程，比附而言從"二祧虚位"到"二祧正位"。換言之，在黄以周看來，周公並非爲了令文王、武王之廟不毁，而特爲創設"二祧"，乃是因廟制中有"二祧"，故可以令文王、武王之主處於"二祧"廟而不毁。是以"二祧"可以"豫爲文武二世室地"，這也就不與周公"立七廟以昭定制也"的天子廟制一般通例相違背。

黄氏此説，固有爲之論也。相較於彰明文武於周一代之功德，他更在意

①　文、武王當成王之時尚在親限。鄭玄並未詳言周公、成王之時"二祧"如何安排，也未深究文王、武王由親廟遷至二祧的細節。賈公彦提出預立之説，謂立"二祧"預爲文武之廟，其説雖能解决文、武之廟不毁的問題，但不能融貫衆經。朱子論及周之廟制，詳細列出了自成王以至昭王的廟制變化情況。但其説意不在解經，故於經文記載之差異，未能加以調和。許宗彦、孫詒讓則是將"二祧"視爲當毁之廟，以爲所謂文武百世不毁之廟，乃是明堂之"世室"，而非宗廟，此則是别立一義，試圖繞過問題。

②　（清）黄以周撰，王文錦點校：《禮書通故》卷16《宗廟禮通故》，中華書局，2007年，第732頁。追王之事，經典有異文，黄以周以爲："案：追王之事，《大傳》屬之武王，《中庸》屬之周公。蓋武王已追王太王、王季，至周公，追改廟號以爲廟祧之分，故《守祧》云然。"

③　（清）黄以周撰，王文錦點校：《禮書通故》卷16《宗廟禮通故》，中華書局，2007年，第732頁。

“二祧”作爲百世之法的價值。他説“自祧禮不明，而廟制難復。東漢以來，皆用同堂異室之制，非皆因陋就簡也，自謂五世即遷，毀主不立，幾同無祀之鬼，于心有不忍也。”①自漢代以後，群廟制變爲同堂異室之制，毀廟之主往往只能遷於夾室隘陋之處，與尊祖敬宗之義有違，不過是因陋就簡，非萬世之法。是以黄氏特別重視“二祧”“藏主之所在”的功能：

　　祧之言超也，超上于宗廟，合袝于夾室，稱之曰廟祧，尊之曰宗祧，于四時修享嘗之儀，于享嘗飭黝堊之職，于五年修祫祭之禮，于祫祭見合食之榮：此生順死安，而禮義不愆者也。②

時王四世以上親盡之主雖然不當有專廟，但是作爲祖先應該有祧廟以放置神主，享受祭祀，參與宗廟的祭祀活動，惟有如此才能“生順死安，而禮義不愆”，體現慎終追遠之意義。

　　至此，黄以周通過引入“太祖虚位元”模型，消解了《祭法》與《王制》記載的衝突，並對周公所制百世之法與周代之特制做了仔細的説明，從而得以跳出鄭、王舊解的藩籬，構建新的廟制。

四、援史説經，闡發新解

　　黄以周此説與鄭玄之説雖然整體上看，皆是以一祖、二祧、四親之廟制爲定制，但兩者的内涵已經迥然有別。黄氏以“太祖虚位”之法，重新建構了天子廟制。若不深求其意，似乎黄以周對“太祖虚位”的運用，不過是采用解經家慣用的技巧，引入歷史視角，將《祭法》與《王制》等經文分屬於不同的階段，從而解釋經文差異而已。但實際上，黄以周之旨趣並不在彌縫經説，而在調動所有資源，以經義爲根本而闡發新解。他的廟制體系看似不過是對前人之説的小修小補，但内核卻已經迥然不同。

　　我們比較金榜與黄以周之説，便能明顯看出兩者之差異。金榜之説所論與黄以周之説頗爲接近。他亦區分初制、定制，以《祭法》所言爲周公、成王之初制，目《王制》所載爲周人祭祀之常法：

----

① （清）黄以周撰，王文錦點校：《禮書通故》卷 16《宗廟禮通故》，中華書局，2007年，第 731 頁。

② （清）黄以周撰，王文錦點校：《禮書通故》卷 16《宗廟禮通故》，中華書局，2007年，第 730 頁。

今《祭法》云，王立七廟，有二祧。諸侯立五廟，有祖考廟。大夫亦祭祖考於壇。以大夫三廟曰考廟、曰王考廟、曰皇考廟推之：此無大祖廟，以皇考當其處。則天子之二祧，即顯考之父祖。諸侯、大夫祖考，即顯考之父。①

金榜此説看似簡明，實則非常迂曲。鄭玄將《祭法》中的"祖考"强解爲"太祖"，與經文不合，清儒已知其失。《經義述聞》云："《祭法》之'祖考廟'，與《王制》'大祖'之廟不同。《王制》'大祖'之廟，謂始祖，若周之后稷是也，廟之不祧者也。《祭法》'祖考廟'，謂顯考之父，廟之親盡則祧者也。"②此可謂爲清人所共識。金榜在論及《祭法》之時亦知鄭玄之誤，故而他有意回避，不直接論述天子、諸侯廟制，而是通過大夫廟制來逆推。大夫立家，亦當有不毁之太祖廟，此即"別子爲祖，繼別爲宗"③。但金榜指出，《祭法》言大夫有考、王考、皇考三廟，並無太祖廟，不合大夫立家之義。於是，他進一步推論，以爲《祭法》所描述的情形只能是就"始爵爲大夫者"而言的特例。"始爵爲大夫者"方受爵命，當爲後世之"太祖"。其在世之時，自然不得立"太祖"之廟，而只能祭祀自己的父、祖、曾祖三代。金榜以爲，既然《祭法》所論之大夫爲"始爵大夫"，那麼據此以推，諸侯月祭而不及"太祖"，則此諸侯亦當是"始封爲諸侯者"，不得有"太祖"廟。是以享嘗乃止的"祖考"自然也就只能是"顯考之父"。雖未明言，金榜已經暗破鄭玄解"祖考"爲"太祖"之説了。且金榜討論"始爵爲大夫""始封爲諸侯"之廟制，已經注意到了鄭王舊解之未備，倘能沿此思路，上求"始受命天子"之禮，破鄭玄違經之説，則或許能開拓出新解。

遺憾的是，金榜接着説"則天子之二祧，即顯考之父祖"，卻又明顯受到鄭王舊説的影響，牽拘於"據周而言"的論述。《祭法》中大夫之"祖考"是顯考之父，諸侯之"祖考"亦是顯考之父，據文例推理，天子之"祖考"亦當是顯考之父，是以天子之"二祧"當爲"祖考之父、祖"亦即顯考之祖、曾祖。金榜謂天子"二祧"爲"顯考之父、祖"，顯然又采用鄭玄誤説，將天子之"祖考"解爲

① 金榜：《禮箋》卷 3《廟祧壇墠》，《續修四庫全書》第 109 册，上海古籍出版社，2002 年，第 73 頁下。
② 王引之：《經義述聞》卷 16，《續修四庫全書》第 174 册，上海古籍出版社，2002 年，第 616~627 頁。
③ (漢)鄭玄注，(唐)孔穎達疏，吕友仁整理：《禮記正義》卷 42，上海古籍出版社，2008 年，第 1298 頁。

"太祖",關於初制的討論也因此戛然而止,不能在經學層面給《祭法》以合理的解釋,更無由詳細描繪從初制到定制的變化過程。

與金榜類似,後世學者在論述廟制問題時,多不能擺脱舊解,論述也不自覺地局限在有周一代之制特别是周公、成王當時之制上。清儒强調實事求是,他們的廟制論述,往往更爲緊密地與周公、成王之制聯繫在一起,强調對當時實行廟制考證與復原。在他們看來,這才是"事實"。可這樣一來,他們雖能通過經文考據發現鄭玄、王肅之説的不足,但卻更爲拘守"據周而言"的視角,不能解決疑難。故其論述或是妄解經文,勉强求通,或是排斥某些記載,而持一得之見①。如此其意在"求實",而反得其虚。

而黄以周的廟制建構,不是對周公之禮的事實進行考察。他的目的是要綜合經文之記載,利用詮釋技巧,合理融貫經文而使禮制"盡美盡善,以爲後王法者也"。這樣一來,黄以周雖意不在求周公創制之實,但其對《祭法》的理解,反而能合於經文本義,承認其不同於他經之處,並能從容利用此不同,實現對舊解的補充。因而,黄以周之説具有强烈的關注實踐的意味。他注意到,周有始封君后稷可爲太祖,然漢代以降,天子起於草莽,多無始封君可爲太祖,所以如何追尊、如何立廟,彰明尊親大義,確定國家巨典,就是極爲迫切的現實問題。黄以周對"以爲後王法者也"的關注,對"二祧"藏主功能的强調,都體現出了他試圖貫通經學與實踐的努力。這種的努力並不是庸俗的"援經術以爲飾",也並非刻意的强解經文爲己説張本,而是力求在全面合理解釋經文的前提下,實現對經義的更新,令經學始終與現實保持密切的關係。

正因爲如此,黄以周才能使用多種資源來詮釋經文。清代學者治禮,已經明顯與制禮活動相脱節,在他們的觀念中,經學層面的禮經研究與制度層面禮制建構已經是兩種相異的工作②。所以廟制論述中有關"太祖虚位"的討論,清儒鮮有論及。甚至嘉慶時,陳壽祺作《五經異義疏證》,雖頗爲留意於禮制

---

① 如秦蕙田直言"《祭法》非宗廟正禮"。陳立不用《祭法》説,以爲"秦漢間儒生各述所聞,往往彼此互異蓋有不能强同者焉"。皮錫瑞則是説"然則《祭法》之義,殆難强解"。都是意在排除不合於己説之記載,維護自己解説的融貫性。但這樣一來,《祭法》之中可茲爲用的内容也會一併被排除在外。

② 即以廟制一端而言,清代實行的宗廟之制,乃是沿用同堂異室之制,且以太廟後殿爲所謂祧廟,藏清太祖以上四代之主。且終清之世,並未實行遷毁之制,而是援祖有功宗有德之説,將歷代皇帝皆定爲不毁之主。如此種種,顯然是與禮相違背的。而清代經師治禮之時,未嘗以時行之制爲準,亦未嘗有據經文改時制之願望。

論述，但對"太祖虚位"之説，卻已不能通曉，至有妄改引文之失①。其後即便偶有學者言及"太祖虚位"之説，也並未能注意到此話題在解釋《祭法》經文上的作用②。其結果是，清代學者雖好言廟制，但不過或左鄭或祖王而已，將廟制論述變爲單純的文本推演，而與實踐活動相割裂。在這樣的學術背景下，黄以周利用不被經師關注的"太祖虚位"之説，將歷史資源引入經學研究之中，拓展了經學研究的資料範圍，無疑是極富創見的。

當然，黄以周之説也並非毫無瑕疵。首先，在體系的嚴密性上，其説尚有未備。據其説，若無遠祖可祖之時，始受命當爲後世太祖。於是在始受命之世，"二祧"之中爲其第六世、七世祖。此後，世代推衍，若以次遷毁，第六世之時，始受命王正太祖之位，此時二祧之中，乃太祖之父、祖。在第七世天子之時，第二世天子親盡當毁，而太祖之祖以序要從祧廟遷出。可如此一來，二祧之中乃是太祖之子以及太祖之父，爲祖孫，昭穆相同，於禮不合。黄以周籠統地説太祖正位之後，"二祧"之中乃是時王親盡之主，未能詳言第六、七、八三世"二祧"變化的情況，於此疏漏，未能彌補。

其次，其説或有"屈祖就孫"之嫌。在黄以周設計的廟制結構中，無遠祖可祖的受命王得爲五世之祖立廟，此後由虛位而正位，其祖亦漸次遷廟，以至禱祈於"壇墠"，然"壇墠"非藏主之所，故太祖親盡之主當藏主於太祖廟中。

---

① 在《五經異義疏證》中，陳氏詳細徵引歷代廟制變化的材料，其中引及《魏書·禮志》所載"太上秦公廟制"王延業及盧觀議。盧觀議原作"愚以爲遷者，遷於太祖廟，毁者從太祖而毁之。若不遷太祖，不須發祖是人之文。""禹爲受命，不毁親；湯爲始君，不遷五主；文武爲二祧，亦不去三昭三穆。"陳壽祺引文則改作："愚以爲遷者遷於太祖廟，毁者從太祖而毁之。若不遷於祖，不須廢。""禹爲受命不毁之親，湯爲始君不遷之主，文武爲二祧，亦不去三昭三穆。"(清)陳壽祺撰，王豐先點校：《五經異義疏證》卷上，中華書局，2014年，第79~81頁。盧觀意在闡發"太祖虚位"之禮，謂禹受命當爲後世之太祖，但在世之時不自居太祖之位而廢其四親之廟，需待後世正位爲太祖，湯亦然。而陳壽祺誤解盧觀之議，以爲盧觀所言是説禹是夏之太祖、湯是商之太祖。可見陳壽祺已不能盡知"太祖虚位"之禮，從而誤解、妄改王延業、盧觀之議論。

② 如皮錫瑞《師伏堂筆記》(皮錫瑞著，吳仰湘編：《師伏堂筆記》第二卷，《皮錫瑞全集》第8冊，中華書局，2015年，第752頁)以爲廟制當有"太祖虚位"之禮："如鄭義，開國之主不立始祖廟。"針對唐宋廟制爭議，皮錫瑞指出"當開國時，姑虛太祖之位，以待高祖、藝祖之後入，則後來無此紛紛矣"。皮氏此説實是據《喪服小記》"王者禘其祖之所自出，以其祖配之而立四廟"立文，以此"王"爲開國之主，既然僅立四廟，則是無太祖廟。他與黄以周一致，也肯定"太祖虚位"之禮的作用，但並未將之與對《祭法》的解讀相聯繫，試圖以此來解決經文中的問題。而其所謂"如鄭義"，或未盡得實。倘若鄭玄果真已有"太祖虚位"之觀念，則《祭法》之注當不如此。

這實際上是以尊行之主藏於卑行之廟中,與周代后稷以下文王以上之主藏於太祖廟,武王以下時王親盡之主藏於"二祧",以卑行之主藏於尊行之廟的方式有所不同。故而以周制爲準的,則黄氏之説似乎爲"屈祖就孫"。但同時,我們也需要注意到,此以后稷爲太祖,且文、武之廟百世不毀的周制,實有其特殊性。一旦我們討論無遠祖可祖,以始受命爲太祖的情況,黄以周"屈祖就孫"的藏主之法也是不得不然的結果。

五、結語

針對前人廟制議論的困境,黄以周引入在禮制實踐中産生的"太祖虚位元"模式以解經,構建了新的廟制,實現了對舊解的超越。在對經文的解釋上,其説避免了鄭王舊解强解經文之弊端,對《祭法》《王制》等彼此差異的經文,進行合理的解讀,消弭了經文之間的矛盾,實現了諸經的貫通。

這不僅僅是詮釋技巧的運用,在清代學術的背景下來看,黄以周之説在方法論上的意義,更值得我們關注。清代之禮學研究極爲興盛,然亦多是據經文爲斷,援經術以爲治術非學者關注之焦點所在。而禮學研究也日益成爲基於文本的理論推演,其中的疑難問題由於缺乏新的資源與視角,難以有效得到解決。在這樣的情形下,黄以周打破經史界限,援引禮制史資源來解釋經學,爲經學研究帶來新的思路,拓展了經學研究的資料範圍,刺激了經學研究的更新。他更通過對經文的闡發與建構,將經學與現實緊密地結合起來。既注意到實踐與經文記載之間的差異,力求通過對經文的闡發來創建百世之法,以指導實踐活動,又能將實踐之中産生的新義包容在經學解釋之中,從而使經學與實踐相貫通,保證了經學的生命力。這對我們深入理解經學之現代價值,無疑是極爲有啓發性的。

後　　記

　　本書是在十年前的博後出站報告基礎上完成的，但前後變化較大，需略敘其原委。

　　2010 年博士畢業後，我跨院到哲學學院做博士後，提交的題目就是"黃以周禮學研究"。但當時只是有一個初步的想法，至於如何入手，心裏並不確定，只在報告中説試圖討論黃氏對古禮的考證及其所蘊含的現實關懷。有趣的是，在開題時，業師楊華教授、合作導師吳根友教授和于亭教授分別給出了不同的研究思路。楊老師建議將黃氏禮學與清代重要的禮學家如胡培翬、凌廷堪等相對比，表彰其超越之處，再將《禮書通故》所考證名物可與地下出土文物相合之處條列出來。這是典型的歷史考據路數，我比較熟悉。于老師則對考證"古禮"與發掘其現實關懷的思路提出了懷疑，認爲古人的禮學研究很多時候都是在建構其心中的"古禮"，而且他們在考證時未必有直接的現實目的，需特別小心，以免附會。這對我來説不啻於當頭棒喝。不過，吳老師隨即便舉了俞正燮考證宋代平頭鞋的形制以表達對當時婦女的同情，來説明清儒考證背後的思想意涵。于老師也有回應。三位老師專業領域不同，從各自的學術視角出發，圍繞報告題目，展開的這場小型辯論，令我受益匪淺。

　　在後來的研究中，我一開始是沿着楊老師的建議，對讀《禮書通故》與《儀禮正義》《鄉黨圖考》等書，將其異同一一標出，但後來發現工作量太大，很難短期完成，加之在閱讀過程中確實發現黃以周著作，尤其是《經訓比義》中有大量的宋學内容，於是便轉向了吳老師的明清思想史研究進路。可到了 2012 年，我在讀了余英時給黃進興《李紱與清代陸王學派》一書所作的序後，對其"此書思路開闊，李紱被最大限度地置於歷史背景意義中"的評價與"縱向歷史研究"的提法印象尤爲深刻，又由於在國學班開設經學史與三禮課程，相關知識有所積累，於是就又改變思路，模仿黃著，花了大量時間和篇幅梳理清代以前的禮學發展史。到出站答辯時，答辯主席田文軍教授也同樣給出了"思路開闊"的評價，但郭齊勇教授和楊老師覺得兩部分内容關聯性不大，還是分作兩書較好，我在認真思考後也覺得此一嘗試畫虎類犬，並不成功，心中頗感恄恄。

之後，由於對該報告很不滿意，我又因世事所困，難以再沉潛下來一意禮學，於是便將其擱置。至 2020 年，楊師將此選題納入其國家社科基金重大專案出版計劃。爲了彌補之前的遺憾，我組織了一個晚清禮學讀書會，專門研讀黃以周及其弟子的著作，參加者有覃力維、朱明數、程如曦、劉玉强，後來又加入了范雲飛和肖鴻哉等。覃、朱、范三位以前都是國學班的學生，現在已經走上了工作崗位。他們讀書認真、思維敏銳，在經學上都有各自的特長，在會讀過程中甚得切磋之樂，尤其是使我對黃以周以禮學考證建構"古禮"與經義的問題有了更深的體會，這也成了本次修訂的重點。

根據這些年的研讀所得，我對原來的報告作了以下改動：將緒論和第一章"中國古代禮觀、禮學與禮制的發展"全部删掉；將第三章"關於黃以周在清代學術定位中的幾個問題：以章太炎《黃先生傳》爲中心的討論"稍作修改後作爲"代前言"；對第四章"黃以周的禮學思想：以《經訓比義》爲中心的討論"和第五章"復古與經世：黃以周禮學考證中的現實關懷"分別補充修改後予以保留。在此之外，我新增了第二章、四章、六章、七章、八章與附録。

總的來説，在整體結構上，本書力圖在梳理清代中後期學術發展趨勢的基礎上，先從"兼采漢宋"這一角度入手，從多個維度闡明黃以周在禮學思想及考證上的貢獻與不足，再從宫室、婚喪、法律、官職等多個方面分述黃氏學術在復原、建構古禮上的成就，其中尤其關注他在具體研究過程中所采用的方法及由此而引出的問題。第八章探討曹元忠《禮議》的經世之義，揭示南菁學人是如何通過禮學考證與闡釋貫通古今，試圖實現其師黃以周以禮學定國制之未了宏願的。

需要特別説明的是，附録一《〈禮書通故〉中華書局點校本標點商榷》是讀書會的成果；附録二《援"太祖虛位"以解經——論黃以周對天子廟制的建構》是朱明數的文章，其探討黃以周引兩晉以降"太祖虛位"之説以調和經文之差異並建構了新的天子廟制，與本書第二章第四節、第四章和第七章思路近似，可並觀參照，於是在徵得他同意後，也收入進來。

本書對於黃氏的禮學思想多有表彰，但對其考證卻有不少的批評，這並不等於否定其成就。在十多年的研讀過程中，尤其是在讀書會上，我們一再感到黃以周讀書的細緻和思考問題的深入，這樣的例子實在太多，絶非一本書所能容納，而且前人的稱贊已經很到位了，所以不願再多作贅述。另外不得不説的是，對於黃以周這樣一位禮學大師，研究難度是很大的，光緒二十一年

（1895）九月二十五日黄氏在給弟子陳慶年的信中説：“邇時朋儕能細讀我書者，曾無幾人。”每念及此，心中常感惶恐。雖然我們認真點讀了他的禮學著作，現在也仍在讀書會上對《禮書通故》逐條分析，查找史料出處，分辨其論證理路，討論其得失，連一個標點都不敢輕忽，但由於學力所限，讀不懂、理解不深之處仍時常遇到，加之成書倉促，有許多想法未能寫出，肯定還有許多不足與錯漏之處，敬請讀者批評。

任慧峰

2022 年 11 月 30 日

圖書在版編目(CIP)數據

黃以周禮學研究/任慧峰著.—武漢：武漢大學出版社,2023.10
"禮學新論"叢書/楊華主編
國家出版基金項目
ISBN 978-7-307-23958-6

Ⅰ.黃⋯　Ⅱ.任⋯　Ⅲ.禮儀—研究—中國　Ⅳ.K892.26

中國國家版本館 CIP 數據核字(2023)第 165450 號

責任編輯:李　程　　　責任校對:李孟瀟　　　版式設計:馬　佳

出版發行:**武漢大學出版社**　(430072　武昌　珞珈山)
　　　　(電子郵箱:cbs22@ whu.edu.cn　網址:www.wdp.com.cn)
印刷:湖北金港彩印有限公司
開本:720×1000　1/16　印張:15.5　字數:278 千字　插頁:1
版次:2023 年 10 月第 1 版　　2023 年 10 月第 1 次印刷
ISBN 978-7-307-23958-6　　定價:69.00 元